住房和城乡建设部"十四五"规划教材
中等职业教育"十四五"系列教材
中等职业教育土木水利类专业"互联网+"数字化创新教材

# 建设法规概论

檀建成　主编
陈　硕　杨凯钧　副主编

中国建筑工业出版社

**图书在版编目（CIP）数据**

建设法规概论 / 檀建成主编；陈硕，杨凯钧副主编
. — 北京：中国建筑工业出版社，2021.12
住房和城乡建设部"十四五"规划教材　中等职业教
育"十四五"系列教材　中等职业教育土木水利类专业"
互联网＋"数字化创新教材
ISBN 978-7-112-26639-5

Ⅰ. ①建…　Ⅱ. ①檀…　②陈…　③杨…　Ⅲ. ①建筑法
-中国-中等专业学校-教材　Ⅳ. ①D922.297

中国版本图书馆 CIP 数据核字（2021）第 198409 号

本教材根据《中华人民共和国民法典》以及国家最新颁布实施的建设法规方面的政策文件、标准规范等进行编写，全书共分 10 个教学单元，内容包括：建设工程法规概述，工程建设从业资格法律制度，建设工程施工法律制度，建设工程招标与投标法律制度，建设工程安全生产管理法律制度，建设工程质量管理法律制度，建设工程合同法律制度，工程建设环境保护法律制度，工程建设其他相关法律政策，建设工程纠纷的解决方式及法律责任。

本教材可以作为中等职业学校土木水利类各专业教材，也可以作为相关企业岗位培训及技术人员学习参考用书。

为便于本课程教学，作者自制免费课件及习题资源，索取方式：1. 邮箱 jckj@cabp. com. cn；2. 电话（010）58337285；3. 建工书院 http//edu. cabplink. com。

责任编辑：刘平平　李　阳
责任校对：刘梦然

住房和城乡建设部"十四五"规划教材
中等职业教育"十四五"系列教材
中等职业教育土木水利类专业"互联网＋"数字化创新教材
**建设法规概论**
檀建成　主编
陈　硕　杨凯钧　副主编
*
中国建筑工业出版社出版、发行（北京海淀三里河路 9 号）
各地新华书店、建筑书店经销
北京鸿文瀚海文化传媒有限公司制版
北京圣夫亚美印刷有限公司印刷
*
开本：787 毫米×1092 毫米　1/16　印张：19¼　字数：321 千字
2021 年 11 月第一版　2021 年 11 月第一次印刷
定价：54.00 元（赠教师课件）
ISBN 978-7-112-26639-5
（37839）

# 前　言

　　本教材为住房和城乡建设部"十四五"规划教材，依据《中华人民共和国民法典》以及最新发布的政策文件、标准规范进行编写，注意理论与实际的结合，突出实用性，文字简练、重点突出、通俗易懂。教材编写考虑到本课程实践性强和职业教育教学"做中学、做中教"的特点，在讲授理论知识的同时，将主要建设法规有机融入各教学单元，同时配有一些练习题和实训任务，方便学生更好地掌握所学知识。本书还以二维码的形式，配合正文内容附加了大量的数字资源，便于学生学习和理解理论知识。

　　本教材由檀建成担任主编并统稿，陈硕、杨凯钧担任副主编。具体分工如下：唐山劳动技师学院檀建成编写教学单元1、2；唐山劳动技师学院陈硕编写教学单元4、7、10；广州市城市建设职业学校杨凯钧编写教学单元9并负责制作本教材全部数字资源以及PPT课件；江西省建筑工业学校涂津编写教学单元3；江西省建筑工业学校罗世春编写教学单元8；丰宁满族自治县职业技术教育中心于海霞编写教学单元6；广州市城市建设职业学校陈毅俊编写教学单元5。

　　本教材在编写过程中参阅了大量文献资料，谨向这些文献的作者致以诚挚的谢意。由于编者水平有限。书中难免存在不足之处，恳请读者批评指正。

# 目　录

1. 知识框架

# 教学单元1
## 建设工程法规概述

Chapter 01

### 1. 知识目标

了解建设工程基本法律知识；了解工程建设法律关系；了解建设工程代理制度和知识产权制度。

### 2. 能力目标

熟练掌握工程建设程序，具备分阶段逐步实施工程的能力。

思维导图

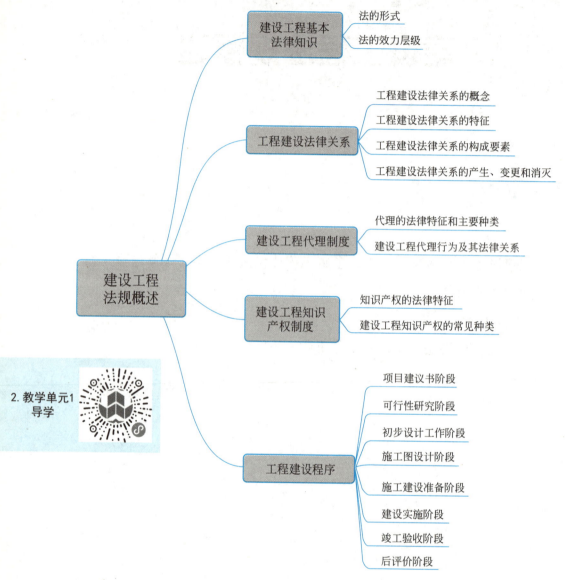

2. 教学单元1
导学

引文

　　建设法规不是国家法律体系中独立的法律部门，它是分散于各法律部门、各级行政法规和规章中的有关建设活动的法律规范的总称。由于建设工程的公共性，致使建设法规在法律体系中具有非常重要的作用。由于建设工程的特殊性，致使建设法规也呈现出一些独有的特征。

## 1.1　建设工程基本法律知识

　　法律体系也称为法的体系，一般是指由一个国家现行的各个部门法构成的有机联系的统一整体。在我国的法律体系中，根据所调整的社会关系性质不同，可以划分为不同的部门法。部门法又称法律部门，是根据一定标准、原则所制定的同类法律规范的总称。

　　一个立足于中国国情和实际、适应改革开放和社会主义现代化建设需要、集中体现党和人民意志的，以宪法为统领，以宪法相关法等多个法律部门的法律为主干，由法律、行政法规、地方性法规等多个层次的法律规范构成的中国特色社会主义法律体系。

　　建设工程法律具有综合性的特点，虽然主要是经济法的组成部分，但还包括了行政法、民法、商法等内容。建设工程法律同时又具有一定的独立性和完整性，具有自己的完整体系。建设工程法律体系，是指把已经制定的和需要制定的建设工程方面的法律、行政法规、部门规章和地方性法规、地方规章有机结合起来，形成的一个相互联系、相互补充、相互协调的完整统一的体系。

### 1.1.1　法的形式

　　法的形式是指法律创制方式和外部表现形式。它包括 4 层含义：①法律规范创制机关的性质及级别；②法律规范的外部表现形式；③法律规范的效力等级；④法律规范的地域效力。法的形式决定于法的本质。在世界历史上存在过的法律形式主要有：习惯法、宗教法、判例、规范性法律文件、国际惯例、国际条约等。在我国，习惯法、宗教法、判例不是法的形式。

　　我国法的形式是制定法形式，具体可分为以下 7 类（见表 1-1）。

#### 1. 宪法

　　宪法是由全国人民代表大会依照特别程序制定的具有最高效力的根本法。宪法是集中反映统治阶级的意志和利益，规定国家制度、社会制度的基本原则，

法的形式及制定机关　　　　　　　　　　　表 1-1

| 法的形式 | 制定机关 |
|---|---|
| 宪法 | 全国人大 |
| 法律 | 全国人大及常委会 |
| 行政法规 | 国务院 |
| 地方性法规、自治条例、单行条例 | 省、直辖市、设区的市人大及常委会 |
| 部门规章 | 国务院各部委 |
| 地方政府规章 | 省、自治区、直辖市、设区的市人民政府 |
| 国际条约 | — |

具有最高法律效力的根本法律，其主要功能是制约和平衡国家权力，保障公民权利。宪法是我国的根本法律，在我国法律体系中具有最高的法律地位和法律效力，是我国最高的法律形式。

宪法也是建设法规的最高形式，是国家进行建设管理、监督的权力基础。

### 2. 法律

法律是指由全国人民代表大会和全国人民代表大会常务委员会制定颁布的规范性法律文件，即狭义的法律。法律分为基本法律和一般法律两类。

基本法律是由全国人民代表大会制定的调整国家和社会生活中带有普遍性社会关系的规范性法律文件的统称，如《中华人民共和国刑法》《中华人民共和国民法典》《中华人民共和国民事诉讼法》以及有关国家机构的组织法等法律。

一般法律是由全国人民代表大会常务委员会制定的调整国家和社会生活中某种具体社会关系或其中某一方面内容的规范性文件的统称。

建设法律既包括专门的建设领域的法律，也包括与建设活动相关的其他法律。

### 3. 行政法规

行政法规是国家最高行政机关国务院根据宪法和法律就有关执行法律和履行行政管理职权的问题，以及依据全国人民代表大会及其常务委员会特别授权所制定的规范性文件的总称。

国务院根据宪法和法律，制定行政法规。行政法规可以就下列事项作出规定：

（1）为执行法律的规定需要制定行政法规的事项。

（2）宪法规定的国务院行政管理职权的事项。先由全国人民代表大会及其常务委员会制定法律的事项，国务院根据全国人民代表大会及其常务委员会的授权决定先制定的行政法规，经过实践检验，制定法律的条件成熟时，国务院应当及时提请全国人民代表大会及其常务委员会制定法律。

现行的建设行政法规主要有《建设工程质量管理条例》《建设工程安全生产管理条例》《建设工程勘察设计管理条例》等。

### 4. 地方性法规、自治条例和单行条例

省、自治区、直辖市的人民代表大会及其常务委员会根据本行政区域的具体情况和实际需要，在不同宪法、法律、行政法规相抵触的前提下，可以制定地方性法规。

设区的市的人民代表大会及其常务委员会根据本市的具体情况和实际需要，在不同宪法、法律、行政法规和本省、自治区的地方性法规相抵触的前提下，可以对城乡建设与管理、环境保护、历史文化保护等方面的事项制定地方性法规，设区的市的地方性法规须报省、自治区的人民代表大会常务委员会批准后施行。省、自治区的人民代表大会常务委员会对报请批准的地方性法规，应当对其合法性进行审查，同宪法、法律、行政法规和本省、自治区的地方性法规不抵触的，应当在 4 个月内予以批准；省、自治区的人民代表大会常务委员会在对报请批准的设区的市的地方性法规进行审查时，发现其同本省、自治区的人民政府的规章相抵触的，应当作出处理决定。

### 5. 部门规章

国务院各部、委员会、中国人民银行、审计署和具有行政管理职能的直属机构，可以根据法律和国务院的行政法规、决定、命令，在本部门的权限范围内制定规章。

部门规章规定的事项应当属于执行法律或者国务院的行政法规、决定、命令的事项，其名称可以是"规定""办法"和"实施细则"等。没有法律或者国务院的行政法规、决定、命令的依据，部门规章不得设定减损公民、法人和其他组织权利或者增加其义务的规范，不得增加本部门的权力或者减少本部门的法定职责。目前，大量的建设法规是以部门规章的方式发布的，如住房和城乡建设部发布的《房屋建筑和市政基础设施工程质量监督管理规定》《房屋建筑和市政基础设施工程竣工验收备案管理办法》《市政公用设施抗灾设防管理规定》；国家发展和改革委员会发布的《招标公告发布暂行办法》《必须招标的

工程项目规定》等。

涉及两个以上国务院部门职权范围的事项，应当提请国务院制定行政法规或者由国务院有关部门联合制定规章。

### 6. 地方政府规章

省、自治区、直辖市和设区的市、自治州的人民政府，可以根据法律、行政法规和本省、自治区、直辖市的地方性法规制定规章。

地方政府规章可以就下列事项作出规定：①为执行法律、行政法规、地方性法规的规定需要制定规章的事项；②属于本行政区域的具体行政管理事项。

设区的市、自治州的人民政府根据①和②制定地方政府规章，限于城乡建设与管理、环境保护、历史文化保护等方面的事项。已经制定的地方政府规章，涉及上述事项范围以外的，继续有效。没有法律、行政法规、地方性法规的依据，地方政府规章不得设定减损公民、法人和其他组织权利或者增加其义务的规范。

### 7. 国际条约

国际条约是指我国与外国缔结、参加、签订、加入承认的双边、多边的条约、协定和其他具有条约性质的文件。国际条约的名称除条约外，还有公约、协议、协定、议定书、宪章、盟约、换文和联合宣言等。除我国在缔结时宣布持保留意见不受其约束的以外，这些条约的内容都与国内法具有一样的约束力，所以也是我国法的形式。例如，我国加入世界贸易组织（WTO）后，WTO中与工程建设有关的协定也对我国的建设活动产生约束力。

## 1.1.2 法的效力层级

法的效力层级，是指法律体系中的各种法的形式，由于制定的主体、程序、时间、适用范围等的不同，而具有不同的效力，形成了法的效力等级体系。

### 1. 宪法至上

宪法是国家的根本法，具有最高的法律效力。宪法作为根本法和母法，还是其他立法活动的最高法律依据。任何法律、法规都必须遵循宪法而产生，无论是维护社会稳定、保障社会秩序，还是规范经济秩序，都不能违背宪法的基本准则。

### 2. 上位法优于下位法

在我国法律体系中，法律的效力是仅次于宪法而高于其他法的形式。行政法规的法律地位和法律效力仅次于宪法和法律，高于地方性法规和部门规章。地方性法规的效力高于本级和下级地方政府规章。省、自治区人民政府制定的规章的效力，高于本行政区域内的设区的市、自治州人民政府制定的规章。

自治条例和单行条例依法对法律、行政法规、地方性法规作变通规定的，在本自治地区适用自治条例和单行条例的规定。经济特区法规根据授权对法律、行政法规、地方性法规作变通规定的，在本经济特区适用经济特区法规的规定。

部门规章之间、部门规章与地方政府规章之间具有同等效力，在各自的权限范围内施行。

### 3. 特别法优于一般法

特别法优于一般法，是指公法权力主体在实施公权力行为中，当一般规定与特别规定不一致时，优先适用特别规定。《中华人民共和国立法法》（以下简称《立法法》）规定，同一机关制定的法律、行政法规、地方性法规、自治条例和单行条例、规章，特别规定与一般规定不一致的，适用特别规定。

### 4. 新法优于旧法

新法、旧法对同一事项有不同规定时，新法的效力优于旧法。《立法法》规定，同一机关制定的法律、行政法规、地方性法规、自治条例和单行条例、规章，新的规定与旧的规定不一致的，适用新的规定。

### 5. 需要由有关机关裁决适用的特殊情况

法律之间对同一事项的新一般规定与旧特别规定不一致，不能确定如何适用时由全国人民代表大会常务委员会裁决。

行政法规之间对同一事项的新一般规定与旧特别规定不一致，不能确定如何适用时，由国务院裁决。

地方性法规、规章之间不一致时，由有关机关依照下列规定的权限作出裁决：

（1）同一机关制定的新一般规定与旧特别规定不一致时，由制定机关裁决。

（2）地方性法规与部门规章之间对同一事项的规定不一致，不能确定如何适用时，由国务院提出意见，国务院认为应当适用地方性法规的，应当决定在该地方适用地方性法规的规定；认为应当适用部门规章的，应当提请全国人民代表大会常务委员会裁决。

（3）部门规章之间、部门规章与地方政府规章之间对同一事项的规定不一致时，由国务院裁决。

根据授权制定的法规与法律规定不一致，不能确定如何适用时，由全国人民代表大会常务委员会裁决。

### 6. 备案和审查

行政法规、地方性法规、自治条例和单行条例、规章应当在公布后的 30 日内依照下列规定报有关机关备案：

（1）行政法规报全国人民代表大会常务委员会备案。

（2）省、自治区、直辖市的人民代表大会及其常务委员会制定的地方性法规，报全国人民代表大会常务委员会和国务院备案；设区的市、自治州的人民代表大会及其常务委员会制定的地方性法规，由省、自治区的人民代表大会常务委员会报全国人民代表大会常务委员会和国务院备案。

（3）自治州、自治县的人民代表大会制定的自治条例和单行条例，由省、自治区、直辖市的人民代表大会常务委员会报全国人民代表大会常务委员会和国务院备案；自治条例、单行条例报送备案时，应当说明对法律、行政法规、地方性法规作出变通的情况。

（4）部门规章和地方政府规章报国务院备案；地方政府规章应当同时报本级人民代表大会常务委员会备案；设区的市、自治州的人民政府制定的规章应当同时报省、自治区的人民代表大会常务委员会和人民政府备案。

（5）根据授权制定的法规应当报授权决定规定的机关备案；经济特区法规报送备案时，应当说明对法律、行政法规、地方性法规作出变通的情况。

## 1.2 工程建设法律关系

### 1.2.1 工程建设法律关系的概念

#### 1. 法律关系的概念

法律关系是指由法律规范调整一定社会关系而形成的权利与义务关系。一定的法律关系是以一定的法律规范为前提的，是一定法律规范调整一定社会关系的结果。

### 2. 工程建设法律关系的概念

工程建设法律关系是法律关系的一种，是指由工程建设法律规范所确认和调整的，在建设管理和建设协作过程中所产生的权利、义务关系。

工程建设法律关系是工程建设法律规范在中国特色社会主义市场经济活动中实施的结果，只有当社会组织按照工程建设法律规范进行建设活动，形成具体的权利和义务关系时才构成工程建设法律关系。

## 1.2.2　工程建设法律关系的特征

不同的法律关系有着不同的特征，构成其特征的条件是不同的法律关系的主体及其所依据的法律规范。建设工程活动面广，内容繁杂，法律关系主体广泛，所依据的法律规范多样，由此决定工程建设法律关系具有如下特征：

### 1. 综合性

和工程建设法律规范相应，工程建设法律关系不是单一的，而是带有明显的综合性。工程建设法律规范是由工程建设行政法律、工程建设民事法律和工程建设技术法规构成的。这三种法律规范在调整工程建设活动中是相互作用、综合运用的。如国家建设主管部门行使组织、管理、监督的职权，依据工程建设程序、工程建设计划，组织、指导、协调、检查建设单位和勘察、设计、施工、安装等企业工程建设活动，就一定要导致某种法律关系的发生。这种法律关系是以指令服从、组织管理为特征的工程建设行政法律关系。与建设行政法律关系交叉相互作用的则是民事法律关系。这主要是建设单位和银行、勘察、设计、施工、安装等企业之间产生的权利义务关系。如资金借贷关系、工程承包关系、设备和材料承包供应关系等。这些关系往往表现为平等、自愿、公平的合同关系。而建设单位与勘察、设计、施工、安装等企业完成工程建设任务的标准及评价依据的是设计规范、施工规范和验收规范。可见，调整工程建设活动是建设行政法律、工程建设民事法律和工程建设技术法规的综合运用。由此而产生了工程建设法律关系。

### 2. 复杂性

工程建设法律关系是一种涉及面广、内容复杂的权利义务关系。工程建设活动，关系到国民经济和人民生活的方方面面。如建设单位要进行工程建设，则必须使自己的建设项目获得批准，列入国家计划，由此而产生了它与业务主管机关、计划批准机关的关系。建设计划被批准后，又需进行筹备资金、购置材料以及招标投标，进一步组织设计、施工、安装，以便将建设计划付诸实施，这样又产生建设单位与银行、物资供应部门、勘察、设计、施工、安装等企业的关系。这些关系中有纵向的关系，有横向的关系，也有纵横交错的关系。

### 3. 协同性

工程建设行政法律关系决定、制约、影响着工程建设协作关系。工程建设活动的法律调整是以行政管理法律规范为主的，工程建设行政法规与工程建设民事法规保持着高度协调的一致性，具有与其同步平行发展的特征。

## 1.2.3　工程建设法律关系的构成要素

任何法律关系都是由法律关系主体、法律关系客体和法律关系内容三个要素构成，缺少其中一个要素就不能构成法律关系。由于三要素的内涵不同，而组成不同的法律关系，诸如民事法律关系、行政法律关系、劳动法律关系、经济法律关系等。同样，变更其中一个要素就不再是原来的法律关系。

工程建设法律关系则是由工程建设法律关系主体、工程建设法律关系客体和工程建设法律关系内容构成的。

### 1. 工程建设法律关系主体

工程建设法律关系主体是指参加建设业活动，受工程建设法律规范调整，在法律上享有权利、承担义务的人。

（1）自然人

自然人是基于出生而依法成为民事法律关系主体的人。在《中华人民共和国民法典》（以下简称《民法典》）中，公民与自然人在法律地位上是一样的。但实际上，自然人的范围要比公民的广。公民是指具有本国国籍，依法享有宪法和法律所赋予的权利和承担宪法和法律所规定义务的人。在我国，公民是社会中具有我国国籍的一切成员，包括成年人、未成年人和儿童。自然人则包括公民，又包括外国人和无国籍的人。各国的法律一般对自然人都没有条件限制。

自然人在工程建设活动中也可以成为工程建设法律关系的主体。如施工企业工作人员（建筑工人、专业技术人员、注册执业人员等）。同企业签订劳动合同时，即成为工程建设法律关系主体。

（2）法人

法人与自然人相对，法人是具有民事权利能力和民事行为能力，依法独立享有民事权利和承担民事义务的组织。法人的存在必须具备如下几个条件：

1）依法成立。法人不能自然产生，它的产生必须经过法定的程序。法人的设立目的和方式必须符合法律的规定，法律、行政法规规定设立法人须经有关机关批准，并依照其规定执行。

2）应当有自己的名称、组织机构、住所、财产或者经费。法人的名称是法人相互区别的标志和法人进行活动时使用的代号。法人的组织机构是指对内管理法人事务、对外代表法人进行民事活动的机构。法人的场所则是法人进行业务活动的所在地，也是确定法律管辖的依据。法人以其主要办事机构所在地为住所。依法需要办理法人登记的，应当将主要办事机构所在地登记为住所。有必要的财产或者经费是法人进行民事活动的物质基础。它要求法人的财产或者经费必须与法人的经营范围或者设立目的相适应，否则将不能被批准设立或者核准登记。

3）能够独立承担民事责任。法人必须能够以自己的财产或者经费承担在民事活动中的债务，在民事活动中给其他主体造成损失时能够承担赔偿责任。法人以其全部财产独立承担民事责任。

4）有法定代表人。依照法律或者法人章程的规定，代表法人从事民事活动的负责人为法人的法定代表人。法定代表人以法人名义从事的民事活动，其法律后果由法人承受。法人章程或者法人权力机构对法定代表人代表权的限制，不得对抗善意相对人。法定代表人因执行职务造成他人损害的，由法人承担民事责任。法人承担民事责任后，依照法律或者法人章程的规定，可以向有过错的法定代表人追偿。

（3）其他组织

这里的其他组织是指依法或者依据有关政策成立、有一定的组织机构和财产、但又不具备法人资格的各类组织。这些组织在我国社会的政治、经济、文化、教育、卫生等方面具有重要作用。赋予这些组织以合同主体的资格，有利于保护其合法权益，规范其外部行为，维护正常的社会经济秩序，促进我国各项事业的健康发展。在现实生活中，这些组织也被称为非法人组织，包括非法人企业，如不具备法人资格的劳务承包企业、合伙企业、非法人私营企业、非法人集体企业、非法人外商投资企业、企业集团、个体工商户、农村承包经营户等；非法人机关、事业单位和社会团体，如附属性医院、学校等事业单位和一些不完全具备法人条件的协会、学会、研究会、俱乐部等社会团体。

在建设工程中，大多数建设活动主体都是法人。施工单位、勘察设计单位、监理单位通常是具有法人资格的组织。建设单位一般也应当具有法人资格。但有时候，建设单位也可能是没有法人资格的其他组织。

法人在建设工程中的地位，表现在其具有民事权利能力和民事行为能力。依法独立享有民事权利和承担民事义务，方能承担民事责任。在法人制度产生以前，只有自然人才具有民事权利能力和民事行为能力。随着社会生产活动的扩大和专业化水平的提高，许多社会活动必须由自然人合作完成。因此，法人是出于需要，由法律将其拟制为自然人以确定团体利益的归属，即所谓"拟制人"。法人是社会组织在法律上的人格化，是法律意义上的"人"，而不是实实在在的生命体。建设工程规模浩大，需要众多的自然人合作完成。法人制度的产生，使这种合作成为常态。这是建设工程发展到当今的规模和专业程度的基础。

### 2. 工程建设法律关系客体

工程建设法律关系客体，是指参加工程建设法律关系的主体享有的权利和承担的义务所共同指向的事物。在通常情况下，建设主体都是为了某一客体，彼此才设立一定的权利、义务，从而产生工程建设法律关系，这里的权利、义务所指向的事物，便是工程建设法律关系的客体。

法学理论上，一个客体分为财、物、行为和非物质财富。工程建设法律关系客体也不外乎四类：

（1）表现为财的客体

财一般指资金及各种有价证券。在工程建设法律关系中表现为财的客体主要是建设资金，如基本建设贷款合同的标的，即一定数量的货币。

（2）表现为物的客体

法律意义上的物是指可为人们控制的并具有经济价值的生产资料和消费资料。在工程建设法律关系中表现为物的客体主要是建筑材料，如钢筋、木材、水泥等，及其构成的建筑物，还有建筑机械等设备。某个具体基本建设项目即是工程建设法律关系中的客体。

（3）表现为行为的客体

法律意义上的行为是指人的有意识的活动。在工程建设法律关系中，行为多表现为完成一定的工作，如勘察设计、施工安装、检查验收等活动。工程建设勘察设计合同的标的，即完成一定的勘察设计任务；工程建设施工合同的标的，即按期完成一定质量要求的施工行为。

（4）表现为非物质财富的客体

法律意义上的非物质财富是指人们脑力劳动的成果或智力方面的创作，也称智力成果。在工程建设法律关系中，如果设计单位提供的具有创造性的设计图纸，该设计单位依法可以享有专有权，使用单位未经允许不能无偿使用。

**3. 工程建设法律关系的内容**

工程建设法律关系的内容即建设权利和建设义务。工程建设法律关系的内容是建设主体的具体要求，决定着工程建设法律关系的性质，它是连接主体的纽带。

（1）建设权利

建设权利是指工程建设法律关系主体在法定范围内，根据国家建设管理要求和自己企业活动的需要有权进行各种建设活动。权利主体可要求其他主体作出一定的行为或抑制一定的行为，以实现自己的建设权利，因其他主体的行为而使建设权利不能实现时有权要求国家机关加以保护并予以制裁。

（2）建设义务

建设义务是指工程建设法律关系主体必须按法律规定或约定承担相应的责任。建设义务和建设权利是相互对应的，相应主体应自觉履行建设义务，义务主体如果不履行或不适当履行，就要受到法律制裁。

## 1.2.4　工程建设法律关系的产生、变更和消灭

### 1. 工程建设法律关系的产生、变更和消灭的概念

（1）工程建设法律关系的产生

工程建设法律关系的产生，是指工程建设法律关系的主体之间形成了一定的权利和义务的关系。某建设单位与施工单位签订了工程建设承包合同，主体双方产生了相应的权利和义务。此时，受工程建设法律规范调整的工程建设法律关系即告产生。

（2）工程建设法律关系的变更

工程建设法律关系的变更，是指工程建设法律关系的三个要素发生变化。

1）主体变更。主体变更，是指工程建设法律关系主体数目增多或减少，也可以是主体改变。在建设合同中，客体不变，相应权利义务也不变，此时主体改变也称为合同转让。

2）客体变更。客体变更，是指工程建设法律关系中权利义务所指向的事物发生变化。客体变更可以是其范围变更，也可以是其性质变更。

工程建设法律关系主体与客体的变更，必然导致相应的权利和义务，即内容的变更。

（3）工程建设法律关系的消灭

工程建设法律关系的消灭，是指工程建设法律关系主体之间的权利义务不复存在，彼此丧失了约束力。

1）自然消灭。工程建设法律关系自然消灭，是指某类工程建设法律关系所规范的权利义务顺利得到履行，取得了各自的利益，从而使该法律关系达到完结。

2）协议消灭。工程建设法律关系协议消灭，是指工程建设法律关系主体之间协商解除某类工程建设法律关系规范的权利义务，致使该法律关系归于消灭。

3）违约消灭。工程建设法律关系违约消灭，是指工程建设法律关系主体一方违约，或发生不可抗力，致使某类工程建设法律关系规范的权利不能实现。

## 2. 工程建设法律关系的产生、变更和消灭的原因

工程建设法律关系并不是由工程建设法律规范本身产生的，工程建设法律规范并不直接产生法律关系。工程建设法律关系只有在一定的情况下才能产生，而这种法律关系的变更和消灭也由一定情况决定的。这种引起工程建设法律关系产生、变更和消灭的情况，即是人们通常称之为的法律事实。法律事实即是工程建设法律关系产生、变更和消灭的原因。

（1）法律事实

法律事实是指能够引起工程建设法律关系产生、变更和消灭的客观现象和事实。工程建设法律关系不会自然而然的产生，不是任何客观现象都可以作为法律事实，也不能仅凭工程建设法律规范规定，就可在当事人之间发生具体的工程建设法律关系。只有通过一定的法律事实，才能在当事人之间产生一定的法律关系，或者使原来的法律关系变更或消灭。不是任何事实都可作为工程建设法律事实，只有当工程建设法规把某种客观情况同一定的法律后果联系起来时，这种事实才被认为是工程建设法律事实，成为产生工程建设法律关系的原因，从而和法律后果形成因果关系。

（2）工程建设法律事实的分类

工程建设法律事实按是否包含当事人的意志分为两类。

1）事件。事件，是指不以当事人意志为转移而产生的自然现象。

当工程建设法律规范规定把某种自然现象和建设权利义务关系联系在一起的时候，这种现象就成为法律事实的一种，即事件。这就是工程建设法律关系的产生、变更或消灭的原因之一。如洪水灾害导致工程施工延期，致使某建筑安装合同不能履行。事件产生大致有三种情况：

① 自燃事件。自然现象引起的，如地震、台风、水灾、火灾等自然灾害等。

② 社会事件。社会现象引起的，如战争、暴乱、政府禁令等。

③ 意外事件。即突发事件，如失火、爆炸、触礁等。

2）行为。行为，是指人有意识的活动。包括积极的作为或消极的不作为，都是能引起工程建设法律关系的产生、变更或消灭。行为通常表现为以下几种：

① 民事法律行为。民事法律行为，是指基于法律规定或有法律依据，受

法律保护的行为。如根据设计任务书进行的初步设计的行为、依法签订工程建设承包合同的行为。

② 违法行为。违法行为，是指受法律禁止的侵犯其他主体建设权利和建设义务的行为。如违反法律规定或因过错不履行工程建设合同；没有国家批准的建设、擅自动工建设等行为。

③ 行政行为。行政行为，是指国家授权机关依法行使对建设业管理权而发生法律后果的行为。如国家建设管理机关下达基本建设计划、监督执行工程项目建设程序的行为。

④ 立法行为。立法行为，是指国家机关在法定权限内通过规定的程序，制定、修改、废止工程建设法律的活动。如国家制定、颁布工程建设法律、法规、条例等行为。

⑤ 司法行为。司法行为，是指国家司法机关的法定职能活动。包括各级监察机构所实施的法律监督，各级审判机构的审判、调解活动等。如人民法院对工程建设纠纷案件作出判决的行为。

## 1.3 建设工程代理制度

3. 建设工程代理制度例题讲解

在建设工程活动中，通过委托代理实施民事法律行为的情形较为常见。因此，了解和熟悉有关代理的基本法律知识是十分必要的。

### 1.3.1 代理的法律特征和主要种类

民事主体可以通过代理人实施民事法律行为。依照法律规定、当事人约定或者民事法律行为的性质，应当由本人亲自实施的民事法律行为，不得代理。代理人在代理权限内，以被代理人名义实施的民事法律行为，对被代理人发生效力。代理人不履行或者不完全履行职责，造成被代理人损害的，应当承担民事责任。代理人和相对人恶意串通，损害被代理人合法权益的，代理人和相对人应当承担连带责任。

### 1. 代理的法律特征

代理具有如下的法律特征：

（1）代理人必须在代理权限范围内实施代理行为

代理人实施代理活动的直接依据是代理权。因此，代理人必须在代理权限范围内与第三人或相对人实施代理行为。

代理人实施代理行为时有独立进行意思表示的权利。代理制度的存在，正是为了弥补一些民事主体没有资格、精力和能力去处理有关事务的缺陷。如果仅是代为传达当事人的意思表示或接受意思表示，而没有任何独立决定意思表示的权利，则不是代理，只能视为传达意思表示的使者。

（2）代理人一般应该以被代理人的名义实施代理行为

代理人在代理权限内，以被代理人名义实施的民事法律行为，对被代理人发生效力。

（3）代理行为必须是具有法律意义的行为

代理人为被代理人实施的是能够产生法律上的权利义务关系，产生法律后果的行为。如果是代理人请朋友吃饭、聚会等，不能产生权利义务关系，就不是代理行为。

（4）代理行为的法律后果归属于被代理人

代理人在代理权限内，以被代理人的名义同相对人进行的具有法律意义的行为，在法律上产生与被代理人自己的行为同样的后果。因而，被代理人对代理人的代理行为承担民事责任。

### 2. 代理的种类

代理包括委托代理和法定代理。

（1）委托代理

委托代理按照被代理人的委托行使代理权，因委托代理中，被代理人是以意思表示的方法将代理权授予代理人的，故又称"意定代理"或"任意代理"。

委托代理授权采用书面形式的，授权委托书应当载明代理人的姓名或者名称、代理事项、权限和期间，并由被代理人签名或者盖章。数人为同一代理事项的代理人的，应当共同行使代理权，但是当事人另有约定的除外。代理人知道或者应当知道代理事项违法仍然实施代理行为，或者被代理人知道或者应当知道代理人的代理行为违法未作反对表示的，被代理人和代理人应当承担连带责任。

（2）法定代理

法定代理是指根据法律的规定而发生的代理。如无民事行为能力人、限制民事行为能力人的监护人是其法定代理人。

## 1.3.2　建设工程代理行为及其法律关系

建设工程活动中涉及的代理行为比较多，如工程招标代理、材料设备采购代理以及诉讼代理等。

### 1. 建设工程代理行为的设立

建设工程活动不同于一般的经济活动，其代理行为不仅要依法实施，有些还要受到法律的限制。

（1）不得委托代理的建设工程活动

依照法律规定、当事人约定或者民事法律行为的性质，应当由本人亲自实施的民事法律行为，不得代理。

建设工程的承包活动不得委托代理。《中华人民共和国建筑法》规定，禁止承包单位将其承包的全部建筑工程转包给他人，禁止承包单位将其承包的全部建筑工程肢解以后以分包的名义分别转包给他人。施工总承包的，建筑工程主体结构的施工必须由总承包单位自行完成。

（2）一般代理行为无法定的资格要求

一般的代理行为可以由自然人、法人担任代理人，对其资格并无法定的严格要求。即使是诉讼代理人，也不要求必须由具有律师资格的人担任。

《中华人民共和国民事诉讼法》中规定，可以被委托为诉讼代理人包括：1）律师、基层法律服务工作者；2）当事人的近亲属或者工作人员；3）当事人所在社区、单位以及有关社会团体推荐的公民。

（3）民事法律行为的委托代理

建设工程代理行为多为民事法律行为的委托代理。民事法律行为的委托代理，可以用书面形式，也可以用口头形式。但是，法律规定用书面形式的，应当用书面形式。

书面委托代理的授权委托书应当载明代理人的姓名或者名称、代理事项、权限和期间，并由委托人签名或者盖章。委托书授权不明的，被代理人应当向第三人承担民事责任，代理人负连带责任。

### 2. 建设工程代理行为的终止

有下列情形之一的，委托代理终止：1）代理期间届满或者代理事务完成；2）被代理人取消委托或者代理人辞去委托；3）代理人丧失民事行为能力；4）代理人或者被代理人死亡；5）作为被代理人或者代理人的法人、非法人组织终止。

建设工程代理行为的终止，主要是第1）、2）、5）三种情况：

（1）代理期间届满或代理事项完成

被代理人通常是授予代理人某一特定期间内的代理权，或者是某一项也可能是某几项特定事务的代理权，那么在这一期间届满或者被指定的代理事项全部完成，代理关系即告终止，代理行为也随之终止。

（2）被代理人取消委托或者代理人辞去委托

委托代理是被代理人基于对代理人的信任而授权其进行代理事务的。如果被代理人由于某种原因失去了对代理人的信任，法律就不应当强制被代理人继续以其为代理人。反之，如果代理人由于某种原因不愿意再行代理，法律也不能强制要求代理人继续从事代理。因此，法律规定被代理人有权根据自己的意愿单方取消委托，也允许代理人单方辞去委托，均不必以对方同意为前提，并以通知到对方时，代理权即行消灭。

（3）作为被代理人或者代理人的法人、非法人组织终止

在建设工程活动中，不管是被代理人还是代理人，任何一方的法人终止，代理关系均随之终止。因为，对方的主体资格已消灭，代理行为将无法继续，其法律后果亦将无从承担。

### 3. 建设工程代理法律关系

建设工程代理法律关系与其他代理关系一样，存在着两个法律关系：一是代理人与被代理人之间的委托关系；二是被代理人与相对人的合同关系。

（1）一般情况下代理人在代理权限内以被代理人的名义实施代理行为

代理人在代理权限内，以被代理人名义实施的民事法律行为，对被代理人发生效力。这是代理人与被代理人基本权利和义务的规定。代理人必须取得代理权，并依据代理权限，以被代理人的名义实施民事法律行为。被代理人要对

代理人的代理行为承担民事责任。

（2）转托他人代理应当事先取得被代理人的同意

代理人需要转委托第三人代理的，应当取得被代理人的同意或者追认。转委托代理经被代理人同意或者追认的，被代理人可以就代理事务直接指示转委托的第三人，代理人仅就第三人的选任以及对第三人的指示承担责任。转委托代理未经被代理人同意或者追认的，代理人应当对转委托的第三人的行为承担责任，但是在紧急情况下，代理人为了维护被代理人的利益需要转委托第三人代理的除外。

（3）无权代理与表见代理

行为人没有代理权、超越代理权或者代理权终止后，仍然实施代理行为，未经被代理人追认的，对被代理人不发生效力。相对人可以催告被代理人自收到通知之日起一个月内予以追认。被代理人未做表示的，视为拒绝追认。行为人实施的行为被追认前，善意相对人有撤销的权利。撤销应当以通知的方式作出。

1）无权代理

无权代理是指行为人不具有代理权，但以他人的名义与相对人进行法律行为。无权代理一般存在三种表现形式：①自始未经授权。如果行为人自始至终没有被授予代理权，就以他人的名义进行民事行为，属于无权代理；②超越代理权。代理权限是有范围的，超越了代理权限，依然属于无权代理；③代理权已终止。行为人虽曾得到被代理人的授权，但该代理权已经终止的，行为人如果仍以被代理人的名义进行民事行为，则属无权代理。

被代理人对无权代理人实施的行为如果予以追认，则无权代理可转化为有权代理，产生与有权代理相同的法律效力，并不会发生代理人的赔偿责任。如果被代理人不予追认的，对被代理人不发生效力，则无权代理人需承担因无权代理行为给被代理人和善意相对人造成的损失。

2）表见代理

表见代理是指行为人虽无权代理，但由于行为人的某些行为，造成了足以使善意相对人相信其有代理权的表象，而与善意相对人进行的、由本人承担法律后果的代理行为。

《民法典》第一百七十二条规定，行为人没有代理权、超越代理权或者代理权终止后，仍然实施代理行为，相对人有理由相信行为人有代理权的，该代理行为有效。

表见代理除需符合代理的一般条件外，还需具备以下特别构成要件：

① 须存在足以使相对人相信行为人具有代理权的事实或理由。这是构成表见代理的客观要件。它要求行为人与本人之间应存在某些事实上或法律上的联系，如行为人持有本人发出的委任状、已加盖公章的空白合同书或者有显示本人向行为人授予代理权的通知函告等证明类文件。

② 须本人存在过失。其过失表现为本人表达了足以使相对人相信有授权意思的表示，或者实施了足以使相对人相信有授权意义的行为，发生了外表授权的事实。

③ 须相对人为善意。这是构成表见代理的主观要件。如果相对人明知行为人无代理权而仍与之实施民事行为，则相对人为主观恶意，不构成表见代理。

表见代理对本人产生有权代理的效力。即在相对人与本人之间产生民事法律关系。本人受表见代理人与相对人之间实施的法律行为的约束，享有该行为设定的权利和履行该行为约定的义务。本人不能以无权代理为抗辩；本人在承担表见代理行为所产生的责任后，可以向无权代理人追偿因代理行为而遭受的损失。

3）默示授权

本人知道他人以本人名义实施民事行为而不作否认表示的，视为同意。这是一种被称为默示方式的特殊授权。就是说，即使本人没有授予他人代理权，但事后并未作否认的意思表示，应视为授予了代理权。由此，他人以其名义实施法律行为的后果应由本人承担。

（4）不当或违法行为应承担的法律责任

1）损害被代理人利益应承担的法律责任

代理人不履行职责而给被代理人造成损害的，应当承担民事责任。代理人和相对人串通，损害被代理人的利益的，由代理人和相对人负连带责任。

2）相对人故意行为应承担的法律责任

相对人知道行为人没有代理权、超越代理权或者代理权已终止，还与行为人实施民事行为，给他人造成损害的，由相对人和行为人负连带责任。

3）违法代理行为应承担的法律责任

代理人知道被委托代理的事项违法仍然进行代理活动的，或者被代理人知道代理人的代理行为违法不表示反对的，由被代理人和代理人负连带责任。

## 1.4 建设工程知识产权制度

### 1.4.1 知识产权的法律特征

知识产权是权利人对其创造的智力成果依法享有的权利。

**1. 知识产权的基本类型**

我国的知识产权包括著作权（版权）、专利权、商标权、发现权、发明权以及其他科技成果权。其中，前三类权利构成了我国知识产权的主体，在建设工程活动中也主要是这三种知识产权。

**2. 知识产权的法律特征**

知识产权作为一种无形财产权，对其进行法律保护不同于有形财产，从而也就具有了不同于有形财产的法律特征。

（1）财产权和人身权的双重属性

其他的民事权利都只有财产权或人身权的单一属性，只有知识产权具有财产权和人身权的双重属性。

（2）专有性

权利人对智力成果享有的专有权。

（3）地域性

知识产权在空间上的效力并不是无限的，而要受到地域的限制，其效力只及于确认和保护知识产权的一国法律所能及的地域内。对于有形财产则不存在这一问题。

（4）期限性

知识产权仅在法律规定的期限内受到法律的保护，一旦超过法定期限，这一权利就自行消灭。有形财产权没有时间限制。

## 1.4.2　建设工程知识产权的常见种类

在建设工程中常见的知识产权主要是专利权、商标权、著作权以及发明权和其他科技成果。

### 1. 专利权

专利法保护的对象就是专利权的客体，各国规定各不相同。《中华人民共和国专利法》（以下简称《专利法》）保护的是发明创造专利权，并规定发明创造是指发明、实用新型和外观设计。

（1）发明

《专利法》规定，发明是指产品、方法或者其改进所提出的新的技术方案。

发明是专利权保护的最主要对象。发明应当具备以下条件：1）必须是一种能够解决特定技术问题作出的创造性构思；2）必须是具体的技术方案；3）必须是利用自然规律的结果。

（2）实用新型

实用新型被称为"小发明"。我国实用新型保护的客体必须具有一定的形状或者结构，或者两者的结合。如果是方法，不能获得实用新型专利。即使是产品，如果没有固定的形状或者是材料本身，也不能成为实用新型的客体。

（3）外观设计

外观设计必须具备以下条件：1）是形状、图案、色彩或者其结合的设计；2）是对产品的外表所作的设计；3）具有美感；4）是适合于工业上应用的新设计。

发明和实用新型专利权被授予后，除《专利法》另有规定的以外，任何单位或者个人未经专利权人许可，都不得实施其专利，即不得为生产经营目的制造、使用、许诺销售、销售、进口其专利产品，或者使用其专利方法以及使用、许诺销售、销售、进口依照该专利方法直接获得的产品。

发明专利权的期限为 20 年，实用新型专利权和外观设计专利权的期限为 10 年，均自申请日起计算。

### 2. 商标权

（1）商标与商标专用权的概念

商标，是指企业、事业单位和个体工商业者，为了使其生产经营的商品或者提供的服务项目有别于他人的商品或者服务项目，用具有显著特征的文字、图形、字母、数字、三维标志和颜色组合，以及上述要素的组合来表示的标志。商标可以分为商品商标和服务商标两大类。

（2）商标专用权的内容以及保护对象

商标专用权，是指商标所有人对注册商标所享有的具体权利。同其他知识产权不同，商标专用权的内容只包括财产权，商标设计者的人身权受著作权法保护。

商标专用权的保护对象是经过国家商标管理机关核准注册的商标，未经核准注册的商标不受商标法保护。使用注册商标应当标明"注册商标"或者注册标记。商标必须使用文字、图形或者其组合作为表现形式，并应当具备显著特征，便于人们识别。

注册商标的有效期为10年，自核准注册之日起计算。注册商标可以无数次提出续展申请，其理论上的有效期是无限的。注册商标有效期满，需要继续使用的，应当在期满前6个月内申请续展注册；在此期间未能提出申请的，可以给予6个月的宽展期。宽展期满仍未提出申请的，注销其注册商标。

### 3. 著作权

（1）著作权的概念

著作权，是指作者及其他著作权人依法对文学、艺术和科学作品所享有的专有权。在我国，著作权等同于版权。

（2）建设工程活动中常见的著作权作品

著作权保护的客体是作品，在建设工程活动中，会产生许多具有著作权的作品。

1）文字作品

对于施工单位而言，施工单位编制的投标文件等文字作品、项目经理完成的工作报告等，都会享有著作权。建设单位编制的招标文件等文字作品也享有著作权。

2）建筑作品

建筑作品，是指以建筑物或者构筑物形式表现的有审美意义的作品。

3）图形作品

图形作品，是指为施工、生产绘制的工程设计图、产品设计图，以及反映地理现象、说明事物原理或者结构的地图、示意图等作品。

（3）著作权主体

著作权的主体，是指从事文学、艺术、科学等领域创作出作品的作者及其他享有著作权的公民、法人或者其他组织。在特定情况下，国家也可以成为著作权的主体。

在建设工程活动中，有许多作品属于单位作品。由法人或者其他组织主持，代表法人或者其他组织意志创作，并由法人或者其他组织承担责任的作品，法人或者其他组织视为作者。如招标文件、投标文件，往往就是单位作品。单位作品的著作权完全归单位所有。

在建设工程活动中，有些作品属于职务作品。公民为完成法人或者其他组织工作任务所创作的作品是职务作品。职务作品与单位作品在形式上的区别在于，单位作品的作者是单位，而职务作品的作者是公民个人。一般情况下，职务作品的著作权由作者享有，但法人或者其他组织有权在其业务范围内优先使用。作品完成两年内，未经单位同意，作者不得许可第三人以与单位使用的相同方式使用该作品。

在建设工程活动中，有些作品属于委托作品。一般情况下，勘察设计文件都是勘察设计单位接受建设单位委托创作的委托作品。受委托创作的作品，著作权的归属由委托人和受托人通过合同约定。合同未作明确约定或者没有订立合同的，著作权属于受托人。

著作权的保护期由于权利内容以及主体的不同而有所不同：1）作者的署名权、修改权、保护作品完整权的保护期不受限制；2）公民的作品，其发表权、使用权和获得报酬权的保护期，为作者终生及其死后 50 年。如果是合作作品，截止于最后死亡的作者死亡后第 50 年的 12 月 31 日；3）法人或者其他组织的作品、著作权（署名权除外）由法人或者其他组织享有的职务作品，其发表权、使用权和获得报酬权的保护期为 50 年，截止于作品首次发表后第 50 年的 12 月 31 日，但作品自创作完成后 50 年内未发表的，不再受著作权法保护。

## 1.5 工程建设程序

我国工程基本建设程序主要有以下几个阶段：项目建议书阶段、可行性研究报告阶段、工程设计阶段（初步设计阶段、施工图设计阶段）、施工准备阶段、建设实施阶段、竣工验收阶段以及工程后评价阶段。这几个大的阶段中每一阶段都包含着许多环节（表1-2）。

建设工程基本建设程序表　　　　　　　　　　表 1-2

| 阶段 | | 内　容 | 审批或备案部门 | 备注 |
|---|---|---|---|---|
| 投资决策阶段 | 项目建议书阶段 | 1. 编制项目建议书 | 投资主管部门 | 同时做好拆迁、摸底、调查和评估；做好资金来源及筹措准备；准备好选址建设地点的测绘地图 |
| | | 2. 办理项目选址规划意见书 | 规划部门 | |
| | | 3. 办理建设用地规划许可证和工程规划许可证 | 规划部门 | |
| | | 4. 办理土地使用审批手续 | 国土部门 | |
| | | 5. 办理环保审批手续 | 环保部门 | |
| | 可行性研究阶段 | 6. 编制可行性研究报告 | — | 聘请有相应资质的咨询单位 |
| | | 7. 可行性研究报告论证 | — | 须聘请有相应资质的单位 |
| | | 8. 可行性研究报告报批 | 项目审批部门 | 批准后的项目列入年度计划 |
| | | 9. 办理土地使用证 | 国土部门 | |
| | | 10. 办理征地、青苗补偿、拆迁安置等手续 | 国土、建设部门 | |
| | | 11. 地勘 | — | 委托或通过招标、比选等方式选择有相应资质的单位 |
| | | 12. 报审市政配套方案 | 规划、建设、土地、人防、消防、环保、文物、安全、劳动、卫生等部门提出审查意见 | — |

续表

| 阶段 | 内　　容 | 审批或备案部门 | 备注 |
|---|---|---|---|
| 工程设计阶段 | 13. 初步设计 | — | 委托或通过招标、比选等方式选择有相应设计资质的单位 |
| | 14. 办理消防手续 | 消防部门 | — |
| | 15. 初步设计文本审查 | 规划部门、发改部门 | — |
| | 16. 施工图设计 | — | 委托或通过招标、比选等方式选择有相应设计资质的单位 |
| | 17. 施工图设计文件审查、备案 | 报有相应资质的设计审查机构审查,并报行业主管部门备案 | — |
| | 18. 编制施工图预算 | — | 聘请有预算资质的单位编制 |
| 施工准备阶段 | 19. 编制项目投资计划书 | 按建设项目审批权限报批 | — |
| | 20. 建设工程项目报建备案 | 建设行政主管部门 | — |
| | 21. 建设工程项目招标 | — | 业主自行招标或通过比选等竞争性方式择优选定招标代理机构,通过招标或比选等方式择优选定设计单位、勘察单位、施工单位、监理单位和设备供货单位 |
| | 22. 开工前准备 | — | 包括:征地、拆迁和场地平整;三通一平;施工图纸 |
| | 23. 办理工程质量监督手续 | 质监管理机构 | — |
| | 24. 办理施工许可证 | 建设行政主管部门 | — |
| | 25. 项目开工前审计 | 审计机关 | — |
| 建设实施阶段 | 26. 报批开工 | 建设行政主管部门 | — |
| 竣工验收阶段 | 27. 竣工验收 | 质监管理机构 | — |
| 工程后评价阶段 | 28. 工程项目后评价 | — | 评价包括效益后评价和过程后评价 |

## 1.5.1 项目建议书阶段

项目建议书是项目建设筹建单位，根据国民经济和社会发展的长远规划、行业规划、产业政策、生产力布局、市场、所在地的内外部条件等要求，经过调查、预测分析后，提出的某一具体项目的建议文件，是基本建设程序中最初阶段的工作，是对拟建项目的框架性设想，也是政府选择项目和可行性研究的依据。

项目建议书的主要作用是为了推荐一个拟进行建设的项目的初步说明，论述它建设的必要性、重要性、条件的可行性和获得的可能性，供政府选择确定是否进行下一步工作。

该阶段分为以下几个环节：

1. 编制项目建议书。项目建议书的内容一般应包括以下几个方面：

（1）建设项目提出的必要性和依据。

（2）拟建规模、建设方案。

（3）建设的主要内容。

（4）建设地点的初步设想情况、资源情况、建设条件、协作关系等的初步分析。

（5）投资估算和资金筹措及还贷方案。

（6）项目进度安排。

（7）经济效益和社会效益的估计。

（8）环境影响的初步评价。

有些部门在提出项目建议书之前还增加了初步可行性研究工作，对拟进行建设的项目初步论证后，再行编制项目建议书。

项目建议书按要求编制完成后，按照建设总规模和限额的划分审批权限报批。属中央投资、中央和地方合资的大中型和限额以上项目的项目，建议书需报送国家投资主管部门（国家发改委）审批；属省政府投资为主的建设项目需报省投资主管部门（国家发改委）审批；属市（州、地）政府投资为主的建设项目需报市（州、地）投资主管部门（国家发改委）审批；属县（市、区）政府投资为主的建设项目需报县（市、区）投资主管部门（地方发改局）审批。

2. 办理项目选址规划意见书。项目建议书编制完成后，项目筹建单位应到规划部门办理建设项目选址规划意见书。

3. 办理建设用地规划许可证和工程规划许可证。在规划部门办理。

4. 办理土地使用审批手续。在国土部门办理。

5. 办理环保审批手续。在环保部门办理。

在完成开展以上工作的同时，可以做好以下工作：进行拆迁摸底调查，并请有资质的评估单位评估论证；做好资金来源及筹措准备；准备好选址建设地点的测绘。

## 1.5.2　可行性研究阶段

可行性研究是对项目在技术上是否可行和经济上是否合理进行科学的分析和论证。通过对建设项目在技术、工程和经济上的合理性进行全面分析论证和多种方案比较，提出评价意见。

1. 编制可行性研究报告。由经过国家资格审定的适合本项目的等级和专业范围的规划、设计、工程咨询单位承担项目可行性研究，并形成报告。可行性研究报告一般具备以下基本内容：

（1）总论：1）报告编制依据（项目建议书及其批复文件、国民经济和社会发展规划、行业发展规划、国家有关法律、法规、政策等）；2）项目提出的背景和依据（项目名称、承办法人单位及法人、项目提出的理由与过程等）；3）项目概况（拟建地点、建设规划与目标、主要条件、项目估算投资、主要技术经济指标）；4）问题与建议。

（2）建设规模和建设方案：1）建设规模；2）建设内容；3）建设方案；4）建设规划与建设方案的比选。

（3）市场预测和确定的依据。

（4）建设标准、设备方案、工程技术方案：1）建设标准的选择；2）主要设备方案选择；3）工程方案选择。

（5）原材料、燃料供应、动力、运输、供水等协作配合条件。

（6）建设地点、占地面积、布置方案：1）总图布置方案；2）场外运输方案；3）公用工程与辅助工程方案。

（7）项目设计方案。

（8）节能、节水措施：1）节能、节水措施；2）能耗、水耗指标分析。

（9）环境影响评价：1）环境条件调查；2）影响环境因素；3）环境保护措施。

（10）劳动安全卫生与消防：1）危险因素和危害程度分析；2）安全防范措施；3）卫生措施；4）消防措施。

（11）组织机构与人力资源配置。

（12）项目实施进度：1）建设工期；2）实施进度安排。

（13）投资估算：1）建设投资估算；2）流动资金估算；3）投资估算构成及表格。

（14）融资方案：1）融资组织形式；2）资本金筹措；3）债务资金筹措；4）融资方案分析。

（15）财务评价：1）财务评价基础数据与参数选取；2）收入与成本费用估算；3）财务评价报表；4）盈利能力分析；5）偿债能力分析；6）不确定性分析；7）财务评价结论。

（16）经济效益评价：1）影子价格及评价参数选取；2）效益费用范围与数值调整；3）经济评价报表；4）经济评价指标；5）经济评价结论。

（17）社会效益评价：1）项目对社会影响分析；2）项目与所在地互适性分析；3）社会风险分析；4）社会评价结论。

（18）风险分析：1）项目主要风险识别；2）风险程度分析；3）防范风险对策。

（19）招标投标内容和核准招标投标事项。

（20）研究结论与建议：1）推荐方案总体描述；2）推荐方案优缺点描述；3）主要对比方案；4）结论与建议。

（21）附图、附表、附件。

2. 可行性研究报告论证。报告编制完成后，项目建设筹建单位应委托有资质的单位进行评估、论证。

3. 可行性研究报告报批。项目建设筹建单位提交书面报告附可行性研究报告文本、其他附件（如建设用地规划许可证、工程规划许可证、土地使用手续、环保审批手续、拆迁评估报告、可研报告的评估论证报告、资金来源和筹措情况等手续）上报原项目审批部门审批。

可行性研究报告经批准后，不得随意修改和变更。如果在建设规模、建设方案、建设地区或建设地点、主要协作关系等方面有变动以及突破投资控制数时，应经原批准机关同意重新审批。经过批准的可行性研究报告，是确定建设项目、编制设计文件的依据。

可行性研究报告批准后即国家、省、市（地、州）、县（市、区）同意该项目进行建设，何时列入年度计划，要根据其前期工作的进展情况以及财力等因素进行综合平衡后决定。

4. 到国土部门办理土地使用证。

5. 办理征地、青苗补偿、拆迁安置等手续。

6. 地勘。根据可研报告审批意见，委托或通过招标或比选方式选择有资质的地勘单位进行地勘。

7. 报审市政配套方案。报审供水、供气、供热、排水等市政配套方案，一般项目要在规划、建设、土地、人防、消防、环保、文物、安全、劳动、卫生等主管部门提出审查意见，取得有关协议或批件。

对于一些各方面相对单一、技术工艺要求不高、前期工作成熟的教育、卫生等方面的项目，项目建议书和可行性研究报告也可以合并，也就是通常说的可行性研究报告代项目建议书。

## 1.5.3 初步设计阶段

设计是对拟建工程的实施在技术上和经济上所进行的全面而详尽的安排，是基本建设计划的具体化，是把先进技术和科研成果引入建设的渠道，是整个工程的决定性环节，是组织施工的依据，它直接关系着工程质量和将来的使用效果。可行性研究报告经批准的建设项目应委托或通过招标投标选定设计单位，按照批准的可行性研究报告的内容和要求进行设计，编制设计文件。根据建设项目的不同情况，设计过程一般划分为两个阶段，即初步设计和施工图设计。重大项目和技术复杂项目，可根据不同行业的特点和需要，增加技术设计阶段。

1. 初步设计。项目筹建单位应根据可研报告审批意见，委托或通过招标投标择优选择有相应资质的设计单位进行初步设计。

初步设计是根据批准的可行性研究报告和必要而准确的设计基础资料，对设计对象进行通盘研究，阐明在指定的地点、时间和投资控制数内，拟建工程在技术上的可能性和经济上的合理性。通过对设计对象作出的基本技术规定，编制项目的总概算。根据国家规定，如果初步设计提出的总概算，超过可行性研究报告确定的总投资估算 10% 以上，或其他主要指标需要变更时，要重新报批可行性研究报告。

初步设计主要内容包括：

（1）设计依据、原则、范围和设计的指导思想。

（2）自然条件和社会经济状况。

（3）工程建设的必要性。

（4）建设规模、建设内容、建设方案、原材料、燃料和动力等的用量及来源。

（5）技术方案及流程、主要设备选型和配置。

（6）主要建筑物、构筑物、公用辅助设施等的建设。

（7）占地面积和土地使用情况。

（8）总体运输。

（9）外部协作配合条件。

（10）综合利用、节能、节水、环境保护、劳动安全和抗震措施。

（11）生产组织、劳动定员和各项技术经济指标。

（12）工程投资及财务分析。

（13）资金筹措及实施计划。

（14）总概算表及其构成。

（15）附图、附表、附件。

承担项目设计单位的设计水平应与项目大小和复杂程度相一致。按现行规定，工程设计单位分为甲、乙、丙三级，低等级的设计单位不得越级承担工程项目的设计任务。设计必须有充分的基础资料，基础资料要准确；设计所采用的各种数据和技术条件要正确可靠；设计所采用的设备、材料和所要求的施工条件要切合实际；设计文件的深度要符合建设和生产的要求。

2. 办理消防手续。到消防部门办理。

3. 初步设计文本审查。初步设计文本完成后，应报规划管理部门审查，并报原可研审批部门审查批准。

初步设计文件经批准后，总平面布置、主要工艺过程、主要设备、建筑面积、建筑结构、总概算等不得随意修改、变更。经过批准的初步设计，是设计部门进行施工图设计的重要依据。

## 1.5.4　施工图设计阶段

1. 施工图设计。通过招标、比选等方式择优选择设计单位进行施工图设计。施工图设计的主要内容是根据批准的初步设计，绘制出正确、完整和尽可能详尽的建筑安装图纸。其设计深度应满足设备材料的安排和非标设备的制作；建筑工程施工要求等。

2. 施工图设计文件审查备案。施工图文件完成后，应将施工图报有资质的设计审查机构审查，并报行业主管部门备案。

3. 编制施工图预算。聘请有预算资质的单位编制施工图预算。

## 1.5.5　施工准备阶段

1. 编制项目投资计划书。按现行的建设项目审批权限进行报批。

2. 建设工程项目报建备案。省重点建设项目、省批准立项的涉外建设项目及跨市、州的大中型建设项目，由建设单位向省人民政府建设行政主管部门报建。其他建设项目按隶属关系由建设单位向县以上人民政府建设行政主管部门报建。

3. 建设工程项目招标。业主自行招标或通过比选等竞争性方式择优选择招标代理机构；通过招标或比选等方式择优选定设计单位、勘察单位、施工单位、监理单位和设备供货单位，签订设计合同、勘察合同、施工合同、监理合同和设备供货合同。

（1）项目核准。发改部门根据项目情况和国家规定，对项目的招标范围、招标方式、招标组织形式、发包初步方案等进行核准。

（2）比选代理机构。发改部门核准的招标组织形式为委托招标方式的，按照通过比选等竞争性方式确定招标代理机构，并按照规定将《委托招标代理合同》报招标管理部门备案。

（3）发布招标公告。公开招标的在指定媒介上发布招标公告；邀请招标的发送招标邀请函，并在发布前 5 日将招标公告向发改部门和招标行政管理部门备案。

（4）编制招标文件，并在发售日前 5 个工作日报发改部门和招标行政管理部门备案。

（5）发售招标文件。发售招标文件和图纸（发售时间不得少于 5 个工作日，从发售招标文件至投标截止日不少于 20 天，招标文件补充澄清或修改的需在开标日 15 日前通知所有投标人）。

（6）开标。在市国家投资工程交易中心，以及行政监督部门的监督下依法进行。

（7）评标、定标。随机抽取评标专家组成评标委员会进行评标，并根据评标结果确定中标候选人。

（8）中标候选人公示。招标人将《评标报告》和中标候选人的公示文本送到发改部门和招标行政管理部门备案后公示；公示期为 5 个工作日。

（9）中标通知。公示期满后 15 个工作日或投标有效期满 30 个工作日内确定中标人，并发出中标通知书。

（10）签订合同。自中标通知书发出之日起 30 日内依照招标文件签订书面合同。

（11）中标备案。自发出中标通知书之日起 15 日内向发改部门和招标行政管理部门书面报告招标投标情况。

## 1.5.6 建设实施阶段

1. 开工前准备。项目在开工建设之前要切实做好以下准备工作：

（1）征地、拆迁和场地平整。

（2）完成"三通一平"即通路、通电、通水，修建临时生产和生活设施。

（3）组织设备、材料订货，做好开工前准备。包括计划、组织、监督等管理工作的准备，以及材料、设备、运输等物质条件的准备。

（4）准备必要的施工图纸。新开工的项目必须至少有三个月以上的工程施工图纸。

2. 办理工程质量监督手续。持施工图设计文件审查报告和批准书；中标通知书和施工、监理合同；建设单位、施工单位和监理单位工程项目的负责人和机构组成；施工组织设计和监理规划（监理实施细则）等资料在工程质量监督机构办理工程质量监督手续。

3. 办理施工许可证。向工程所在地的县级以上人民政府建设行政主管部门办理施工许可证。工程投资额在 30 万元以下或者建筑面积在 $300m^2$ 以下的建筑工程，可以不申请办理施工许可证。

4. 项目开工前审计。审计机关在项目开工前，对项目的资金来源是否正当，项目开工前的各项支出是否符合国家的有关规定，资金是否按有关规定存入银行专户等进行审计。建设单位应向审计机关提供资金来源及存入专业银行的凭证、财务计划等有关资料。

5. 报批开工。按规定进行了建设准备并具备了各项开工条件以后，建设单位向主管部门提出开工申请。建设项目经批准新开工建设，项目即进入了建设实施阶段。项目新开工时间，是指建设项目设计文件中规定的任何一项永久性工程（无论生产性或非生产性）第一次正式破土开槽开始施工的日期。不需要开槽的工程，以建筑物的正式打桩作为正式开工。公路、水库需要进行大量土、石方工程的，以开始进行土方、石方工程作为正式开工。

## 1.5.7　竣工验收阶段

（1）竣工验收的范围和标准

根据国家现行规定，凡新建、扩建、改建的基本建设项目和技术改造项目，按批准的设计文件所规定的内容建成，符合验收标准的，必须及时组织验收，办理固定资产移交手续。

进行竣工验收必须符合以下要求：

1）项目已按设计要求完成，能满足生产使用。

2）主要工艺设备配套设施经联动负荷试车合格，形成生产能力，能够生产出设计文件所规定的产品。

3）生产准备工作能适应投产需要。

4）环保设施、劳动安全卫生设施、消防设施已按设计要求与主体工程同时建成使用。

（2）申报竣工验收的准备工作

竣工验收依据：批准的可行性研究报告、初步设计、施工图和设备技术说明书、现场施工技术验收规范以及主管部门有关审批、修改、调整文件等。

建设单位应认真做好竣工验收的准备工作：

1）整理工程技术资料。各有关单位（包括设计、施工单位）将以下资料系统整理，由建设单位分类立卷，交生产单位或使用单位统一保管：

① 工程技术资料主要包括土建方面、安装方面及各种有关的文件、合同和试生产的情况报告等；

② 其他资料主要包括项目筹建单位或项目法人单位，对建设情况的总结报告、施工单位对施工情况的总结报告、设计单位对设计总结报告、监理单位对监理情况的总结报告、质监部门对质监评定的报告、财务部门对工程财务决算的报告、审计部门对工程审计的报告等资料。

2）绘制竣工图纸。它与其他工程技术资料一样，是建设单位移交生产单位或使用单位的重要资料，是生产单位或使用单位必须长期保存的工程技术档案，也是国家的重要技术档案。竣工图必须准确、完整，符合归档要求，方能交付验收。

3）编制竣工决算。建设单位必须及时清理所有财产、物资和未用完的资金或应收回的资金；编制工程竣工决算；分析预（概）算执行情况，考核投资效益，报主管部门审查。

4）竣工审计。审计部门进行项目竣工审计并出具审计意见。

（3）竣工验收程序

1）根据建设项目的规模大小和复杂程度，整个项目的验收可分为初步验收和竣工验收两个阶段进行。规模较大、较为复杂的建设项目，应先进行初验，然后进行全部项目的竣工验收。规模较小、较简单的项目可以一次进行全部项目的竣工验收。

2）建设项目在竣工验收之前，由建设单位组织施工、设计及使用等有关单位进行初验。初验前由施工单位按照国家规定，整理好文件、技术资料，向建设单位提出交工报告。建设单位接到报告后，应及时组织初验。

3）建设项目全部完成，经过各单项工程的验收，符合设计要求，并具备竣工图表、竣工决算、工程总结等必要文件资料，由项目主管部门或建设单位向负责验收的单位提出竣工验收申请报告。

（4）竣工验收的组织

竣工验收一般由项目批准单位或委托项目主管部门组织。

竣工验收由环保、劳动、统计、消防及其他有关部门组成，建设单位、施工单位、勘察设计单位参加验收工作。验收委员会或验收组负责审查工程建设的各个环节，听取各有关单位的工作报告，审阅工程档案资料并实地察验建筑工程和设备安装情况，并对工程设计、施工和设备质量等方面作出全面的评价。不合格的工程不予验收；对遗留问题提出具体解决意见，限期落实完成。

## 1.5.8　工程后评价阶段

国家对一些重大建设项目，在竣工验收若干年后进行后评价。这主要是为了总结项目建设成功和失败的经验教训，供以后项目决策借鉴。

### 单元总结

本单元主要介绍建设法规相关的基础知识、制度和阶段程序，其中主要包括建设工程基本法律知识、工程建设法律关系、建设工程代理制度、建设工程知识产权制度及工程建设程序。

### 思考及练习

**一、单项选择题**

1. 根据《中华人民共和国立法法》，地方性法规与部门规章之间对同一事项规定不一致，不能确定如何适用时，由国务院提出意见。国务院认为适用部门规章的，应当适用（　　）。

A. 国务院裁决　　　　　　　　　　B. 全国人大常委会裁决

C. 地方性法规                          D. 部门规章

2. 施工企业项目经理部经营活动的法律后果由（      ）。

A. 项目经理部承担

B. 企业法人承担

C. 企业法定代表人承担

D. 项目经理部与企业法人共同承担

3. 建设工程活动中涉及的代理行为比较多，下列选项中不得委托代理的是（      ）。

A. 工程招标                          B. 工程承包

C. 纠纷诉讼                          D. 材料设备采购

4. 下列属于委托代理终止的是（      ）。

A. 被代理人取得民事行为能力

B. 被代理人恢复民事行为能力

C. 代理期间届满或者代理事务完成

D. 指定代理的人民法院取消指定

5. 下列情形中，构成委托代理终止的是（      ）。

A. 代理人辞去委托

B. 被代理人取得民事行为能力

C. 被代理人死亡

D. 被代理人与代理人之间的监护关系消灭

6. 甲公司业务员王某被开除后，为报复甲公司，用盖有甲公司公章的空白合同书与乙公司订立一份建材购销合同。乙公司并不知情，并按时将货物送至甲公司所在地。甲公司拒绝接收，引起纠纷。关于该案代理与合同效力的说法，正确的是（      ）。

A. 王某的行为为表见代理，合同有效

B. 王某的行为为表见代理，合同无效

C. 王某的行为为无权代理，合同无效

D. 王某的行为为委托代理，合同有效

7. 单位甲委托自然人乙采购特种水泥，乙持授权委托书向提供商丙采购，由于缺货，丙向乙说明无法供货，乙表示愿意购买普通水泥代替，向丙出示加盖甲公章的空白合同。经查，丙不知乙授权不足的情况。关于甲、乙行为的说法，正确的是（    ）。

A. 乙的行为属于法定代理

B. 甲有权拒绝接受这批普通水泥

C. 如果拒绝，应由乙承担付款义务

D. 甲承担付款义务

8. 作业班组以项目部名义租赁了一批钢管，项目经理得知后未置可否。项目完工后，钢管出租方索要租金被拒绝。出租方可以起诉（    ）。

A. 作业班组　　　　　　　　　B. 项目经理

C. 项目经理部　　　　　　　　D. 施工企业

## 二、多项选择题

1. 下列立法成果中属于地方性法规、自治条例或单行条例的有（    ）。

A.《北京市招标投标条例》

B.《建筑安装工程招标投标试行办法》

C.《重庆市建设工程造价管理规定》

D.《宁波市建设工程造价管理办法》

E.《新疆维吾尔自治区建筑市场管理条例》

2. 下列国家机关中，有权制定地方性法规的有（    ）。

A. 省、自治区、直辖市的人民代表大会及其常委会

B. 省、自治区、直辖市的人民政府

C. 省级人民政府所在地的市级人民代表大会及其常委会

D. 省级人民政府所在地的市级人民政府

E. 国务院各部委

3. 根据《立法法》，（    ）之间对同一事项规定不一致时，由国务院裁决。

A. 地方性法规与地方政府规章

B. 部门规章与部门规章

C. 部门规章与地方性法规

D. 地方政府规章与部门规章

E. 同一机关制定的旧的一般规定与新的一般规定

4. 法人应当具备的条件包括（　　）。

A. 必须经过法定的程序设立

B. 有必要的财产或经费

C. 有独立产权的经营场所

D. 能独立承担民事责任

E. 有自己的名称、组织机构和场所

5. 对建设工程承包企业法人资格的描述，正确说法是（　　）。

A. 施工企业的法定代表人是法人

B. 承包企业的项目经理部不具有法人资格

C. 施工企业法人属于社团法人

D. 承包企业经工商行政机关核准登记后即取得法人资格

E. 项目经理部不具有法人资格

6. 关于施工企业项目经理部和项目经理的说法中，正确的是（　　）。

A. 项目经理以项目部名义对外产生的法律责任由项目经理承担

B. 项目经理部不具备独立的法人资格

C. 项目经理部是根据企业法人的授权，对施工项目全面负责

D. 施工企业的每一个项目必须设立项目经理部

E. 项目经理部属于企业的非常设机构

## 三、简答题

1. 工程建设法律关系的构成要素包括哪些？

2. 建设工程知识产权的法律特征有哪些？

3. 建设工程代理制度的法律特征和主要种类有哪些？

4. 请简述工程建设程序。

4. 教学单元1
思考及练习题
答案

# 教学单元 2
# 工程建设从业资格法律制度

Chapter 02

 教学目标

### 1. 知识目标

理解工程建设从业资格法律制度的意义；掌握工程建设从业资格法律制度的法定条件和审批程序；了解从事建筑活动单位的资质要求；掌握建筑市场信用体系建设。

### 2. 能力目标

掌握从业单位执业资质等级许可制度内容；掌握工程建设从业人员职业资格法规。

## 思维导图

```
                          ┌─────────────────┐      建立从业资格制度的意义
                          │ 工程建设从业资   │
                          │ 格法律制度概述   │      工程建设从业资格法律制度的法定要件和审批程序
                          └─────────────────┘
                          ┌─────────────────┐      从事建筑活动单位的条件
                          │ 工程建设企业     │
                          │ 从业资质管理     │      从业单位执业资质等级许可制度内容
        ┌──────────────┐  └─────────────────┘
        │ 工程建设从业 │                            注册建造师制度
        │ 资格法律制度 │  ┌─────────────────┐
        └──────────────┘  │ 工程建设从业人   │      注册建筑师制度
                          │ 员执业资格法规   │
                          │                 │      注册结构工程师制度
  5. 教学单元2            └─────────────────┘
     导学                                           注册造价工程师制度

                          ┌─────────────────┐      良好行为记录
      │ 建筑市场信用     │
                          │ 体系建设         │      不良行为记录
                          └─────────────────┘
```

### 引文

　　2020 年 5 月 28 日,第十三届全国人民代表大会第三次会议表决通过了我国第一部以法典命名的、具有里程碑意义的法律《中华人民共和国民法典》,并于 2021 年 1 月 1 日起正式实施。其中,第三编合同编第十八章建设工程合同的规定,共 21 个条文。该章基本沿用了《中华人民共和国合同法》第十六章关于建设工程合同的编排体例和行文结构,同时吸收了《最高人民法院关于审理建设工程施工合同纠纷案件适用法律问题的解释》和《最高人民法院关于审理建设工程施工合同纠纷案件适用法律问题的解释(二)》的部分条文。

## 2.1 工程建设从业资格法律制度概述

### 2.1.1 建立从业资格制度的意义

　　《中华人民共和国建筑法》规定,从事建筑活动的建筑施工企业、勘察单位、设计单位和工程监理单位，按照其拥有的注册资本、专业技术人员、技术装备和已完成的建筑工程业绩等资质条件，划分为不同的资质等级，经资质审查合格，取得相应的等级证书后，方可在其资质等级许可证的范围内从事建筑活动。从事建筑活动的专业技术人员，应当依法取得相应的执业资格证书，并在执业资格证书许可的范围内从事建筑活动。

建筑活动的专业性、技术性要求都很强，且建设工程投资大、周期长，一旦发生问题，将给社会和人民的生命财产安全造成极大损失。因此，为保证建设工程的质量和安全，对从事建设活动的单位和专业技术人员必须实行从业资格管理。

## 2.1.2　工程建设从业资格法律制度的法定要件和审批程序

工程建设从业资格制度是国家通过法定条件和立法程序对建设活动主体资格进行认定和批准，赋予其在法律规定的范围内从事一定的建设活动的制度。

建设工程的质量直接关系到人身及财产的安全，对于从事建设活动，包括从事建设工程的新建、扩建、改建和拆除等活动的单位，必须在资金、技术、装备等方面具备相应的资质条件。世界绝大多数国家都对从事建设活动必须具备的主体作出了严格限定。对建筑主体要进入市场必须同时具备法定要件和法定审批程序两方面的要求。

### 1. 建设从业资格的法定要件

建设从业资格的法定要件，是指建设活动主体必须具备法律规定的条件，才能从事建设活动。《中华人民共和国建筑法》规定，从事建设活动的建筑施工企业，勘察单位和工程监理单位，应当具备下列条件：①有符合国家规定的注册资本；②有与从事的建筑活动相适应的具有法定执业资格的专业技术人员；③有从事相关建筑活动的专业技术装备；④法律规定的其他条件。

### 2. 建设从业资格审批程序

建设从业资格审批程序，是指建设活动主体除了具备从业资格的法定条件，还必须经过国家法定审批程序。《中华人民共和国建筑法》规定，从事建筑活动的建筑施工企业、勘察单位、设计单位和工程监理单位，按照其拥有的注册资本、专业技术人员、技术装备和已经完成的建筑工程业绩等资质条件，划分不同的等级，经资质审核合格，取得相应的资格证书后，方可在其资质等级许可的范围内从事建筑活动；从事建筑活动的专业技术人员，应当依法取得相应的职业资格证书，并在职业资格证书许可的范围内从事建筑活动。

## 2.2 工程建设企业从业资质管理

### 2.2.1 从事建筑活动单位的条件

我国《中华人民共和国建筑法》规定，从事建筑活动的建筑施工企业、勘察单位、设计企业和工程监理企业，应当具备下列条件：

(1) 有符合国家规定的注册资本。

(2) 有与其从事的建筑活动相适应的具有法定执业资格的专业技术人员。

(3) 有从事相关建筑活动所应有的技术装备。

(4) 法律、行政法规规定的其他条件。

### 2.2.2 从业单位执业资质等级许可制度内容

从事建筑工程活动的企业或单位，应当向工商行政管理部门申请设立登记，并由建设行政主管部门审查，颁发资质证书，在资质等级许可证的范围内从事建筑活动。

建筑工程的种类很多，对于不同的建筑工程，其建设规模和技术要求的复杂程度也会有很大的区别。而从事建筑活动的施工企业、勘察单位、设计单位、工程咨询机构的情况也各有不同，有的资本雄厚，专业技术人员也较多，技术装备齐全，有较强的经济和技术实力；有的经济和技术实力则相对较弱。为此，我国在对建筑活动的监督管理中，将从事建筑活动的单位按其具有的不同经济、技术条件，划分为不同的资质等级，对不同资质等级的单位所从事的建筑活动范围作出明确的规定。

#### 1. 建筑业企业资质管理

依法取得工商行政管理部门颁发的《企业法人营业执照》的企业，在中华人民共和国境内从事土木工程、建筑工程、线路管道设备安装工程、装修工程的新建、扩建、改建等活动，应当申请建筑业企业资质。企业应当按照其拥有的资产、主要人员、已完成的工程业绩和技术装备等条件申请建筑业企业资质，经审查合格，取得建筑业企业资质证书后，方可在资质许可的范围内从事建筑施工活动。

### 2. 工程勘察、设计企业资质管理

从事建设工程勘察、工程设计活动的企业，应当按照其拥有的资产、专业技术人员、技术装备和勘察设计业绩等条件申请资质，经审查合格，取得建设工程勘察、工程设计资质证书后，方可在资质许可的范围内从事建设工程勘察、工程设计活动。

### 3. 工程建设监理企业资质管理

从事建设工程监理活动的企业，应当按照本规定取得工程监理企业资质，并在工程监理企业资质证书许可的范围内从事工程监理活动。

### 4. 工程招标代理机构资质管理

工程建设项目招标代理，是指工程招标代理机构接受招标人的委托，从事工程的勘察、设计、施工、监理以及与工程建设有关的重要设备、材料采购招标的代理业务。

从事工程招标代理业务的机构，应当依法取得国务院建设主管部门或者省、自治区、直辖市人民政府建设主管部门认定的工程招标代理机构资格，并在其资格许可的范围内从事相应的工程招标代理业务。

### 5. 工程造价咨询企业资质管理

工程造价咨询企业，是指接受委托，对建设项目投资、工程造价的确定与控制提供专业咨询服务的企业。工程造价咨询企业应当依法取得工程造价咨询企业资质，并在其资质等级许可的范围内从事工程造价咨询活动。

## 2.3　工程建设从业人员执业资格法规

专业技术人员职业资格是对从事某一职业所必备的学识、技术和能力的基

本要求，包括从业资格和执业资格。职业资格分别由国务院行政部门通过学历认定、资格考试、专家评定、职业技能鉴定等方式进行评价。经资格考试合格的人员，由国家授予相应的职业资格证书。资格证书是证书持有人专业水平能力的证明，可作为求职、就业的凭证和从事特定专业的法定注册凭证。

《中华人民共和国建筑法》规定，从事建筑活动的专业技术人员，应当依法取得相应的执业资格证书，并在执业资格证书许可的范围内从事建筑活动。

## 2.3.1 注册建造师制度

注册建造师是指以专业技术为依托、以工程项目管理为主业的执业注册人员，是懂管理、懂技术、懂经济、懂法规、综合素质较高的复合型人员，既要有理论水平，也要有丰富的实践经验和较强的组织能力。建造师受聘注册后，可以以建造师的名义担任建设工程项目施工的项目经理。注册建造师分为一级注册建造师和二级注册建造师。

### 1. 注册建造师的资格考试

（1）报考专业

一级建造师专业分为：建筑工程、机电工程、市政公用工程、公路工程、水利水电工程、铁路工程、民航机场工程、港口与航道工程、通信与广电工程、矿业工程 10 个专业。

二级建造师专业分为：建筑工程、机电工程、市政公用工程、公路工程、水利水电工程、矿业工程 6 个专业。

（2）考试科目

注册建造师要通过考试获取执业资格。考试成绩实行 2 年为一个周期的滚动管理办法，且必须在连续 2 个考试年度内通过全部科目。

一级注册建造师执业资格考试实行全国统一大纲、统一命题、统一组织的考试制度，由人社部、住建部共同组织实施，原则上每年举行一次考试。一级建造师考试科目有《建设工程经济》《建设工程项目管理》《建设工程法规及相关知识》和《专业工程管理实务》。

二级注册建造师执业资格考试实行全国统一大纲，各省、自治区、直辖市命题并组织的考试制度。二级建造师考试科目有《建设工程施工管理》《建设工程法规及相关知识》和《专业工程管理与实务》。

**2. 注册建造师的报考条件**

（1）凡遵守国家法律、法规，具备下列条件之一者，可以申请参加一级建造师执业资格考试：①取得工程类或工程经济类大学专科学历，工作满 6 年，其中从事建设工程项目施工管理工作满 4 年；②取得工程类或工程经济类大学本科学历，工作满 4 年，其中从事建设工程项目施工管理工作满 3 年；③取得工程类或工程经济类双学士学位或研究生班毕业，工作满 3 年，其中从事建设工程项目施工管理工作满 2 年；④取得工程类或工程经济类硕士学位，工作满 2 年，其中从事建设工程项目施工管理工作满 1 年；⑤取得工程类或工程经济类博士学位，从事建设工程项目施工管理工作满 1 年。

（2）凡遵守国家法律、法规，具备下列条件之一者，可以申请参加二级建造师执业资格考试：①具备工程或工程经济类中专及以上学历，并从事建设工程项目施工管理工作满 2 年；②具备其他专业中专及以上学历，并从事建设工程项目施工管理工作满 5 年；③从事建设工程项目施工管理工作满 15 年。

**3. 注册**

取得建造师执业资格证书且符合注册条件的人员，必须经过注册登记后，方可以建造师名义执业。住房和城乡建设部或其授权机构为一级建造师执业资格的注册管理机构；各省、自治区、直辖市建设行政管理部门制定本行政区内二级建造师执业资格的注册办法，报住房和城乡建设部或其授权机构备案。

准予注册的申请人员，分别获得中华人民共和国一级建造师注册证书、中华人民共和国二级建造师注册证书。

**4. 执业范围**

注册建造师的执业范围包括担任建设工程项目施工的项目经理，从事其他施工活动的管理工作；法律、行政法规或国务院建设行政管理部门规定的其他业务。

不同级别的建造师，其执业范围是不同的：在行使项目经理职责时，一级注册建造师可以担任《建筑业企业资质等级标准》中规定的必须由特级、一级建筑业企业承建的建设工程项目施工的项目经理；二级注册建造师只可以担任二级及以下建筑业企业承建的建设工程项目施工的项目经理。

取得建造师执业资格的人员能否担任项目经理，应由建筑业企业自主决定，按照国家规定要参加市一级组织的"安全人员生产考核"考试，考试合格获得建筑施工企业项目负责人"安全生产考核合格证书"（安全员 B 证），获得证书才能够在项目经理岗位从事相关管理工作。

## 2.3.2　注册建筑师制度

注册建筑师，是指经考试、特许、考核认定取得中华人民共和国注册建筑师执业资格证书，或者经资格互认方式取得建筑师互认资格证书，并注册取得"中华人民共和国注册建筑师注册证书"和"中华人民共和国注册建筑师执业印章"，从事建筑设计及相关业务活动的专业技术人员。注册建筑师分为一级注册建筑师和二级注册建筑师。

1994 年 9 月我国实行注册建筑师制度，并成立了全国注册建筑师管理委员会。1995 年国务院颁布了《中华人民共和国注册建筑师条例》；自 2008 年 3 月 15 日起施行《中华人民共和国注册建筑师条例实施细则》（由中华人民共和国建设部令第 167 号）；2014 年 10 月，国务院决定，将中国注册建筑师的审批权授予中国建筑师管理委员会，进一步与国际接轨，更加便利于国际建筑师的互认工作。

### 1. 注册建筑师资格考试

注册建筑师考试分为一级注册建造师考试和二级注册建筑师考试。注册建筑师考试实行全国统一考试，一般每年进行一次。注册建筑师考试由全国注册建筑师管理委员会统一部署，省、自治区、直辖市注册建筑师管理委员会组织实施。

（1）一级注册建筑师考试科目

1）设计前期与场地设计（知识）；2）建筑设计（知识）；3）建筑结构；4）建筑物理与设备；5）建筑材料与构造；6）建筑经济、施工及设计业务管理；7）建筑方案设计（作图）；8）建筑技术设计（作图）；9）场地设计（作图）。

科目考试合格有效期为 8 年。

（2）二级建筑师执业资格考试科目

1）场地与建筑设计（作图）；2）建筑构造与详图（作图）；3）建筑结构

与设备；4）法律、法规、经济与施工。

科目考试合格有效期为 4 年。

### 2. 报考条件

（1）符合下列条件之一的，可以申请参加一级注册建筑师考试：①取得建筑学硕士以上学位或者相近专业工学博士学位，并从事建筑设计或者相关业务 2 年以上的；②取得建筑学学士学位或者相近专业工学硕士学位，并从事建筑设计或者相关业务 3 年以上的；③具有建筑学专业大学本科毕业学历并从事建筑设计或者相关业务 5 年以上的，或者具有建筑学相近专业大学本科毕业学历并从事建筑设计或者相关业务 7 年以上的；④取得高级工程师技术职称并从事建筑设计或者相关业务 3 年以上的，或者取得工程师技术职称并从事建筑设计或者相关业务 5 年以上的；⑤不具有前四项规定的条件，但设计成绩突出，经全国注册建筑师管理委员会认定达到前四项规定的专业水平的。

（2）符合下列条件之一的，可以申请参加二级注册建筑师考试：①具有建筑学或者相近专业大学本科毕业以上学历，从事建筑设计或者相关业务 2 年以上的；②具有建筑设计技术专业或者相近专业大学毕业以上学历，并从事建筑设计或者相关业务 3 年以上的；③具有建筑设计技术专业 4 年制中专毕业学历，并从事建筑设计或者相关业务 5 年以上的；④具有建筑设计技术相近专业中专毕业学历，并从事建筑设计或者相关业务 7 年以上的；⑤取得助理工程师以上技术职称，并从事建筑设计或者相关业务 3 年以上的。

### 3. 注册

经注册建筑师考试，在有效期内全部科目合格的，获得注册建筑师执业资格证书。

取得一级注册建筑师资格证书并受聘于中华人民共和国境内的一个建设工程勘察、设计、施工、监理、招标代理、造价咨询、施工图审查、城乡规划编制等单位，通过聘用单位向单位工商注册所在地的省、自治区、直辖市注册建筑师管理委员会提出申请；省、自治区、直辖市注册建筑师管理委员会受理后提出初审意见，并将初审意见和申请材料报全国注册建筑师管理委员会审批；符合条件的，由全国注册建筑师管理委员会颁发一级注册建筑师注册证书和执业印章。经注册后方可从事相应的执业活动。

二级注册建筑师的注册办法由省、自治区、直辖市注册建筑师管理委员会依法制定。

#### 4. 执业范围

一级注册建筑师的执业范围不受工程项目规模和工程复杂程度的限制。二级注册建筑师的执业范围只限于承担工程设计资质标准中，建设项目设计规模划分表中规定的小型规模的项目。注册建筑师的执业范围不得超越其聘用单位的业务范围。

注册建筑师的执业范围具体包括以下内容：

（1）建筑设计。

（2）建筑设计技术咨询。

（3）建筑物调查与鉴定。

（4）对本人主持设计的项目进行施工指导和监督。

（5）国务院建设主管部门规定的其他业务。

## 2.3.3 注册结构工程师制度

注册结构工程师是指经全国统一考试合格，依法登记注册，取得中华人民共和国注册结构工程师执业资格证书和注册证书，从事房屋结构、桥梁结构及塔架结构等工程设计及相关业务的专业技术人员。注册结构工程师分为一级注册结构工程师和二级注册结构工程师。

#### 1. 注册结构工程师的资格考试

注册结构工程师考试实行全国统一大纲、统一命题、统一组织的办法，原则上每年举行一次。

一级注册结构工程师资质考试由基础考试和专业考试两部分组成。通过基础考试的人员，从事结构工程设计或相关业务满规定年限，方可申请参加专业考试。

基础考试科目包括高等数学、普通物理、普通化学、理论力学、材料力学、流体力学、计算机应用基础、电工电子技术、工程经济、土木工程材料、工程测量、职业法规、土木工程施工与管理、结构设计、结构力学、结构试验、土力学与地基基础。

专业考试科目包括钢筋混凝土结构、钢结构、砌体结构与木结构、地基与基础、高层建筑、高耸结构与横向作用、桥梁结构。

二级注册结构工程师资格考试只有专业考试。

专业考试科目包括钢筋混凝土结构、钢结构、砌体结构与木结构、地基与基础、高层建筑、高耸结构与横向作用。

### 2. 报考条件

报考条件分三种情况：①一级注册结构工程师基础考试报考条件；②一级注册结构工程师专业考试报考条件；③二级注册结构工程师专业考试报考条件。

### 3. 注册

取得注册结构工程师执业资格证书者，应当受聘于一个勘察设计单位，通过单位申请注册。

### 4. 执业范围

注册结构工程师的执业范围包括结构工程设计；结构工程设计技术咨询；建筑物、构筑物、工程设施等调查和鉴定；对本人主持设计的项目进行施工指导和监督；建设部和国务院有关部门规定的其他业务。

一级注册结构工程师的执业范围不受工程规模及工程复杂程度的限制；二级注册工程师的勘察设计范围仅限于承担国家规定的民用建筑工程三级及以下或工业小型项目。

## 2.3.4　注册造价工程师制度

注册造价工程师是指由国家授予资格并准予注册后执业，专门接受某个部门或某个单位的指定、委托或聘请，负责并协助其进行工程造价的计价、定价及管理业务的工程经济专业人员。国家在工程造价领域实施造价工程师执业资格制度。凡从事工程建设活动的建设、设计、施工、工程造价咨询、工程造价管理等单位和部门，必须在计价、评估、审查（核）、控制及管理等岗位配套有造价工程师执业资格的专业技术人员。

### 1. 注册造价工程师的资格考试

全国造价工程师执业资格考试由住建部与人社部共同组织。实行全国统一大纲、统一命题、统一组织的办法，原则上每年举行一次。考试成绩管理以四年为一个周期，参加全部科目考试的人员须在连续四个考试年度内通过全部科目考试。免试部分科目的人员须在两个考试年度内通过应试科目。

考试科目包括：1）工程造价管理基础理论与相关法规；2）工程造价计价与控制；3）建设工程技术与计量（分土建和安装两个专业，考生可任选其一）；4）工程造价案例分析。

### 2. 注册造价工程师的报名条件

（1）凡中华人民共和国公民，遵纪守法并具备以下条件之一者，均可申请参加造价工程师执业资格考试：1）工程造价专业大专毕业，从事工程造价业务满5年；工程或工程经济类大专毕业，从事工程造价业务工作满6年；2）工程造价专业本科毕业，从事工程造价业务满4年；工程或工程经济类本科毕业，从事工程造价业务满5年；3）获上述专业第二学士学位或研究生班毕业和获硕士学位，从事工程造价业务工作满3年；4）获上述专业博士学位，从事工程造价业务满2年。

（2）上述报考条件中有关学历的要求是指经教育部承认的正规学历，从事相关工作经历年限要求是指取得规定学历前、后从事该相关工作时间的总和。

### 3. 注册

取得资格证书的人员，可自资格证书签发之日起1年内申请初始注册，逾期未申请者，须符合继续教育的要求后方可申请初始注册。初始注册的有效期为4年。

### 4. 执业范围

根据《注册造价工程师管理办法》规定，造价工程师只能在一个单位执业。造价工程师执业范围包括以下内容：

（1）建设项目建议书、可行性投资估算的编制和审核，项目经济评估，工程概算、预算、结算及竣工结（决）算的编制和审核。

（2）工程量清单、标底（或者控制价）、投标报价的编制和审核，工程合同价款的签订及变更、调整、工程款支付与工程索赔费用的计算。

（3）建设项目管理过程中设计方案的优化、限额设计等工程造价分析与控制，工程保险理赔的核查。

（4）工程经济纠纷的鉴定。

## 2.4　建筑市场信用体系建设

房地产、建筑企业不依法履行生效法律文书确定的义务情况，将记入房地产和建筑市场信用档案，向社会披露有关信息，对其企业资质作出限制。公安、检察机关和人民法院对拒不执行生效判决、裁定以及其他妨碍执行构成犯罪的行为，要及时依法侦查、提起公诉和审判。

失信被执行人全部履行了生效法律文书确定的义务，或与申请执行人达成执行和解协议并经申请执行人确认履行完毕，或案件依法终结执行等，人民法院要在 3 日内屏蔽或撤销其失信名单信息。屏蔽、撤销信息要及时向社会公开并通报给已推送单位。失信名单被依法屏蔽、撤销的，各信用监督、警示和惩戒单位要及时解除对被执行人的惩戒措施。确须继续保留对被执行人信用监督、警示和惩戒的，必须严格按照法律法规的有关规定实施，并明确继续保留的期限。

在有关部门和社会组织依法依规对本领域失信行为作出处理和评价基础上，通过信息共享，推动其他部门和社会组织依法依规对严重失信行为采取联合惩戒措施。重点包括：一是严重危害人民群众身体健康和生命安全的行为，包括食品药品、生态环境、工程质量、安全生产、消防安全、强制性产品认证等领域的严重失信行为；二是严重破坏市场公平竞争秩序和社会正常秩序的行为，包括贿赂、逃税骗税、恶意逃废债务、恶意拖欠货款或服务费、恶意欠薪、非法集资、合同欺诈、传销、无证照经营、制售假冒伪劣产品和故意侵犯知识产权、出借和借用资质投标、围标串标、虚假广告、侵害消费者或证券期货投资者合法权益、严重破坏网络空间传播秩序、聚众扰乱社会秩序等严重失信行为；三是拒不履行法定义务，严重影响司法机关、行政机关公信力的行为，包括当事人在司法机关、行政机关作出判决或决定后，有履行能力但拒不履行、逃避执行等严重失信行为；四是拒不履行国防义务，拒绝、逃避兵役，拒绝、拖延民用资源征用或者阻碍对被征用的民用资源进行改造，危害国防利益、破坏国防设施等行为。

建筑市场诚信行为信息分为良好行为记录和不良行为记录两大类。

## 2.4.1 良好行为记录

良好行为记录是指建筑市场主体在工程建设过程中严格遵守有关工程建设的法律、法规、规章或强制性标准，行为规范，诚信经营，自觉维护建筑市场秩序，受到各级建设行政主管部门和相关专业部门的奖励和表彰所形成的良好行为记录。

## 2.4.2 不良行为记录

不良行为记录是指建筑市场主体在工程建设过程中违反有关工程建设的法律、法规、规章或强制性标准和执业行为规范，经县级以上建设行政主管部门或者委托的执法监督机构查实和行政处罚所形成的不良行为记录。

建筑市场施工单位不良行为记录认定标准如下：

### 1. 施工单位不良行为记录的认定标准

施工单位的不良行为记录认定标准分为如下 5 大类、41 条：

（1）资质不良行为认定标准

1）未取得资质证书承揽工程的，或超越本单位资质等级承揽工程的；

2）以欺骗手段取得资质证书承揽工程的；

3）允许其他单位或个人以本单位名义承揽工程的；

4）未在规定期限内办理资质变更手续的；

5）涂改、伪造、出借、转让"建筑业企业资质证书"的；

6）按照国家规定需要持证上岗的技术工种的作业人员未经培训、考核，未取得证书上岗，情节严重的。

（2）承揽业务不良行为认定标准

1）利用向发包单位及其工作人员行贿、提供回扣或者给予其他好处等不正当手段承揽业务的；

2）相互串通投标或与招标人串通投标的，以向招标人或评标委员会成员行贿的手段牟取中标的；

3）以他人名义投标或以其他方式弄虚作假，骗取中标的；

4）不按照与招标人订立的合同履行义务，情节严重的；

5）将承包的工程转包或违法分包的。

（3）工程质量不良行为认定标准

1）在施工中偷工减料的，使用不合格建筑材料、建筑构配件和设备的，或者有不按照工程设计图纸或施工技术标准施工的其他行为的；

2）未按照节能设计进行施工的；

3）未对建筑材料、建筑构配件、设备和商品混凝土进行检测，或未对涉及结构安全的试块、试件以及有关材料取样检测的；

4）工程竣工验收后，不向建设单位出具质量保修书的，或质量保修的内容、期限违反规定的；

5）不履行保修义务或者拖延履行保修义务的。

（4）工程安全不良行为认定标准

1）在本单位发生重大生产安全事故时，主要负责人不立即组织抢救或在事故调查处理期间擅离职守或逃匿的，主要负责人对生产安全事故隐瞒不报、谎报或拖延不报的；

2）对建筑安全事故隐患不采取措施予以消除的；

3）不设立安全生产管理机构、配备专职安全生产管理人员或分部分项工程施工时无专职安全生产管理人员现场监督的；

4）主要负责人、项目负责人、专职安全生产管理人员、作业人员或特种作业人员，未经安全教育培训或经考核不合格即从事相关工作的；

5）未在施工现场的危险部位设置明显的安全警示标志，或未按照国家有关规定在施工现场设置消防通道、消防水源、配备消防设施和灭火器材的；

6）未向作业人员提供安全防护用具和安全防护服装的；

7）未按照规定在施工起重机械和整体提升脚手架、模板等自升式架设设施验收合格后登记的；

8）使用国家明令淘汰、禁止使用的危及施工安全的工艺、设备、材料的；

9）违法挪用列入建设工程概算的安全生产作业环境及安全施工措施所需费用的；

10）施工前未对有关安全施工的技术要求作出详细说明的；

11）未根据不同施工阶段和周围环境及季节、气候的变化，在施工现场采取相应的安全施工措施，或在城市市区内的建设工程的施工现场未实行封闭围挡的；

12）在尚未竣工的建筑物内设置员工集体宿舍的；

13）施工现场临时搭建的建筑物不符合安全使用要求的；

14）未对因建设工程施工可能造成损害的毗邻建筑物、构筑物和地下管线等采取专项防护措施的；

15）安全防护用具、机械设备、施工机具及配件在进入施工现场前未经查验或查验不合格即投入使用的；

16）使用未经验收或验收不合格的施工起重机械和整体提升脚手架、模板等自升式架设设施的；

17）委托不具有相应资质的单位承担施工现场安装、拆卸施工起重机械和整体提升脚手架、模板等自升式架设设施的；

18）在施工组织设计中未编制安全技术措施、施工现场临时用电方案或专项施工方案的；

19）主要负责人、项目负责人未履行安全生产管理职责的，或不服管理、违反规章制度和操作规程冒险作业的；

20）施工单位取得资质证书后，降低安全生产条件的，或经整改仍未达到与其资质等级相适应的安全生产条件的；

21）取得安全生产许可证发生重大安全事故的；

22）未取得安全生产许可证擅自进行生产的；

23）安全生产许可证有效期满未办理延期手续，继续进行生产的，或逾期不办理延期手续，继续进行生产的；

24）转让安全生产许可证的，接受转让的，冒用或使用伪造的安全生产许可证的。

（5）拖欠工程款或工人工资不良行为认定标准恶意拖欠或克扣劳动者工资的。

**单元总结**

　　本单元介绍工程建设从业资格法律制度，其中包括工程建设从业资格法律制度的意义、工程建设从业资格法律制度的法定条件和审批程序、从事建筑活动单位的资质要求、建筑市场信用体系建设、从业单位执业资质等级许可制度内容以及工程建设从业人员职业资格法规。

**思考及练习**

### 一、单项选择题

　　1. 建筑业企业不再符合相应资质标准条件的，县级以上住房城乡建设主管部门应当责令其限期改正并向社会公告，（　　）。

　　A. 整改期限最长不超过 1 年

　　B. 整改期间不得提出资质升级申请，但可以提出增项申请

　　C. 整改期间不能承揽新的工程

　　D. 逾期仍未达到建筑业企业资质条件的，资质许可机关可以撤回其资质证书。企业可以在资质被撤回后 3 个月内，提出恢复资质的申请

　　2. 关于建筑业企业承揽工程，说法正确的有（　　）。

　　A. 施工单位承包工程的范围取决于注册地点和资质等级

　　B. 个人严禁承揽专业工程但可以承揽劳务作业

　　C. 工程转包或违法分包的，发包人不能免除对实际施工人的付款责任

　　D. 不同专业的两个单位组成联合体，应按资质等级低的单位的业务许可范围承揽工程

　　3. 某建设工程项目，甲公司中标后将其转包给不具有相应资质等级的乙公司，乙公司施工工程不符合规定质量标准，给建设单位造成损失，下列说法中，正确的是（　　）。

　　A. 建设单位与甲公司有直接合同关系，应由甲公司承担赔偿责任

　　B. 甲、乙承担连带赔偿责任

　　C. 实际施工造成损失的是乙公司，应由乙公司承担赔偿责任

　　D. 因建设单位管理不到位，应由建设单位承担部分损失

4. 下列关于建造师注册的表述中，正确的是（　　）。

A. 取得建造师资格证书的人员，如果没能在三年内申请注册，其资格证书将失效

B. 申请初始注册的人员，应受聘于一个相关单位

C. 注册建造师增加执业专业的，需办理变更注册

D. 因工作需要，取得建造师资格证书的人员可申请在两个单位注册

5. 施工企业新聘用的项目经理因变更注册申报不及时影响注册建造师执业，导致项目出现损失，对建设单位的民事赔偿责任由（　　）承担。

A. 建造师原注册单位　　　　　　　B. 建设主管部门

C. 项目经理本人　　　　　　　　　D. 施工企业

6. 甲是担任总承包项目经理的注册建造师，乙是该项目负责设备安装分包工程的注册建造师。对于该工程施工文件的签署，下列说法错误的是（　　）。

A. 甲对该工程施工管理文件签章

B. 设备安装部分的施工管理文件由乙签章

C. 设备安装部分的质量合格的文件上甲必须签章

D. 修改签章后的施工管理文件，只需签章人同意

二、多项选择题

1. 根据《建筑业企业资质管理规定》，关于我国建筑业企业资质的说法，正确的是（　　）。

A. 建筑业企业资质分为工程总承包、专业承包和劳务分包

B. 施工总承包、专业承包资质按照工程性质和技术特点划分为若干资质类别，各资质类别再按照各自规定的条件划分为若干等级

C. 施工总承包资质分为特级、一级、二级三个等级

D. 施工劳务资质不分类别与等级

E. 建筑业企业申请资质，应当满足注册资本、专业技术人员、业绩和装备条件

2. 建筑业企业申请资质升级、资质增项。在申请之日起的前一年内出现下列情形，资质许可机关对其申请不予批准的有（　　）。

A. 与建设单位或者企业之间相互串通投标的

B. 未取得施工许可证擅自施工的

C. 将承包的工程转包或者违反分包的

D. 发生过安全事故的

E. 恶意拖欠分包企业工程款或者进城务工人员工资的

3. 根据《注册建造师管理规定》，注册机关对申请注册建造师的申请人不予注册的情形为（　　）。

A. 同时受聘于两个或两个以上单位的

B. 赵某陈某被吊销注册证书，自处罚决定之日起至申请注册之日止不满 2 年的

C. 丁某因执业活动受到刑事处罚，刑事处罚执行完毕已满 5 年的

D. 王某年龄超过 60 岁但仍担任单位的咨询顾问

E. 孙某有两个执业专业参加继续教育达到 150 学时，申请延续注册

## 三、简答题

1. 工程建设从业资格法律制度的法定条件和审批程序是什么？

2. 从事建筑活动单位的条件有哪些？

3. 从业单位执业资质等级许可制度有哪些？

4. 建筑市场施工单位不良行为记录认定标准是什么？

6. 教学单元2
思考及练习题
答案

# 教学单元 3

## 建设工程施工法律制度

### Chapter 03

### 教学目标

**1. 知识目标**

了解建设工程施工许可制度；理解建设工程监理法规；掌握工程发承包相关的法律规定。

**2. 能力目标**

（1）具备熟练掌握工程发承包的方式的能力。

（2）具备掌握工程施工监理的方法的能力。

思维导图

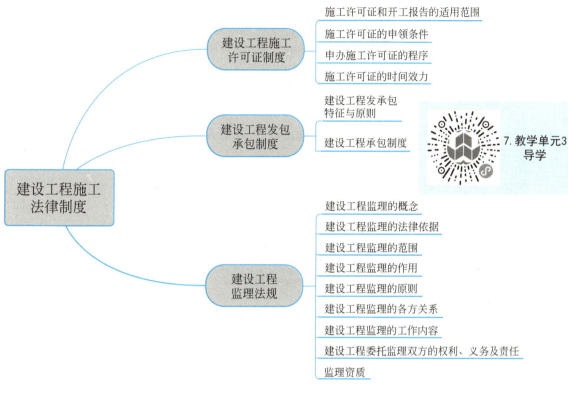

建设工程施工法律制度
├── 建设工程施工许可证制度
│   ├── 施工许可证和开工报告的适用范围
│   ├── 施工许可证的申领条件
│   ├── 申办施工许可证的程序
│   └── 施工许可证的时间效力
├── 建设工程发包承包制度
│   ├── 建设工程发承包特征与原则
│   └── 建设工程承包制度
└── 建设工程监理法规
    ├── 建设工程监理的概念
    ├── 建设工程监理的法律依据
    ├── 建设工程监理的范围
    ├── 建设工程监理的作用
    ├── 建设工程监理的原则
    ├── 建设工程监理的各方关系
    ├── 建设工程监理的工作内容
    ├── 建设工程委托监理双方的权利、义务及责任
    └── 监理资质

7. 教学单元3导学

引文

　　建设工程施工活动是一种专业性、技术性极强的特殊活动，对建设工程是否具备施工条件以及从事施工活动的单位和专业技术人员进行严格的管理和事前控制，对于规范建设市场秩序、保证建设工程质量和施工安全生产、提高投资效益、保障公民生命财产安全和国家财产安全，具有十分重要的意义。

## 3.1　建设工程施工许可证制度

　　《中华人民共和国建筑法》规定，建筑工程开工前，建设单位应当按照

**061**

国家有关规定向工程所在地县级以上人民政府建设行政主管部门申请领取施工许可证；但是，国务院建设行政主管部门确定的限额以下的小型工程除外。按照国务院规定的权限和程序批准开工报告的建筑工程，不再领取施工许可证。

施工许可制度是由国家授权的有关行政主管部门，在建设工程开工之前对其是否符合法定的开工条件进行审核，对符合条件的建设工程允许其开工建设的法定制度。建立施工许可制度，有利于保证建设工程的开工符合必要条件，避免不具备条件的建设工程盲目开工而给当事人造成损失或导致国家财产的浪费，确保建设工程在开工后能够顺利实施，也便于有关行政主管部门了解和掌握所辖范围内有关建设工程的数量、规模以及施工队伍等基本情况，依法进行指导和监督，保证建设工程活动依法有序进行。

## 3.1.1　施工许可证和开工报告的适用范围

我国目前对建设工程开工条件的审批，存在"施工许可证"和"批准开工报告"两种形式。多数工程是办理施工许可证，部分工程则为批准开工报告。

### 1. 需要办理施工许可证的建设工程

2011年4月，经修改后公布的《中华人民共和国建筑法》规定，建筑工程开工前，建设单位应当按照国家有关规定向工程所在地县级以上人民政府建设行政主管部门申请领取施工许可证。

2014年6月，住房和城乡建设部经修改后发布的《建筑工程施工许可管理办法》进一步规定，在中华人民共和国境内从事各类房屋建筑及其附属设施的建造、装修装饰和与其配套的线路、管道、设备的安装，以及城镇市政基础设施工程的施工，建设单位在开工前应当依照本办法的规定，向工程所在地的县级以上地方人民政府住房和城乡建设主管部门（以下简称发证机关）申请领取施工许可证。

2017年7月，住房和城乡建设部办公厅《关于工程总承包项目和政府采购工程建设项目办理施工许可手续有关事项的通知》中规定，各级住房和城乡建设主管部门可以根据工程总承包合同及分包合同确定设计、施工单位，依法办理施工许可证。对在工程总承包项目中承担分包工作，且已与工程总承包单位签订分包合同的设计单位或施工单位，各级住房和城乡建设主管部门不得要求其与建设单位签订设计合同或施工合同，也不得将上述要求作为申请领取施工许可证的前置条件。

对依法通过竞争性谈判或单一来源方式确定供应商的政府采购工程建设项目，应严格执行《中华人民共和国建筑法》《建筑工程施工许可管理办法》等规定，对符合申请条件的，应当颁发"施工许可证"。

### 2. 不需要办理施工许可证的建设工程

《建筑工程施工许可管理办法》规定，工程投资额在 30 万元以下或者建筑面积在 300m$^2$ 以下的建筑工程，可以不申请办理施工许可证。省、自治区、直辖市人民政府建设行政主管部门可以根据当地的实际情况，对限额进行调整，并报国务院建设行政主管部门备案。

抢险救灾工程、临时性建筑工程、农民自建两层以下（含两层）住宅工程，不适用施工许可制度。军事房屋建筑工程施工许可的管理，按国务院、中央军事委员会制定的办法执行。

### 3. 建设工程施工许可证的申领时间

设立和实施建设工程施工许可制度的目的，是通过对建设工程施工所应具备的基本条件的审查，以避免不具备条件的建设工程盲目开工而给相关当事人造成损失和社会财富的浪费，保证建设工程开工后的顺利实施。这是一种事前控制制度。

建设工程开工前，建设单位应当按照国家有关规定向工程所在地县级以上人民政府建设行政主管部门申请领取施工许可证。

## 3.1.2　施工许可证的申领条件

确定申领施工许可证的条件，是为了保证建筑工程开工后组织施工能够顺利进行。

《中华人民共和国建筑法》规定，申请领取施工许可证，应当具备下列条件：

（1）已经办理该建筑工程用地批准手续。

（2）在城市规划区的建筑工程，已经取得规划许可证。

（3）需要拆迁的，其拆迁进度符合施工要求。

（4）已经确定建筑施工企业。

（5）有满足施工需要的施工图纸及技术资料。

（6）有保证工程质量和安全的具体措施。

（7）建设资金已经落实。

（8）法律、行政法规规定的其他条件。

以上条件是建设单位申领施工许可证的必要条件，缺一不可。

### 3.1.3　申办施工许可证的程序

根据《中华人民共和国建筑法》和《建筑工程施工许可管理办法》的规定，申请办理施工许可证时，应当按照下列程序进行：

（1）建设单位向发证机关领取建筑工程施工许可证申请表。

（2）建设单位持加盖单位及法定代表人印鉴的建筑工程施工许可证申请表，并附上述规定的证明文件，向发证机关提出申请。

（3）发证机关在收到建设单位报送的建筑工程施工许可证申请表和所附证明文件后，对于符合条件的，应当自收到申请之日起 15 日内颁发施工许可证；对于证明文件不齐全或者失效的，应当限期要求建设单位补正，审批时间可以自证明文件补正齐全后做相应顺延；对于不符合条件的，应当自收到申请之日起 15 日内书面通知建设单位，并说明理由。

### 3.1.4　施工许可证的时间效力

#### 1. 有效期限

施工许可证的时间效力，是指施工许可证在一定时间范围内有效，超过这一期限即丧失效力。

根据《中华人民共和国建筑法》规定，建设单位应当自领取施工许可证之日起 3 个月内开工。这一项义务规定目的是保证施工许可证的有效性，利于监督。

#### 2. 延期与限制

《中华人民共和国建筑法》还规定，因故不能按期开工的，应当向发证机关申请延期；延期以 2 次为限，每次不超过 3 个月。即建设单位因客观原因可以延期，但不得无故拖延开工。这里的客观原因一般是指："三通一平"（通水、通电、通道路、场地平整等）没有完成，材料、构件、必要的施工设备等没有按计划进场。

### 3. 中止施工与恢复施工

（1）中止施工，是指建筑工程开工后，在施工过程中因特殊情况的发生而中途停止施工的一种行为。中止施工的时间一般都较长，恢复施工的日期难以在中止时确定。中止施工的原因有：

1）地震、洪水等不可抗力因素。

2）宏观调控压缩基建规模。

3）停建、缓建在建工程。

4）发现古文物等。

中止施工后，建设单位应做好以下两方面的工作：

1）向该建筑工程颁发施工许可证的建设行政主管部门报告中止施工的情况，报告内容包括中止施工的时间、原因、在施部位、施工现状、维护管理措施等。此报告应在中止施工之日起 1 个月内完成。

2）按照规定做好建筑工程的维护管理工作。

（2）恢复施工是指建筑工程中止施工后，造成中断施工的情况消除，而继续进行施工的一种行为。恢复施工时，中止施工不满 1 年的，建设单位应当向该建筑工程颁发施工许可证的建设行政主管部门报告恢复施工的有关情况。中止施工满 1 年的，建筑工程恢复施工前，建设单位应当报发证机关核验施工许可证。建设行政主管部门对中止施工满 1 年的建筑工程进行审查，看其是否仍具备组织施工的条件，对符合条件的，应允许恢复施工，施工许可证继续有效；对不符合条件的，不允许恢复施工，且收回施工许可证，待具备条件后，建设单位须重新申领施工许可证。

此外，按照国务院有关规定批准开工报告的建筑工程，因故不能按期开工或者中止施工的，应当及时向批准机关报告情况。因故不能按期开工超过 6 个月的，应当重新办理开工报告的批准手续。

## 🔖 知识链接

《建筑工程施工许可管理办法》进一步规定，建设单位申请领取施工许可证，应当具备下列条件，并提交相应的证明文件：

(1) 依法应当办理用地批准手续的，已经办理该建筑工程用地批准手续；

(2) 在城市、镇规划区的建筑工程，已经取得建设工程规划许可证；

(3) 施工场地已经基本具备施工条件，需要征收房屋的，其进度符合施工要求；

(4) 已经确定施工企业；

(5) 有满足施工需要的技术资料，施工图设计文件已按规定审查合格；

(6) 有保证工程质量和安全的具体措施；

(7) 按照规定应当委托监理的工程已委托监理；

(8) 建设资金已经落实；

(9) 法律、行政法规规定的其他条件。

### 📖 知识链接

《建筑工程施工许可管理办法》规定，任何单位和个人不得将应当申请领取施工许可证的工程项目分解为若干限额以下的工程项目，规避申请领取施工许可证。县级以上地方人民政府住房和城乡建设主管部门不得违反法律法规规定，增设办理施工许可证的其他条件。建筑工程在施工过程中，建设单位或者施工单位发生变更的，应当重新申请领取施工许可证。

依法核定作为文物保护的纪念建筑物和古建筑等的修缮，抢险救灾及其他临时性房屋建筑和农民自建低层住宅的建筑活动，不需要申请施工许可证。

## 3.2 建设工程发包承包制度

### 3.2.1 建设工程发承包特征与原则

#### 1. 建设工程发包与承包

(1) 建设工程发包与承包的概念

建设工程发包与承包是指建设单位将待完成的建筑勘察、设计、施工等工作的全部或其中一部分委托施工单位、勘察设计单位等，并按照双方约定支付一定的报酬，通过合同明确双方当事人的权利义务的一种法律行为。

建设工程发包与承包的内容涉及建设工程的全过程，包括可行性研究的承发包、工程勘察设计的承发包、材料及设备采购的承发包、工程施工的承发包、工程劳务的承发包、工程监理的承发包、工程项目管理的承发包等。但是在实践中，建设工程承发包的内容较多的是指建筑工程勘察设计、施工的承发包。

（2）建设工程发包与承包的方式

1）按获取任务的途径，分为直接发包与招标发包。

《中华人民共和国建筑法》第十九条规定，建筑工程依法实行招标发包，对不适于招标发包的可以直接发包。也就是说，建筑工程的发包方式有两种，一种是招标发包，另一种是直接发包。而招标发包是最基本的发包方式。

① 建设工程招标投标。建设工程招标投标，是指招标人（发包人）用招标文件将委托的工作内容和要求告知有兴趣参与竞争的投标人，让他们按规定条件提出实施计划和价格，然后通过评审、比较选出信誉可靠、技术能力强、管理水平高、报价合理、可信赖的单位（设计单位、监理单位、施工单位、供货单位），以合同形式委托其完成。各投标人依据自身能力和管理水平，按照招标文件规定的统一要求投标，争取获得承包资格的交易方式。

② 建设工程直接发包。对不适用于招标发包的建设工程，或者法律法规未要求招标发包的建设工程，建设单位可以采用直接与承包单位签订承包合同，而将工程项目委托给承包方的交易方式。建设工程实行直接发包的，发包单位应当将建设工程发包给具有相应资质条件的承包单位。

2）按承发包范围（内容），分为建设全过程承发包、阶段承发包和专项承发包。

① 建设全过程承发包。建设全过程承发包，是指发包人一般只要提出使用要求、竣工期限或对其他重大决策性问题做出决定，承包人就可对项目建议、可行性研究、勘察设计、材料设备采购、建筑安装工程施工、职工培训、竣工验收，直到投产使用和建设后评价等全过程，实行全面总承包，并负责对各项分包任务和必要时被吸收参与工程建设有关工作的发包人的部分力量，进行统一组织、协调和管理。它主要适用于大中型建设项目。大中型建设项目由于工程规模大、技术复杂，要求工程承包公司必须具有雄厚的技术经济实力和

丰富的组织管理经验，通常由实力雄厚的工程总承包公司（集团）承担。这种承包方式的优点是由专职工程承包公司承包，可以充分利用其丰富的经验，还可进一步积累建设经验，节约投资、缩短建设工期并保障建设项目的质量，提高投资效益。

② 阶段承发包。它是指发包人、承包人就建设过程中某一阶段或某些阶段的工作，如勘察、设计或施工、材料设备供应等，进行发包承包。如由设计机构承担勘察设计；由施工企业承担工业与民用建筑施工；由设备安装公司承担设备安装任务。其中，施工阶段承发包，还可依承发包的具体内容，再细分为以下三种方式：

a. 包工包料，即工程施工全部的人工和材料由承包人负责。

b. 包工部分包料，即承包人只负责提供施工的全部人工和一部分材料，其余部分材料由发包人承担。

c. 包工不包料，又称包清工，实质上是劳务承包，即承包人（大多是分包人）仅提供劳务而不承担材料供应的义务。

③ 专项承发包。它是指发包人、承包人就某建设阶段中的一个或几个专门项目进行发包承包。专项承发包主要适用于可行性研究阶段的辅助研究项目；物察设计阶段的工程地质勘察、供水水源勘探、基础或结构工程设计、工艺设计，供电系统、空调系统及防灾系统的设计；施工阶段的深基础施工金属结构制作和安装、通风阶段和电梯安装；建设准备阶段的设备选购和生产技术人员培训等专门项目。由于专门项目专业性强，常常是由有关专业分包人承包，所以专项发包承包也称专业发包承包。

（3）建设工程发包与承包原则

1）工程发包规则

① 发包方式必须合法。

② 发包行为符合规范的规定。

③ 禁止肢解发包。

2）工程承包规则

① 承包单位承包工程应当依法取得资质，并在其资质等级许可的范围内从业。

② 不得超过本企业资质等级许可的业务范围承揽工程。

③ 不得以其他企业名义承揽工程，也不得允许其他单位或个人以本企业名义承揽工程。

3）关于禁止承包单位转包的规定

工程项目转包，是指承包方不履行承包合同约定的义务，将其承包的工程项目倒手转让给他人，不对工程承担技术、质量、经济等负责任的行为。

工程合同的签订，往往建立在发包人对承包人工作能力的全面考察的基础上，特别是采用招标投标方式签订的合同，发包方是按照公开、公平、公正的原则，经过一系列严格程序后，择优选定中标人作为承包人，与其订立合同的。转包合同的行为损害了发包人的合法权益。《中华人民共和国建筑法》规定，禁止承包单位将其承包的全部建筑工程转包给他人，禁止承包单位将其承包工程肢解后以分包的名义分别转包。

（4）建设工程发包与承包的一般性规定

建设工程承发包是发包方与承包方之间所进行的交易活动，因此，承发包双方必须共同遵循交易活动的一些基本规则，由此才能确保交易活动顺利、高效、公平地进行。《中华人民共和国建筑法》作了如下规定：

1）承发包双方应当依法订立书面合同的义务。

2）全面履行合同的义务。

3）招标投标应当遵循公开、公平、公正的原则，依法进行。

4）禁止承发包双方采用不正当竞争手段。

5）建筑工程造价依法约定的义务。

## 3.2.2  建设工程承包制度

### 1. 建筑工程总承包的规定

总承包通常分为工程总承包和施工总承包两大类。

建筑工程的发包单位可以将建筑工程的勘察、设计、施工、设备采购一并发包给一个工程总承包单位，也可以将建筑工程勘察、设计、施工、设备采购的一项或者多项发包给一个工程总承包单位。

工程总承包，是指从事工程总承包的企业受建设单位的委托，按照工程总承包合同的约定，对工程项目的勘察、设计、采购、施工、试运行（竣工验收）等实行全过程或若干阶段的承包。施工总承包，是指发包人将全部施工任务发包给具有施工总承包资质的企业，由施工总承包企业按照合同的约定向建设单位负责，承包完成施工任务。

建筑工程总承包单位可以将承包工程中的部分工程发包给具有相应资质条件的分包单位；但是，除总承包合同中约定的分包外，必须经建设单位认可。施工总承包的建筑工程主体结构的施工必须由总承包单位自行完成。

建筑工程总承包单位按照总承包合同的约定对建设单位负责；分包单位按照分包合同的约定对总承包单位负责。总承包单位和分包单位就分包工程对建设单位承担连带责任。

总承包主要有两种情况：一是建设全过程总承包，即承担从项目可行性研究开始，到勘察、设计、施工、验收交付使用为止的建设项目全过程承包。这样的工程俗称"交钥匙工程"；二是建设阶段总承包。建设阶段总承包主要分为：

（1）勘察、设计、施工、设备采购总承包。

（2）勘察、设计、施工总承包。

（3）勘察、设计总承包。

（4）施工总承包。

（5）施工，设备采购总承包。

（6）投资、设计、施工总承包，即建设项目由承包商贷款垫资，并负责规划设计、施工，建成后再转让给发包人。

（7）投资、设计、施工、经营一体化总承包，通称 BOT（建设—经营—转让）方式，即发包人和承包人共同投资，承包人不仅负责项目的可行性研究、规划设计、施工，而且建成后还负责经营几年或几十年，然后再转让给发包人。

**2. 工程总承包企业的基本要求**

工程总承包企业应当具有与工程规模相适应的工程设计资质或者施工资质，相应的财务、风险承担能力，同时具有相应的组织机构、项目管理体系、项目管理专业人员和工程业绩。工程总承包项目经理应当取得工程建设类注册执业资格或者高级专业技术职称，担任过工程总承包项目经理、设计项目负责人或者施工项目经理，熟悉工程建设相关法律法规和标准，同时具有相应工程业绩。

工程总承包企业可以在其资质证书许可的工程项目范围内自行实施设计和施工，也可以根据合同约定或者经建设单位同意，直接将工程项目的设计或者施工业务择优分包给具有相应资质的企业。仅具有设计资质的企业承接工程总承包项目时，应当将工程总承包项目中的施工业务依法分包给具有相应施工资质的企业。仅具有施工资质的企业承接工程总承包项目时，应当将工程总承包项目中的设计业务依法分包给具有相应设计资质的企业。

工程总承包企业应当加强对分包的管理，不得将工程总承包项目转包，也不得将工程总承包项目中设计和施工业务一并或者分别分包给其他单位。工程总承包企业自行实施设计的，不得将工程总承包项目工程主体部分的设计业务分包给其他单位。工程总承包企业自行实施施工的，不得将工程总承包项目工程主体结构的施工业务分包给其他单位。

### 3. 建设工程共同承包的规定

建设工程分承包简称分包，有专业工程分包和劳务作业分包两种。

（1）专业工程分包和劳务作业分包是相对于总承包而言，指从总承包人承包范围内分包某一分项工程如土方、模板、钢筋等分项工程或某种专业工程，如钢结构制作和安装、电梯安装、卫生设备安装等。分承包人不与发包人发生直接关系，而只对总承包人负责，在现场上由总承包人统筹安排其活动。分承包人承包的工程，不得是总承包范围内的主体结构工程或主要部分（关键性部分），主体结构工程或主要工程必须由总承包人自行完成。劳务作业分包，是指施工总承包企业或者专业承包企业将其承包工程的劳务作业发包给具有相应资质的劳务分包单位完成的活动。

（2）关于分包的规定。工程项目分包，是指对工程项目实行总承包的单位，将其中承包的工程项目的某一部分或某几部分，再发包给其他的承包单位，并与其签订分包合同。在分包中，必须遵守以下规则：

1）总承包单位只能将部分工程分包给具有相应资质条件的单位。

2）分包必须取得建设单位的同意。

下列情形视为已取得建设单位的同意：

① 已在总承包合同中约定许可分包的。

② 履行承包合同中，建设单位认可分包的。

③ 总承包单位在投标文件中已声明中标后准备分包的项目，且该声明未

被拒绝而经合法程序中标的。

（3）分包的范围必须合法。

（4）禁止分包单位再行分包。

【例 3-1】某建筑工程公司法定代表人李某与个体经营者张某是老乡。张某要求能以该公司的名义承接一些工程施工业务，双方便签订了一份承包合同，约定张某可使用该公司的资质证书、营业执照等承接工程，每年上交承包费 20 万元，如不能按时如数上交承包费，该公司有权解除合同。合同签订后，张某利用该公司的资质证书、营业执照等多次承包工程施工业务，但年底只向该公司上交了 8 万元的承包费。为此，该公司与张某发生激烈争执，并诉至法院。

【问题】

（1）该建筑工程公司与张某存在何种违法行为？

（2）该建筑工程公司的违法行为应当受到什么处罚？

【分析】

（1）本案中该建筑工程公司将资质证书、营业执照等出借给张某，允许以其名义对外承接工程，属于违法行为。《中华人民共和国建筑法》第 26 条第 2 款明确规定："禁止建筑施工企业以任何形式允许其他单位或者个人使用本企业的资质证书、营业执照，以本企业的名义承揽工程。"

（2）《中华人民共和国建筑法》第 66 条规定："建筑施工企业转让、出借资质证书或者以其他方式允许他人以本企业的名义承揽工程的，责令改正，没收违法所得，并处罚款。"《建设工程质量管理条例》第 61

8. [例3-2]
讲解

条进一步规定："违反本条例规定，勘察、设计、施工、工程监理单位允许其他单位或者个人以本单位名义承揽工程的，责令改正，没收违法所得……对施工单位处工程合同价款 2% 以上 4% 以下的罚款；可以责令停业整顿，降低资质等级；情节严重的，吊销资质证书。"据此，该建筑工程公司将被责令改正，没收违法所得，处工程合同价款 2% 以上 4% 以下的罚款；根据情节，还可能被责令停业整顿，降低资质等级，甚至吊销资质证书。

## 3.3　建设工程监理法规

### 3.3.1　建设工程监理的概念

建设工程监理是指具有相应资质的工程监理企业受建设单位的委托，依据国家批准的工程项目建设文件、有关工程建设的法律、法规、建设工程监理合同及其他工程建设合同，代表建设单位对承建单位的建设行为实施监控的一种专业化服务活动。在工程建设监理中，监理的对象不是工程本身，而是建设活动中有关单位的行为及其权利的行使和义务的履行。工程建设监理只能由已经依法取得监理资质证书，具有法人资格的监理企业实施，没有依法取得相应监理资格的单位无权实施监理行为，监理企业是业主根据自己的意愿和有关规定进行选择，并通过与之签订建设工程监理合同委托授权的组织。

建设单位也可称为业主或项目法人，它是委托监理的一方。建设单位在工程建设中拥有确定建设工程规模、标准和功能，以及选择勘察、设计、施工和监理单位等工程建设中重大问题的决定权。工程监理企业是指取得企业法人营业执照，具有监理资质证书的，依法从事建设工程监理业务活动的经济组织。承建单位主要是指直接与建设单位签订咨询合同、建设工程勘察合同、设计合同、材料设备供应合同或施工合同的单位。实行监理的建设工程由建设单位委托具有相应资质条件的工程监理企业实施监理。建设工程监理只能由具有相应资质的工程监理企业来承担，建设工程监理的行为主体是工程监理企业。

建设单位与其委托的工程监理企业应当订立书面监理合同。也就是说，建设工程监理的实施需要建设单位的委托和授权，工程监理的监理内容和范围应根据监理合同来确定。

### 3.3.2　建设工程监理的法律依据

按照我国工程建设监理的有关规定，工程建设监理的依据包括有关工程建设的法律、法规，国家批准的工程项目建设文件和工程建设监理合同及其他工程建设合同。

#### 1. 法律、法规

法律主要是指与工程建设活动有关的法律，如《中华人民共和国建筑法》《中华人民共和国民法典》《中华人民共和国招标投标法》等。法规包括：国务院制定的行政法规，如《建设工程质量管理条例》等；省级人大及其常委会、省所在市人大及其常委会，国务院批准的较大的市人大及其常委会制定的地方性法规。

#### 2. 国家批准的工程项目建设文件

国家批准的工程项目建设文件主要包括建设计划、规划、设计文件等，既是政府有关部门对工程建设进行审查、控制的结果，是一种许可，也是工程实施的依据。

#### 3. 依法签订的工程建设合同

合同是工程建设监理工作具体控制工程投资、质量、进度的主要依据。监理工程师以其为尺度严格监理，并努力达到工程实施的依据。监理单位必须依据监理委托合同中的授权行事。

### 3.3.3　建设工程监理的范围

我国《中华人民共和国建筑法》明确规定实行强制监理的建筑工程的范围由国务院制定。国务院颁发的《建设工程质量管理条例》及建设部颁布的《建设工程监理范围和规模标准规定》中规定，现阶段我国必须实行工程建设监理的工项目范围如下：

#### 1. 国家重点建设工程

国家重点建设工程，是指依据《国家重点建设项目管理办法》所确定的对国民经济和社会发展有重大影响的骨干项目。

### 2. 大中型公用事业工程

大中型公用事业工程，是指项目总投资额在 3000 万元以上的工程项目，包括供水、供电、供气、供热等市政工程项目，科技、教育、文化等项目，体育、旅游、商业等项目，卫生、社会福利等项目以及其他公用事业项目。

### 3. 成片开发建设的住宅小区工程

建筑面积在 5 万 $m^2$ 以上的住宅建设工程必须实行监理；5 万 $m^2$ 以下的住宅建设工程，可以实行监理，具体范围和规模标准，由省、自治区、直辖市人民政府建设行政主管部门规定。为了保证住宅质量，对高层住宅及地基、结构复杂的多层住宅应当实行监理。

### 4. 利用外国政府或者国际组织贷款、援助资金的工程

利用外国政府或者国际组织贷款、援助资金的工程范围包括使用世界银行、亚洲开发银行等国际组织贷款资金的项目，使用国外政府及其机构贷款资金的项目，使用国际组织或者国外政府援助资金的项目。

### 5. 国家规定必须实行监理的其他工程

包括项目总投资额在 3000 万元以上关系社会公共利益、公众安全的下列基础设施项目：

（1）煤炭、石油、化工、天然气、电力、新能源等项目。

（2）铁路、公路、管道、水运、民航以及其他交通运输业等项目。

（3）邮政、电信枢纽、通信、信息网络等项目。

（4）防洪、灌溉、排涝、发电、引（供）水、滩涂治理、水资源保护、水土保持等水利建设项目。

（5）道路、桥梁、地铁和轻轨交通、污水排放及处理、垃圾处理、地下管道、公共停车场等城市基础设施项目。

（6）生态环境保护项目。

（7）其他基础设施项目。

学校、影剧院、体育场馆项目，不管总投资额多少，都必须实行监理。

## 3.3.4　建设工程监理的作用

我国实施建设工程监理的时间虽然不长，但它已经发挥出明显的作用，主

要表现在以下几方面：

**1. 有利于控制建设工程的功能和使用价值**

在设计阶段引入建设工程监理，通过工程监理企业专业化的科学管理，可以更准确地提出建设工程的功能和使用价值质量要求，并通过设计阶段的监理活动，选择更符合建设单位要求的设计方案，实现建设单位所需的建设工程的功能和使用价值。

**2. 有利于规范工程建设参与各方的建设行为**

虽然工程监理企业是受建设单位委托来代表建设单位进行科学管理的，但是，工程监理企业在监督管理承建单位履行建设工程合同的同时，也要求建设单位履行合同，从而使建设工程监理制在客观上起到一种约束机制的作用，起到规范工程参与各方建设行为的作用。

**3. 有利于提高建设工程投资决策的科学水平**

在投资决策阶段引入建设工程监理，工程监理企业通过专业化的决策阶段管理服务，建设单位可以更好地选择工程咨询机构，并由工程监理企业监控工程咨询合同的实施，对咨询报告进行评估，以此可以提高建设工程投资决策的科学化水平，避免项目投资决策的失误。

**4. 有利于实现建设工程投资效益的最大化**

在建设工程全过程引入建设工程监理，也就是由专家参与决策和实施过程，通过监理工程师的管理，就可能实现投资效益最大化的目标，在满足建设工程预定功能和质量标准的前提下，实现建设投资额最少，或者建设工程全寿命周期费用最少；或者实现建设工程本身的投资效益、环境与社会效综合效益最大化。

**5. 有利于促使承建单位保证建设工程的质量和使用安全**

由于工程监理企业是由既懂技术又懂经济管理的专业监理工程师组成的企业，因此，如果在设计施工阶段引入建设工程监理，监理工程师采取科学的管理方式对工程质量进行控制，使承建单位建立完善的质量保证体系并在工程中切实落实，就可以最大限度地避免工程质量隐患。

### 3.3.5 建设工程监理的原则

监理企业受项目业主委托对工程项目实施监理时，应遵守下面的基本原则：

### 1. 公正、独立、自主的原则

监理工程师在建设工程监理中必须尊重科学，尊重事实，组织各方协同配合，维护有关各方的合法权益，为此，必须坚持公正、独立、自主的原则。项目业主与承包商虽然都是独立运行的经济主体，但它们追求的经济目标有差异，各自的行为也有差别，监理工程师应在按委托监理合同约定的权、责、利关系的基础上，协调各方的一致性，只有按合同的约定建成工程项目，项目业主才能实现投资的目的，承包商也才能实现自己生产的价值，获取工程款和实现盈利。

### 2. 权责一致原则

监理工程师履行其职责而从事的监理活动，是根据建设工程监理有关规定和受项目业主的委托和授权而进行的。监理工程师承担的职责应与项目业主授予的权限相一致，项目业主向监理工程师的授权应以能保证其正常履行监理职责为原则。

建设工程监理活动的客观主体是承包商的活动，但监理工程师与承包商之间并无经济合同关系。监理工程师之所以能行使监理权，主要依赖业主的授权。这种权利的授予，除体现在业主与监理企业之间签订的建设监理合同中外，还应作为项目业主与承包商之间工程承包合同的合同条件。因此，监理工程师在明确业主提出的监理目标和监理工作内容的要求后，应与业主协商相应的授权，达成共识后，明确反映在委托监理合同和工程项目的承包合同中。据此，监理工程师才能开展监理活动。

总监理工程师代表监理企业全面履行建设工程监理合同，承担合同中确定的监理企业向业主所承担的义务和责任。因此，在监理合同实施中，监理企业应给予总监理工程师充分的授权。

### 3. 总监理工程师负责制的原则

《建设工程监理规范》GB/T 50319—2013 规定，建设工程监理实行总监理工程师负责制。因此，总监理工程师是项目监理机构的核心，其工作的好坏直接影响项目监理目标的实现。总监理工程师负责制的内涵包括如下内容。

（1）总监理工程师是工程项目监理的责任主体。

（2）总监理工程师是工程项目监理的权利主体。

（3）总监理工程师是工程项目监理的利益主体。

### 4. 严格监理、热情服务的原则

处理监理工程师与承包商的关系以及项目业主与承包商之间的利益关系时，一方面应坚持严格按合同办事，严格监理；另一方面，也应当立场公正，为项目业主提供热情服务。

（1）严格监理，就是监理人员严格按照国家政策、法规、规范、标准和合同控制项目的目标，依照既定的程序和制度严格把关，认真履行职责，建立良好的工作作风，所以监理工程师要不断地提高自身素质和监理水平。

（2）FIDIC（国际咨询工程师联合会）指出，监理（咨询）工程师必须为业主提供热情的服务，并应运用合理的技能，谨慎而勤奋地工作。由于项目业主对工程建设业务不可能完全精通，监理工程应按委托监理合同的要求多方位多层次地为业主提供良好的服务，维护业主的正当权益。但是，不顾承包商的正当经济利益，一味地向承包商转嫁风险，也非明智之举。

### 5. 综合效益原则

建设工程监理活动既要考虑业主的经济效益，也必须考虑与社会效益和环境效益的有机统一。建设工程监理活动虽经业主的委托和授权才能进行，但监理工程师应首先严格遵守国家的建设管理法律法规、标准等，以高度负责的态度和责任感，既要对业主负责，谋求最大的经济利益，又要对国家和社会负责，取得最佳的综合效益。只有在符合宏观经济效益、社会效益和环境效益的条件下，业主投资项目的微观经济效益才能得以实现。

监理是一种有偿的工程咨询服务；是受项目法人委托进行的；其主要依据是法律、法规、技术标准、相关合同及文件；其准则是守法、诚信、公正和科学。

## 3.3.6 建设工程监理的各方关系

为使建设工程监理各方的权利义务基本平等，并顺利进行，FIDIC编制了FIDC合同文本，建设部、国家市监局等部门也编制了《建设工程施工合同（示范文本）》GF—2017—0201和《工程建设监理合同（示范文本）》GF—2012—0202，供各有关当事人参照。这些合同文件对业主、监理单位及承包商之间的工作关系做了明确规定。

### 1. 业主与承包商的关系

业主与承包商实质上是雇佣与被雇佣的关系，他们是合同条件中的两个主体。我们国内习惯将业主与承包商的关系称之为发包、承包的合同关系。业主采用招标投标手段选择承包商，业主与承包商签订的施工合同为合同双方相互关系做了明确规定。

承包商按照合同条件的规定，对合同范围内工程进行设计、施工，并修补所有缺陷。同样，业主也要按照合同文件履行自己的职责。应当指出的是在施工过程中，如业主已委托监理单位进行监理，业主就不能再直接指挥承包商的施工活动，在合同中，没有任何条款说明承包商应接受业主的指令，业主直接向承包商下达指令应属于合同的行为。因此，承包商有权拒绝执行业主下达的这一类指令，而承包商执行业主的指令也属于违反合同的行为，监理工程师有权拒绝。业主直接指挥承包商和承包商接受业主指挥的行为实际将干预监理工程师对合同条件的执行。这种做法与合同条件相违背，由此可能导致合同的失败。

在建设工程实践活动中，业主对承包商干预得越多，工程干得越差，合同执行得也越糟；而业主干预得越少，完全由监理工程师来组织、协调、控制，则工程干得越好。

### 2. 业主与监理单位的关系

按照 FIDIC 合同条件实施一项工程，业主一方面通过招标手段选择承包商，另一方面要委托具有监理资格的单位进行监理。因此，业主和监理单位及其监理工程师的关系是委托与被委托的关系。这种关系通过以下两个文件予以明确：一是在业主与承包商签订的合同文件中，详细地规定了被委托的监理工程师的权利和职责，其中包括监理工程师对业主的约束权利和监理工程师独立公正地执行合同条件的权利，这就奠定了监理工程师与业主工作关系的基础；另一个是业主与监理单位签订的监理合同，在这份文件中主要对监理人员数量、素质、服务范围、服务时间、服务费用以及其他有关监理人员生活方面的安排进行了详细的规定。同时，在监理服务协议中对监理工程师的权力也需予以明确。在监理协议中明确监理工程师的权力时应注意到协议中明确的权力要与施工合同中所赋予的监理工程师的权力相一致。

在监理合同中一般还要明确，业主有权向监理单位提出更换不称职的监理人员或解除监理合同。这是业主对监理人员的制约。但是这种制约，不应影响监理工程师按照合同条件独立、公正地行使监理的权力，包括监理工程师的决定对业主有约束力的权力。业主不能认为监理工程师是他所委托的雇员，而去干预监理工程师的正常工作。这是业主在处理与监理工程师的关系时应该掌握的根本原则。

### 3. 监理工程师与承包商的关系

监理工程师与承包商都是受聘于业主，它们之间既没有任何合同，也没有任何协议，他们之间的关系在业主与承包商签订的合同条件中可以明确的体现出来。按照合同规定，监理工程师与承包商之间是监理和被监理的关系，承包商的一切工程活动都必须得到监理工程师的批准。在涉及或关系到工程的任何事项上，无论这些事项在合同中写明与否，承包商都要严格遵守与执行监理工程师的指示，并且承包商也只能从监理工程师处取得指示。承包商完成的任何工作都必须达到监理工程师满意的程度，承包商必须接受监理工程师的监督和管理。但是，监理工程师对承包商的监督和管理都必须符合法律（包括合同文件）和实际情况。如果承包商认为监理工程师的决定不能接受，它有权提出仲裁，通过法律手段进行解决，这是法律上对承包商的保护。

监理工程师在处理与承包商的关系上，另一个值得注意的问题是监理工程师不能与承包商有任何经济关系，包括监理单位不能与承包单位及提供设备制造和材料供应单位发生隶属关系，也不得是这些单位的合伙经营者。监理单位和监理工程师均不能经营承包施工或材料销售业务，也不得在施工单位、设备制造和材料供应单位任职，监理工程师更不能接受承包商的礼物，这是监理工作的一个原则性问题。

综上所述，一项工程实施，是由各自独立而又相互制约的三方（业主、监理单位、承包商）共同完成的。正确处理业主、监理单位、承包商三者的关系，是保证工程按合同条件进行的关键。

## 3.3.7 建设工程监理的工作内容

### 1. 建设工程决策阶段监理

建设工程决策阶段的工作主要是对投资决策、立项决策和可行性研究决策的监理。建设工程决策监理不是监理单位代替业主决策，而是受业主单位的委托选择决策咨询单位，协助业主与决策咨询单位签订咨询合同，并监督合同的履行。建设工程决策阶段监理的主要内容是投资决策监理。投资决策监理的委托方可能是业主（筹备机构），也可能是金融单位，也可能是政府。

投资决策阶段监理工作如下：

（1）协助委托方选择投资决策咨询单位。并协助签订合同书。

（2）监督管理投资决策咨询合同的实施。

（3）对投资咨询意见评估，并提出监理报告。

### 2. 建设工程勘察设计阶段监理

建设工程设计阶段是工程项目建设进入实施阶段的开始。工程设计通常包括扩大初步设计和施工图设计两个小阶段。在工程设计之前还要进行勘察（地质勘察、水文勘察等）。所以，这一阶段又叫作勘察设计阶段。在工程建设实施过程中，一般是把勘察和设计分开来签订合同，但也有把勘察工作委托给设计单位，业主与设计单位签订勘察设计合同。

为了叙述简便，把勘察和设计的监理工作合并如下：

（1）编制工程勘察设计招标文件。

（2）协助业主审查和评选工程勘察设计方案。

（3）协助业主选择勘察设计单位。

（4）协助业主签订工程勘察设计合同书。

（5）监督管理勘察设计合同的实施。

（6）审核工程设计概算和施工图预算，验收工程设计文件。

建设工程勘察设计阶段监理的主要工作是对勘察设计进度、质量和投资的监督管理。总的内容是依据勘察设计任务批准书编制勘察设计资金使用计划、勘察设计进度计划和设计质量标准要求，并与勘察设计单位协商一致，圆满地贯彻业主的建设意图。对勘察设计工作进行跟踪检查、阶段性审查。设计完成后要进行全面审查。审查的主要内容是：

（1）设计文件的规范性、工艺的先进性和科学性、结构安全施工的可行性以及设计标准的适宜性等。

（2）设计概算或施工图预算的合理性以及业主投资的许可行为，若超过投资限额，除非业主许可，否则要修改设计。

（3）在审查上述两项的基础上，全面审查勘察设计合同的执行情况，最后核定勘察设计费用。

### 3. 建设工程施工阶段监理

这里所说的工程施工阶段监理包括施工招标阶段的监理、施工阶段监理和竣工保修阶段的监理。工程施工是工程项目建设最终的实施阶段，是形成建设产品的最后一步。施工阶段各方面的好坏对建设产品优劣的影响是难以更改的，所以这一阶段的监理工作至关重要。

建设工程施工阶段监理的主要内容包括：编制工程施工招标文件；核查工程施工图设计、工程施工图预算。当工程总包单位承担施工图设计时，监理单位更要投入较大的精力搞好施工图设计审查和施工图预算审查工作；协助业主组织开标、评标、定标活动，向业提供中标企业建议；协助业主与中标单位签订工程施工合同书；查看工程项目建设现场，向承建商办理移交手续；审查、确认承建商选择的分包单位；制定施工总体规划，审查承建商的施工组织设计和施工技术方案，提出修改意见，下达单位工程施工开工令；审查承建商提出的建筑材料、建筑物配件和设备的采购清单；检查工程使用的材料、构件、设备的规格和质量；检查施工技术措施和安全防护设施；对业主或设计单位提出的设计变更提出意见；监督管理工程施工合同的履行，调解合同双方的争议，处理索赔事项；核查完成的工程量，签署工程付款凭证；督促施工单位整理施工文件的归档准备工作；参与工程竣工预验收，并签署监理意见；审查工程结算；编写监理工作总结；向业主提交监理档案资料；在规定的工程质量保修期内，负责检查工程质量状况，组织鉴定质量问题责任，监督责任单位维修。

## 3.3.8  建设工程委托监理双方的权利、义务及责任

### 1. 委托人的权利、义务及责任

（1）委托人的权利

根据《建设工程委托监理合同（示范文本）》规定，委托人的权利主要有以下几项：

1）委托人有选定工程总承包人，以及与其订立合同的权利。

2）委托人有对工程规模、设计标准、规划设计、生产工艺设计和设计使

用功能要求的认定权，以及对工程设计变更的审批权。

3）监理人调换总监理工程师须事先经委托人同意。

4）委托人有权要求监理人提交监理工作月报及监理业务范围内的专项报告。

5）当委托人发现监理人员不按监理合同履行监理职责，或与承包人串通给委托人或工程造成损失的，委托人有权要求监理人更换监理人员，直到终止合同并要求监理人承担相应的赔偿责任或连带赔偿责任。

（2）委托人的义务

根据《建设工程委托监理合同（示范文本）》规定，委托人的义务主要有以下几项：

1）委托人在监理人开展监理业务之前应向监理人支付预付款。

2）委托人应当负责工程建设的所有外部关系的协调，为监理工作提供外部条件。根据需要，如将部分或全部协调工作委托监理人承担，则应在专用条件中明确委托的工作和相应的报酬。

3）委托人应当在双方约定的时间内免费向监理人提供与工程有关的，为监理工作所需要的工程资料。

4）委托人应当在专用条款约定的时间内就监理人书面提交并要求作出决定的一切事宜，作出书面决定。

5）委托人应当授权一名熟悉工程情况、能在规定时间内作出决定的常驻代表，负责与监理人联系。更换常驻代表，要提前通知监理人。

6）委托人应当将授予监理人的监理权利，以及监理人主要成员的职能分工、监理权限及时书面通知已选定的承包合同的承包人，并在与第三人签订的合同中予以明确。

7）委托人应在不影响监理人开展监理工作的时间内提供如下资料：与本工程合作的原材料、构配件、机械设备等生产厂家名录；提供与本工程有关的协作单位、配合单位的名录。

8）委托人应免费向监理人提供办公用房、通信设施、监理人员工地住房及合同专用条件约定的设施，对监理人自备的设施给予合理的经济补偿。

（3）委托人的责任

根据《建设工程委托监理合同（示范文本）》规定，委托人的责任主要有：

1）委托人应当履行委托监理合同约定的义务，如有违反则应当承担违约责任，赔偿给监理人造成的经济损失。监理人处理委托业务时，因非监理人原因的事由受到损失的，可以向委托人要求补偿损失。

2）委托人如果向监理人提出赔偿的要求不能成立，则应当补偿由该索赔所引起的监理人的各种费用支出。

### 2. 监理人的权利、义务及责任

（1）监理人的权利

根据《建设工程委托监理合同（示范文本）》规定，监理人的权利主要有以下几项：

1）监理人在委托人委托的工程范围内，选择工程总承包人的建议权。

2）监理人在委托人委托的工程范围内，选择工程分包人的认可权。

3）监理人在委托人委托的工程范围内，对工程建设有关事项包括工程规模、设计标准、规划设计、生产工艺设计和使用功能要求，向委托人的建议权。

4）监理人在委托人委托的工程范围内，对工程设计中的技术问题，按照安全和优化的原则，向设计人提出建议。

5）监理人在委托人委托的工程范围内，当发现工程设计不符合国家颁布的建设工程质量标准或设计合同约定的质量标准时，监理人应当书面报告委托人并要求设计人更正。

6）监理人在委托人委托的工程范围内，审批工程施工组织设计和技术方案，按照"保证质量、保证工期和降低成本"的原则，向承包人提出建议，并向委托人提出书面报告。

7）监理人在委托人委托的工程范围内，主持工程建设有关协作单位的组织协调，重要协调事项应当事先向委托人报告。

8）监理人在委托人委托的工程范围内，征得委托人同意，监理人有权发布开工令、停工令、复工令。

9）监理人在委托人委托的工程范围内，有对工程上使用的材料和施工质量的检验权。

10）监理人在委托人委托的工程范围内，享有工程施工进度的检查、监督权，以及工程实际竣工日期提前或超过工程施工合同规定的竣工期限的签认权。

11）监理人在委托人委托的工程范围内，在工程施工合同约定的工程价格范围内，有对工程款支付的审核和签认权，以及工程结算的复核确认权与否决权。

12）监理人在委托人授权下，可对任何承包人合同规定的义务提出变更。

13）在委托的工程范围内，委托人或承包人对对方的任何意见和要求（包括索赔要求），均必须首先向监理机构提出，由监理机构研究处置意见，再同双方协商确定。

（2）监理人的义务

根据《建设工程委托监理合同（示范文本）》规定，监理人的义务主要有以下几项：

1）监理人按合同约定派出监理工作需要的监理机构及监理人员，向委托人报送委派的总监理工程师及其监理机构主要成员名单、监理规划，完成监理合同专用条件中约定的监理工程范围内的监理业务。在履行合同义务期间，应按合同约定定期向委托人报告监理工作。

2）监理人在履行本合同的义务期间，应认真、勤奋地工作，为委托人提供与其水平适应的咨询意见，公正维护各方面的合法权。

3）监理人使用委托人提供的设施和物品属于委托人的财产。在监理工作完成或中止时，应将其设施和剩余的物品按合同约定的时间和方式移交给委托人。

4）在合同期内或合同终止后，未征得有关方同意，不得泄露与本工程、本合同业务有关的保密资料。

（3）监理人的责任

根据《建设工程委托监理合同（示范文本）》规定，监理人的责任主要有以下几项：

1）监理人在责任期内，应当履行约定的义务，如果因监理人过失而造成了委托人的经济损失，应当向委托人赔偿。

2）监理人对承包人违反合同规定的质量要求和完工（交图、交货）时限，不承担责任，因不可抗力导致委托监理合同不能全部或部分履行，监理人不承担责任。但对违反《建设工程委托监理合同（示范文本）》第五条规定引起的与之有关的事宜，应向委托人承担赔偿责任。

3）监理人向委托人提出赔偿要求不能成立时，监理人应当补偿由于该索赔所导致委托人的各种费用支出。

## 3.3.9 监理资质

我国对工程监理单位实行资质许可制度。《建设工程质量管理条例》第三十四条规定，工程监理单位应当依法取得相应等级的资质证书，并在其资质等级许可的范围内承担工程监理业务。

（1）建设工程监理单位资质等级

工程监理单位的资质实行分级管理，分甲、乙、丙三级。甲级监理单位的定级审批归住房和城乡建设部。乙、丙级监理单位的定级审批归省、自治区、直辖市人民政府建设行政主管部门（住建委或建设厅）、国务院工业、交通等部门负责本部门直属乙、丙级监理单位的定级审批设立。中外合营、中外合作监理单位，依规定还要报有关审批机构审批。监理单位的资质等级三年核定一次。对于不符合原定资质等级标准的单位，由原资质管理部门予以降级；符合升级标准的单位，在核定资质等级时，可以申请升级。

1）甲级工程建设监理单位资质条件：

① 企业负责人和技术负责人应当具有 15 年以上从事工程建设工作的经历，企业技术负责人应当取得监理工程师注册证书。

② 取得监理工程师注册证书的人员不少于 25 人。

③ 注册资本不少于 100 万元。

④ 近 3 年内监理过 5 个以上二等房屋建筑工程项目或者 3 个以上二等专业工程项目。

2）乙级建设工程监理单位资质条件：

① 企业负责人和技术负责人应当具有 10 年以上从事工程建设工作的经历，企业技术负责人应当取得监理工程师注册证书。

② 取得监理工程师注册证书的人员不少于 15 人。

③ 注册资本不少于 50 万元。

④ 近 3 年内监理过 5 个以上三等房屋建筑工程项目或者 3 个以上三等专业工程项目。

3）丙级建设工程监理单位资质条件：

① 企业负责人和技术负责人应当具有 8 年以上从事工程建设工作的经历，企业技术负责人应当取得监理工程师注册证书；

② 取得监理工程师注册证书的人员不少于 5 人。

③ 注册资本不少于 10 万元。

④ 承担过 2 个以上房屋建筑工程项目或者 2 个以上专业工程项目。

（2）建设工程监理单位业务范围

甲级工程监理企业可以监理经核定的工程类别中的一、二、三等建设工程；乙级工程监理企业可以监理经核定的工程类别中的二、三等建设工程；丙级工程监理企业可以监理经核定的工程类别中的三等建设工程。

监理企业可以根据市场需求，开展家庭居室装修监理业务。

**单元总结**

本单元学习了建设工程施工许可证制度、建设工程发包承包制度、建设工程监理法规三部分的知识：

1. 建设工程施工许可证制度，需掌握施工许可证的适用范围、申领时间、申领程序以及其时间效力等。

2. 建设工程发承包制度，需掌握发承包的方式、原则以及建设工程总承包制度的相关规定。

3. 监理法规，需掌握工程监理的范围、监理工作内容、监理各方的关系等内容。

**思考及练习**

**一、单项选择题**

1. 甲公司是某建设项目的施工总承包管理单位，乙公司是该项目的分包单位，则下列表述中正确是（　　）。

A. 一般情况下，乙公司的分包合同应与甲公司签订

B. 甲公司负责分包合同的管理与协调工作，对项目目标控制不承担责任

C. 如甲公司认为乙公司没有能力完成分包任务，但业主不同意更换，则甲公司应认可该分包合同

D. 甲公司只收取总包管理费，不赚取总包与分包之间的差价

2. 甲公司投标承包了一栋高档写字楼工程的施工总承包项目，经业主方认可将其中的专业工程包给了具有相应资质等级的乙公司，工程施工中因乙公司分包的工程发生了质量事故给业主造成上万元的经济损失。对此经济损失，正确的处理方式应当是（　　）。

A. 业主只能要求乙公司赔偿

B. 如果业主要求甲公司赔偿，甲公司可以乙公司是业主认可的分包商为由而拒绝

C. 甲公司不能拒绝业主方的 10 万元赔偿要求，但赔偿后可按分包合同的约定向乙公司追偿

D. 乙公司可以拒绝甲公司的追偿要求

3. 实行监理的建筑工程，由建设单位委托具有（　　）的工程监理企业监理。

A. 良好社会信誉　　　　　　　　B. 丰富工程经验

C. 较强监理能力　　　　　　　　D. 相应资质条件

4.《建设工程质量管理条例》规定，工程监理单位代表（　　）对施工质量实施监理，并对施工质量承担建立责任。

A. 监理单位　　　　　　　　　　B. 建设行政主管部门

C. 建设单位　　　　　　　　　　D. 总承包单位

5. 监理人员不应该泄露所监理工程（　　）认为需保密的事项。

A. 建设单位　　　　　　　　　　B. 监理单位

C. 施工单位　　　　　　　　　　D. 各方

二、多项选择题

1. 甲施工企业总承包了一个高档酒店工程，经建设单位同意，将其中的大堂装修工程分包给符合资质条件的乙装饰公司，分包合同写明："大堂装修

工程质量完全由乙方负责。"以下说法正确的是（　　）。

A. 该分包合同约定无效

B. 该分包合同约定有效

C. 该分包合同约定不得对抗建设单位

D. 分包工程出现质量问题，建设单位可以要求总承包单位赔偿全部损失

E. 总承包单位向建设单位赔偿损失后，可以依据分包合同约定向分包单位追偿

2. 甲施工单位（总包单位）将部分非主体工程分包给具有相应资质条件的乙施工单位，且已经建设单位同意。下面关于分包行为的说法正确的是（　　）。

A. 甲必须向上级主管部门批准备案

B. 甲就分包工程质量和安全对建设单位承担连带责任

C. 乙应按照分包合同的规定对甲负责

D. 建设单位必须与乙重新签订分包合同

E. 建设单位必须重新为分包工程办理施工许可证

### 三、简答题

1. 简述施工许可证的申领条件。

2. 简述建设工程监理的原则。

9. 教学单元3
思考与练习题
答案

# 教学单元4
## 建设工程招标与投标法律制度

### Chapter 04

### 教学目标

**1. 知识目标**

了解建设工程招标与投标的概念；理解建设工程招标与投标的原则；掌握建设工程招标与投标的相关法律规定。

**2. 能力目标**

具备熟练掌握建设工程招标与投标流程的能力。

**思维导图**

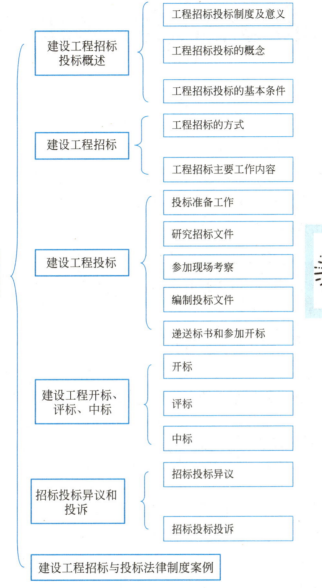

10.教学单元4
导学

建设工程招标与投标法律制度
- 建设工程招标投标概述
  - 工程招标投标制度及意义
  - 工程招标投标的概念
  - 工程招标投标的基本条件
- 建设工程招标
  - 工程招标的方式
  - 工程招标主要工作内容
- 建设工程投标
  - 投标准备工作
  - 研究招标文件
  - 参加现场考察
  - 编制投标文件
  - 递送标书和参加开标
- 建设工程开标、评标、中标
  - 开标
  - 评标
  - 中标
- 招标投标异议和投诉
  - 招标投标异议
  - 招标投标投诉
- 建设工程招标与投标法律制度案例

**引文**

　　招标投标是市场竞争的一种重要方式，最大优点就是能够体现"公开、公平、公正"的市场竞争原则，通过招标采购，让众多投标人进行公平竞争，以最低或较低的价格获得最优的货物、工程或服务，从而达到提高经济效益和社会效益、提高招标项目的质量、提高国有资金使用效率、推动投融资管理体制和各行业管理体制的改革的目的。

## 4.1 建设工程招标投标概述

### 4.1.1 工程招标投标制度及意义

工程招标投标在国际建筑承包市场已经应用了一二百年，成为分派建设任务的主要方式。我国推行招标投标承包制是从 20 世纪 80 年代开始的。工程招标投标作为一种市场经济条件下建设产品的主要交易方式，具有明显的优越性。

（1）招标人通过对各投标竞争者的报价和其他条件进行综合比较，从中选择报价低、技术力量强、信誉好的中标者，有利于节省和合理使用资金以及保证招标项目的质量。

（2）招标投标活动要求依法公开进行，有利于遏制承包中的腐败和不正当竞争行为。

（3）有利于创造公平竞争的市场环境，促进企业间公平竞争。

### 4.1.2 工程招标投标的概念

工程招标投标是在国家的法律保护和监督下法人之间的经济活动，是在双方同意基础上的一种交易行为。

工程招标是指招标人以项目建造的期望价为尺度，择优选择投标人的一种经济活动。工程投标是指具有合法资格和能力的投标人根据招标条件，以投标报价形式争取获得工程任务的一种经济活动。

### 4.1.3 工程招标投标的基本条件

**1. 招标单位应具备的条件**

（1）是法人或依法成立的其他组织。

（2）有与招标工程相适应的经济、技术管理人员。

（3）有组织编制招标文件的能力。

（4）有审查招标单位资质的能力。

（5）有组织开标，评标，定标的能力。

不具备上述（2）～（5）项条件的，须委托有相应资质的招标代理（或中介）机构代理招标。

### 2. 建设项目招标应具备的条件

（1）概算已经批准。

（2）建设项目已正式列入国家、部门或地方的年度固定资产投资计划。

（3）建设用地的征用工作已完成。

（4）有能够满足施工需要的施工图纸及技术资料。

（5）建设资金和主要建筑材料、设备来源已落实。

（6）已经建设项目所在地规划部门批准，施工现场的"三通一平"已完成或一并列入招标范围。

为了规范建筑市场有关各方的行为，《中华人民共和国建筑法》明确规定不允许采取肢解工程的方式进行招标，一个独立合同发包的工作范围可以是全部工程招标、单位工程招标、特殊专业工程招标，但不允许将单位工程肢解成分部分项工程进行招标。

### 3. 投标单位须具备的条件

（1）有政府主管部门批准注册的营业执照。

（2）企业资质须符合招标工程的要求。

### 4. 招标投标活动的原则

（1）公开原则

公开原则即"信息透明"，要求招标投标活动必须具有高度的透明度，招标程序、投标人的资格条件、评标标准、评标方法、中标结果等信息都要公开，使每个投标人能够及时获得有关信息，从而平等地参与投标竞争，依法维护自身的合法权益。同时将招标投标活动置于公开透明的环境中，也为当事人和社会各界的监督提供了重要条件。从这个意义上讲，公开是公平、公正的基础和前提。

（2）公平原则

公平原则即"机会均等"，要求招标人一视同仁地给予所有投标人平等的机会，使其享有同等的权利并履行相应的义务，不歧视或者排斥任何一个投标人。按照这个原则，招标人不得在招标文件中要求或者标明特定的生产供应者以及含有倾向或者排斥潜在投标人的内容，不得以不合理的条件限制或者排斥潜在投标人，不得对潜在投标人实行歧视待遇，否则，将承担相应的法律责任。

（3）公正原则

公正原则即"程序规范，标准统一"，要求所有招标投标活动必须按照规定的时间和程序进行，以尽可能保障招标投标各方的合法权益，做到程序公正；招标、评标标准应当具有唯一性，对所有投标人实行同一标准，确保标准公正。按照这个原则，《中华人民共和国招标投标法》及其配套规定对招标、投标、开标、评标、中标、签订合同等行为都规定了具体程序和法定时限，明确了废标和否决投标的情形，评标委员会必须按照招标文件事先确定并公布的评标标准和方法进行评审、打分、推荐中标候选人，招标文件中没有规定的标准和方法不得作为评标和中标的依据。

（4）诚实信用原则

诚实信用原则即"诚信原则"，是民事活动的基本原则之一，这是市场经济中诚实信用的商业道德准则法治化的产物，是以善意真诚、守信不欺、公平合理为内容的强制性法律原则。招标投标活动本质上是市场主体的民事活动，必须遵循诚信原则，也就是要求招标投标当事人应当以善意的主观心理和诚实、守信的态度来行使权利，履行义务，不能故意隐瞒真相或者弄虚作假，不能言而无信甚至背信弃义，在追求自己利益的同时尽量不损害他人利益和社会利益，维持双方的利益平衡，以及自身利益与社会利益的平衡，遵循平等互利原则，从而保证交易安全，促使交易实现。

**5. 对招标投标活动进行监督管理的事项**

（1）对招标投标活动的行政监督必须依法进行，招标投标活动及其当事人双方必须依法接受监督。

（2）对必须招标项目是否进行招标，是否按法定的规则和程序进行招标，是否按法定要求进行了开标、评标定标直至与中标人签订合同，对投标人是否依法参加投标活动，都必须进行监督。

（3）依法查处投标活动的违法行为。有关行政监督部门对违反《中华人民共和国招标投标法》的行为，除责令改正外，还应依法给予罚款、没收违法所得取消资格，责令停业、吊销营业执照等行政处罚。

　　建筑工程招标投标是一个连续完整的过程，必须根据一定的程序进行。招标投标程序如图 4-1 所示。

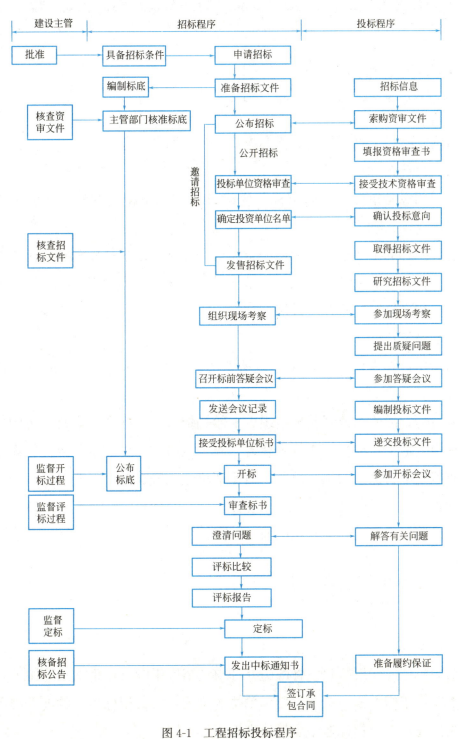

图 4-1　工程招标投标程序

## 4.2 建设工程招标

### 4.2.1 工程招标的方式

目前，建设工程采用招标投标方式可分为两种：

（1）公开招标

公开招标是指招标人以招标公告的方式邀请不特定的法人或者其他组织投标。

这种招标的主要优点是能促进企业精心经营，以求得标和承包工程；有利于施工准备。它适用于任何大、中型项目或专业性较强的工程项目，可向某一地区、全国乃至国际招标时采用。

（2）邀请招标

邀请招标是指招标人以投标邀请书的方式邀请特定的法人或者其他组织投标。

邀请特定的法人或者其他组织，一般是指选择在社会上享有一定的信誉并经常承担类似工程项目，在技术装备、施工能力、工程质量和经营管理方面均能适应拟建项目建设的施工单位。被邀请单位一般在3个以上。

这种招标方式的优点是由于被邀请投标者往往不知道还有谁参加这项投标，可以避免他们之间的互相串通，抬高标价。

### 4.2.2 工程招标主要工作内容

#### 1. 申请招标

招标单位向建设行政主管部门办理申请招标手续。申请文件应说明：招标工作范围；招标方式；工期对投标单位的资质要求；招标项目的前期准备工作的完成情况；自行招标还是委托代理招标等内容。

按照《工程建设项目施工招标投标办法》的规定，工程施工招标应当具备以下条件：

（1）已履行必要的审批手续。按照国家有关规定需要履行审批手续的，已经履行审批手续，并取得批准。

（2）工程的相应资金或者资金来源已经落实。除了所筹措的建设资金到位计划已落实外，办理施工许可证前还应有银行出具的到位资金证明。具体要求是：建设工期不足一年的，到位资金不少于工程合同价的50%；工期超过一年的，到位资金不少于工程合同价的30%。

（3）已办理工程报建备案登记。

（4）有满足施工招标需要的设计文件及其他技术资料。大型复杂工程初步设计完成后即可开始招标，以便缩短建设周期，但前期所需的单位工程施工图设计应已完成并经过审批。

（5）法律、法规、规章规定的其他条件。我国目前的建筑市场现状是初步设计完成后即可开始施工招标。为了使投标人能够合理地预见合同履行过程中的风险并制订施工方案、进行编标报价，以及签订合同后能够及时开工，招标人还应完成建设用地的征用和拆迁工作。施工现场的前期准备工作如果不包括在承包范围内，应满足"三通一平"的开工条件。

### 2. 准备招标文件

招标申请经审查批准后，即应准备招标文件，通常包括以下内容：

（1）工程综合说明。其主要内容为：工程名称、规模、地址、发包范围、基础、结构、装修、设备概况；场地和地基土质条件；给水排水、供电、道路及通信设施情况；工期要求等。其目的是为帮助投标单位了解招标工程的概况。

（2）设计图纸和技术说明书。通常称为设计文件，它由设计单位编制。在招标时由招标单位成套发给有资格的投标单位，作为编制投标文件的依据。所提供的设计文件应能满足拟定施工方案和进度计划的要求。一般情况下工程施工阶段，招标应提供全套施工图纸。

（3）工程量清单。通常以单项工程或单位工程为对象，按分部分项工程列出工程数量。工程量清单由封面、内容目录和工程量表三部分组成。

（4）单价表。单价表是采用单价合同承包方式时投标单位的报价文件，通常由招标单位开列分部分项工程名称（如土方工程、砌体工程、模板工程、钢筋工程、混凝土工程等），交投标单位填列单价。考虑到工程数量对单价水平的影响，一般应列出近似工程量，供投标单位参考，但不作为确定总标价依据。

（5）投标须知。这是指导投标单位正确履行投标手续的文件。其内容一般应包括填写和投送标书的注意事项，应交投标保证金和保函，废标条件，决标优惠条件，现场勘察和标前答题会议的日程安排，投标截止日期及开标时间、地点等。在我国目前情况下，还应列入建设单位供料情况和材料调价条件和办法等。

（6）合同主要条件。主要是使投标单位明确中标后作为承包人应承担的义务和责任，作为签订正式合同的基础。

### 3. 编制标底

标底是招标单位对招标工程的估价或预期价格，它是由招标单位或委托有资质的单位根据设计图纸和有关规定计算，并经本地工程造价管理部门核准专门审定的发包造价。标底在发出招标文件前需报主管部门审核批准，在开标之前严格保密，不得对外泄露。

投标竞争的实质是价格竞争。标底是投标人通过客观、科学计算，期望控制的招标工程施工造价。工程施工招标标底主要用于评标时分析投标价格合理性、平衡性、偏离性，分析各个投标差异情况，作为评判投标人是否为恶意投标的参考性依据。但是，标底不能作为评定投标报价有效性和合理性的唯一和直接依据。招标文件中不得规定投标报价最接近标底的投标人为中标人，也不得规定超出标底价格上下允许范围的标价直接作废标处理。

工程标底价格一般依据工程招标文件的发包内容范围和工程量清单，参照现行有关工程消耗定额和人工、材料、机械等要素的市场平均价格，结合常规施工组织设计方案编制。标底编制的主要强制性、指导性和参考性依据有：

（1）建设工程工程量清单计价规范。

（2）国家和省级建设主管部门颁发的计价定额和计价办法。

（3）建设工程设计文件及相关资料。

（4）招标文件的工程量清单及有关要求。

（5）工程建设项目及有关标准、规范、技术资料。

（6）工程造价管理机构或物价部门发布的工程造价信息或市场价格信息。

（7）其他相关资料。

标底主要是评标分析的参考依据，编制标底的依据和方法没有统一的规定，一般根据招标项目的技术管理特点、工程发包模式、合同计价方式等选择标底编制的方法和依据。

### 4. 发布招标公告

招标单位的招标申请经主管部门批准后，即可发出招标公告或邀请招标函。

（1）采取公开招标方式时，应视工程性质和规模在当地或全国性报纸、刊物或媒体上发布招标公告。其主要内容包括：招标单位和招标工程名称；招标工程内容简介；承包方式；投标单位资格；领取招标文件的地点、时间和应交费用等。

（2）采用邀请招标方式时，应由招标单位向预先选定的施工企业发出邀请投标函，邀请其参加投标。

### 5. 对投标单位资格审查

投标单位资格审查的目的主要是考察该企业总体能力是否具备完成招标工作所要求的条件。

资格审查的内容一般包括申请人的资质条件、财务状况、业绩、信誉、项目管理机构及其投入人员的资格能力，以及招标人针对招标项目提出的其他要求。资格审查应坚持"公开、公平、公正和诚实信用"的基础，遵循科学、择优和合法的原则。

按照《工程建设项目施工招标投标办法》有关规定，资格审查分为资格预审和资格后审两种方法。

（1）资格预审

资格预审是招标人通过发布招标资格预审公告向不特定的潜在投标人发出投标邀请，并组织招标资格审查委员会按照招标资格预审公告和资格预审文件确定的资格预审条件、标准和方法，对投标申请人的经营资格、专业资质、财务状况、类似项目业绩、履约信誉、企业认证体系等条件进行评审，确定合格的潜在投标人。资格预审的办法包括合格制和有限数量制，一般情况下应采用合格制，潜在投标人过多的，可采用有限数量制。

资格预审可以减少评标阶段的工作量，缩短评标时间，减少评审费用，避免不合格投标人浪费不必要的投标费用。但因设置了招标资格预审环节，而延长了招标投标的过程，增加了招标投标双方资格预审的费用。资格预审方法比较适合于技术难度较大或投标文件编制费用较高，且潜在投标人数量较多的招标项目。

（2）资格后审

资格后审是在开标后的初步评审阶段，评标委员会根据招标文件规定的投标资格条件对投标人资格进行评审，投标资格评审合格的投标文件进入详细评审。

资格后审是作为招标评标的一个重要内容，在组织评标时由评标委员会负责，审查的内容与资格预审的内容一致。评标委员会是按照招标文件规定的评审标准和方法进行评审的，在评标报告中包括了对投标人进行资格审查的内容。对资格后审不合格的投标人，评标委员会应当对其投标作废标处理，不再进行详细评审。

资格后审方法可以避免招标与投标双方资格预审的工作环节和费用，缩短招标投标过程，有利于增强投标的竞争性，但在投标人过多时会增加社会成本和评标工作量。资格后审方法比较适合于潜在投标人数量不多的招标项目。

根据国务院有关部门对资格预审的要求，资格预审一般按以下程序进行：

（1）编制资格预审文件。

（2）发布资格预审公告。

（3）出售资格预审文件。

（4）资格预审文件的澄清、修改。

（5）潜在投标人编制并递交资格预审申请文件。

（6）组建资格审查委员会。

（7）资格审查委员会评审资格预审申请文件，并编写资格评审报告。

（8）招标人审核资格评审报告，确定资格预审合格申请人。

（9）向通过资格预审的申请人发出投标邀请书（代资格预审合格通知书），并向未通过资格预审的申请人发出资格预审结果的书面通知。

其中，编制资格预审文件和组织进行资格预审申请文件的评审，是资格预审程序中的两项重要内容。

### 6. 组织现场考察

招标单位在投标须知规定的时间组织投标单位自费进行现场考察。主要是让投标单位了解工程项目的现场情况、自然条件、施工条件以及周围环境条件，以便于编制标书；同时，通过实地考察为投标单位确定投标原则和策略，避免合同履行过程中，以不了解现场情况为由，为推卸责任提供依据。

### 7. 召开标前会议

投标单位研究招标文件和现场考察后，以书面形式提出有关该项目的质疑问题，招标单位按投标须知规定时间和地点召开会议，对投标提出的问题及时给予书面解答，也可留待标前会议上解答。招标单位所回答的问题必须以会议记录书面形式发送给每一投标单位，但不必说明问题的来源。回答函件作为招标文件组成部分，如果书面解答的问题与招标文件中的规定不一致，以函件解答为准。

根据《中华人民共和国招标投标法》规定，招标单位对已发出的招标文件进行必要的澄清或必要的修改时，应在投标截止日期之前至少 15 日以书面形式发送给所有投标人，以便于投标单位修改标书。

## 4.3　建设工程投标

### 4.3.1　投标准备工作

#### 1. 获取招标信息

（1）通过招标广告或公告来发现投标目标，这是获得公开招标信息的主要方式。

（2）搞好公共关系，经常派业务人员深入各个建设单位和部门，广泛联系，收集信息。

（3）通过政府有关部门，如发改委、住建委、行业协会等单位获得信息。

（4）通过咨询公司、监理公司、科研设计单位等代理机构获得信息。

（5）取得老客户的信任，从而承接后续工程或接受邀请而获得信息。

（6）与总承包商建立广泛的联系。

（7）利用有形的建设交易市场及各种报刊、网站获取信息。

（8）通过业务往来的单位和人员以及社会知名人士的介绍得到信息。

**2. 对获取的信息进行分析**

（1）信息查证

信息查证是投标的前提。自改革开放以来建设工程领域贩卖假信息、搞假发包的现象屡有发生。因此要参加投标的企业，在决定投标对象时，必须认真分析、验证所获信息的真实可靠性。通过与招标单位直接洽谈，证实其招标项目是否确实已立项批准和资金是否落实。

（2）业主情况的查证

对业主的调查了解是确信实施工程的酬金能否收回的前提。许多业主单位倚仗承发包关系中的优势地位，长期拖欠工程款，致使中标的施工企业不仅不能获取利润，甚至连成本都无法收回。还有些业主单位的工程负责人借管理工程的权力之便，向承包商索要回扣，使承包商利益受损。因此，作为工程承包商，必须对实施项目的利弊进行认真评估。

**3. 接受资格预审**

资格预审是承包商投标过程中的第一关。有关资格预审文件的要求、内容以及资格预审评定的内容在"4.2.2　工程招标主要工作内容"已有详细介绍，这里仅就投标人申报资格预审时注意的事项作介绍。

（1）应注意平时对一般资格预审的有关资料的积累工作，并储存在计算机内，待针对某个项目填写资格预审调查表时，再将有关资料调出来，并加以补充完善。如果平时不积累资料，完全靠临时填写，则往往会达不到业主要求而失去机会。

（2）填表时，除了满足资格预审要求外，还要能适当地反映出本企业的技术管理水平、财务能力和施工经验，这往往是业主考虑的重点。

（3）在投标决策阶段，研究并确定今后本公司发展的地区和项目时，注意收集信息，如果有合适的项目，及早动手做资格预审的申请准备。当认为本公司某些方面难以满足投标要求时，则应考虑与其他适当的施工企业组成联营公司来参加资格预审。

（4）资格预审表格呈交后，应注意信息跟踪工作，发现不足之处，及时补送资料。如果是国外工程，则可以通过当地分公司或代理人进行。

### 4. 投标经营准备

一旦核实工程和业主的信息真实可靠，基本上可以排除付款不到位的风险，施工企业即可作出投标决定。实践证明，组建一个强有力、内行的、有工作效率的投标班子，是投标获得成功的重要保证条件之一。

投标班子应由四类人才组成，包括经营管理类人才、专业技术类人才、商务金融类人才以及合同管理类人才。

对于规模庞大、技术复杂的工程项目，可由几家工程公司联合起来投标，这样可以发挥各自的特长和优势，补充技术力量的不足，增大融资能力，提高整体竞争能力。

联合投标可以是同一个国家的公司相互联合，也可以是国际性的联合，这类联合组织有许多形式：

（1）合资

由两个或两个以上法人共同出资正式组成一个新的法人单位，进行注册并进行长期的经营活动。

（2）联合集团

各公司单独具有法人资格，但联合集团不一定以集体名义注册为一个新的法人，他们可以联合投标和承包一项或多项工程。

（3）联合体

专门为特定工程项目组成一个非永久性团体，对该项目进行投标和承包。联合投标和承包有利于各公司相互学习、取长补短、相互促进、共同发展，但需要拟定完善的合作协议和严格的规章制度，并加强科学管理。

### 5. 投标工作机构组成

投标工作机构通常由以下人员组成：

（1）决策人

通常由部门经理和副经理担任，亦可由总经济师负责。

（2）技术负责人

可由总工程师或主任工程师担任，其主要责任是制订施工方案和各种技术措施。

（3）投标报价人员

由经营部门的主管技术人员、预算师等负责。

此外，物资供应、财务计划等部门也应积极配合，特别是在提供价格行情、工作标准、费用开支及有关成本费用等方面给予大力协助。

投标工作机构的人员应富有经验且受过良好的培训，有娴熟的技巧和较强的应变能力，工作认真、纪律性强，尤其对公司绝对忠诚。投标工作机构的人员不宜过多，特别是最后决策阶段，参与的人数应严格控制，以确保投标报价的保密。

## 4.3.2 研究招标文件

投标单位在掌握了有关招标方面信息后，根据招标通告或招标单位的邀请，报名参加适宜的投标，索购资审文件，接受招标单位的资格审查，资格审查通过后，取得招标文件，并认真研究招标文件。

研究招标文件的重点应放在以下几个方面：

（1）研究招标工程说明，借以获得对工程全面的轮廓性了解，有助于确定总的投标策略方案。

（2）研究设计文件，弄清工程的技术细节和基本要求，为制定施工方案和报价提供确切的依据。对设计规定的各部位做法和对材料品种规格的要求，整个建筑物及其各部件的尺寸，各种图纸之间关系都要吃透，发现不清楚或互相矛盾之处，要提请招标单位解释或更正。

（3）研究合同主要条款，明确中标后应承担责任和享有的权利。重点是承包方式、开竣工时间、工期奖罚、材料供应方式、预付款支付、工程款支付及价款结算办法、工程变更及停（窝）工损失处理办法、保险办法、政策调整引起价格变化的处理办法等。因为这些因素最终都会反映在标价上，所以都必须认真研究，以利于减少风险。

（4）研究投标须知，提高工作效率，避免造成废标。

## 4.3.3 参加现场考察

一般情况下，要求做标人员亲自去现场考察，掌握第一手资料，为做标工作打好基础，其主要内容包括：

（1）施工现场的地质、地貌、水文、气候和主要条件。

（2）现场"三通"情况。

（3）施工平面如何布置，主要考虑起重机、料场、生产生活临时设施的位置，是否有现成的房屋可以利用。

（4）周围环境对施工有些什么限制条件，主要是周围建筑物是否还需要保护，施工振动、噪声等情况。

## 4.3.4　编制投标文件

### 1. 投标文件的组成

投标文件是投标人根据招标文件的要求所编制的，向招标人发出的要约文件。

根据《中华人民共和国招标投标法》第 27 条的规定，投标人应当按照招标文件的要求编制投标文件。投标文件一般由投标函部分、商务部分、技术部分和资格审查资料四部分组成。一般包括下列内容：

（1）投标函及投标函附录；

（2）法定代表人身份证明或附有法定代表人身份证明的授权委托书；

（3）联合体协议书（如有）；

（4）投标保证金；

（5）已标价工程量清单；

（6）施工组织设计（含）；

（7）项目管理机构；

（8）拟分包项目情况表；

（9）资格审查资料（资格后审）或资格预审更新资料；

（10）投标人须知前附表规定的其他材料。

### 2. 投标函及其附录

投标函及其附录是指投标人按照招标文件的条件和要求，向招标人提交的有关报价、质量目标等承诺和说明的函件，是投标人为响应招标文件相关要求所做的概括性函件，一般位于投标文件的首要部分，其内容、格式必须符合招标文件的规定。

投标函的内容及特点：

（1）投标有效期。

（2）投标保证金。

（3）中标后的承诺。

（4）投标函的签署：在投标函格式部分均应要求投标人盖法人印章、法定代表人或其委托代理人签字、投标人的联系方式（包括地址、网址、电话、传真、邮编）等，作为对投标函内容的确认和承诺。

投标函附录一般附于投标函之后，共同构成合同文件的重要组成部分，主要内容是对投标文件中涉及关键性或实质性的内容条款进行说明或强调。

投标人填报投标函附录时，在满足招标文件实质性要求的基础上，可以提出比招标文件要求更有利于招标人的承诺。一般以表格形式摘录列举。

投标函附录除对合同重点条款摘录外也可以根据项目的特点和需要，结合合同执行者重视的内容进行摘录。

### 3. 联合体协议书

凡联合体参与投标的，均应签署并提交联合体协议书。投标文件需要提交联合体协议书时，须着重考虑以下几点：

（1）采用资格预审，且接受联合体投标的招标项目，投标人应在资格预审申请文件中提交联合体协议书正本。当通过资格预审后递交投标文件时，只需提交原联合体协议书副本或正本复印件，可不再要求投标人提交联合体协议书正本，以防止前后提交两个正本可能出现差异而导致投标人资格失效。

（2）项目招标采用资格后审时，如接受联合体投标，则投标文件中应提交联合体协议书正本。

（3）联合体协议书的内容：

① 联合体成员的数量：联合体协议书中首先必须明确联合体成员的数量，其数量必须符合招标文件的规定，否则将视为不响应招标文件规定，而作为废标。

② 牵头人和成员单位名称。

③ 联合体协议中牵头人的职责、权利及义务约定。

④ 联合体内部分工。

⑤ 签署：联合体协议书应按招标文件规定进行签署和盖章。

### 4. 投标保证金

所谓投标保证金，是指为防止投标人不谨慎投标而由招标人在招标文件中设定的一种担保形式。招标人通常不希望投标人在投标有效期内随意撤回标书或中标后不能提交履约保证金和签署合同。因此，为了约束投标人的投标行为，保护招标人的利益，维护招标投标活动的正常秩序，招标人通常会要求投标人提供投标保证金，并作为投标文件的组成部分。投标人不按招标文件要求提交投标保证金的，其投标文件作废标处理。

（1）投标保证金的形式

投标保证金除现金外，可以是银行出具的银行电汇、银行汇票、银行保函、信用证或现金支票。

① 银行电汇。投标人应在招标文件规定的截止时间之前全额汇入，否则视为投标保证金无效。在投标文件中附上复印件。

② 银行汇票。在投标文件中附上复印件。

③ 银行保函。一般情况下，招标人会在招标文件中给出银行保函的格式和内容，且要求保函主要内容不能改变，否则将以不符合招标文件要求作废标处理。提交时，应单独提交银行保函正本，并在投标文件中附上复印件或将银行保函正本装订在投标文件正本中。

④ 信用证。用于投标保证金的信用证也称备用信用证，是由投标人向银行申请，由银行出具的不可撤销信用证。信用证的作用和银行保函类似。

⑤ 现金支票。投标人应确保招标人收到支票后在招标文件规定的截止时间之前，将投标保证金划拨到招标人指定账户，否则视为投标保证金无效。在投标文件中附上复印件。

（2）投标保证金的金额

投标保证金金额通常有相对比例金额和固定金额两种方式。《工程建设项目施工招标投标办法》规定，投标保证金一般不得超过投标总价的 2% 最高不超过 80 万元。《工程建设项目勘察设计招标投标办法》规定，投标保证金一般不超过勘察设计费投标报价的 2%，最多不超过 10 万元。

（3）投标保证金的提交

投标人应当按照招标文件要求的方式和金额，将投标保证金随投标文件提交给招标人。投标保证金是投标文件的必需要件，是招标文件的实质性要求。

联合体投标，投标保证金可以由联合体各方共同提交或由联合体中的一方提交，对联合体各方均具有约束力。

投标保证金作为投标文件的有效组成部分，其递交的时间应与投标文件的提交时间一致，即在投标文件提交截止时间之前送达。

（4）投标保证金的有效期

投标保证金的有效期通常自投标文件提交截止时间之前，保证金实际提交之日起开始计算，投标保证金有效期应当与投标有效期一致。

### 5. 已标价工程量清单

投标人应该按照招标文件中提供的工程量清单、服务清单及其投标报价表格式要求编制投标报价文件。已标价工程量清单按照招标文件中提供的"工程量清单"中的表格格式填写。构成合同文件的"已标价工程量清单"，包括招标文件中提供的"工程量清单"、投标报价以及其他说明等内容。

根据招标文件规定，"已标价工程量清单"内容包括：

（1）投标价封面；

（2）工程项目费汇总表；

（3）单项工程费汇总表；

（4）单位工程费汇总表；

（5）分部分项工程量清单计价表；

（6）措施项目清单计价表；

（7）施工组织措施项目清单计价表；

（8）施工技术措施项目清单计价表；

（9）其他项目清单计价表；

（10）专业工程暂估价表；

（11）安全文明施工专项费及规费、税金项目清单计价表；

（12）工程量清单综合单价分析表；

（13）单位工程基价直接工程费汇总表；

（14）人工、材料、机械数量及价格汇总表。

### 6. 施工组织设计

施工组织设计既是投标文件的重要技术文件，又是编制投标报价的基础；

同时，也是反映投标企业技术和管理水平的重要标志。首先，招标文件要明确投标人编写技术服务和管理方案的大纲要求；其次，技术、服务和管理方案尽可能采用一些图表形式，以达到一目了然的效果。

投标人应根据招标文件和对现场的勘察情况，采用文字并结合图表形式，参考以下要点编制本工程的施工组织设计：

（1）施工方案及技术措施；

（2）质量保证措施和创优计划；

（3）施工总进度计划及保证措施（包括以横道图或标明关键线路的网络进度计划、保障进度计划需要的主要施工机械设备、劳动力需求计划及保证措施、材料设备进场计划及其他保证措施等）；

（4）施工安全措施计划；

（5）文明施工措施计划；

（6）施工场地治安保卫管理计划；

（7）施工环保措施计划；

（8）冬期和雨期施工方案；

（9）施工现场总平面布置（投标人应递交一份施工总平面图，绘出现场临时设施布置图表并附文字说明，说明临时设施、加工车间、现场办公、设备及仓储、供电、供水、卫生、生活、道路、消防等设施的情况和布置）；

（10）项目组织管理机构（若施工组织设计采用"技术暗标"方式评审，则在任何情况下，"项目管理机构"不得涉及人员姓名、简历、公司名称等暴露投标人身份的内容）；

（11）承包人自行施工范围内拟分包的非主体和非关键性工作（按"投标人须知"规定）的材料计划和劳动力计划；

（12）成品保护和工程保修工作的管理措施和承诺；

（13）任何可能的紧急情况的处理措施、预案以及抵抗风险（包括工程施工过程中可能遇到的各种风险）的措施；

（14）对总包管理的认识以及对专业分包工程的配合、协调、管理、服务方案；

（15）与发包人、监理及设计人的配合；

（16）招标文件规定的其他内容。

## 4.3.5 递送标书和参加开标

投标文件编制完毕后，应认真审查，确认无误后可按招标文件载明时间、地点递送。

递送标书是将所有准备好的信函、证明文件、保函、技术文件、报价等装封递交到招标单位。

递送标书应注意：

（1）字迹清楚、整洁美观，装帧大方；

（2）按要求密封；

（3）加盖单位和法定代表人（或法定代表人委托的代理人）的印鉴。

编制标书的一些附加说明、建议等密封后一并送达招标单位，并且在递交标书的同时递交投标保证金。

投标单位送达标书以后，应按时出席开标会议，对评标人提出的各种疑义给予说明，必要时也要同招标单位代表进行商谈，如最终得到招标单位签发的中标通知书，则应在规定时间内与招标方签订合同，并在规定期限内办理履约保函，至此，招标投标工作即告结束，招标投标双方进入合同履行期。

## 4.4 建设工程开标、评标、中标

### 4.4.1 开标

开标是招标投标活动的一项重要程序。招标人在投标截止时间的同一时间，按招标文件规定的开标地点组织公开开标，公布投标人名称、投标报价以及招标文件约定的其他唱标内容。开标会应邀请所有投标人的法定代表人或其委托代理人参加，并通知有关监督机构代表到场监督，如有需要，也可邀请公证机构人员到场公证。投标人应按招标文件约定参加开标，投标人不参加开标，视为默认开标结果，事后不得对开标结果提出异议。

招标人可以按招标文件约定安排出席开标的投标人代表签到，核验投标人的法定代表人身份证明或授权代表的授权委托书和身份证件，并留存复印件，以确认投标人代表身份的真实性。

开标会议的参加人、开标时间、开标地点等要求都必须事先在招标文件里表述清楚、准确，并在开标前做好周密的组织。招标文件公布的开标时间、地点、程序和内容一般不得改变，如有特殊原因需要变更，则应按招标文件的约定，及时发函通知所有潜在投标人。

开标会一般由招标人或招标代理人主持。开标会全过程应在投标人代表可视范围内进行，并做好记录。有条件的可全程录像，以备查验。

### 1. 开标准备工作

开标准备工作主要包括四个方面的内容：

（1）投标文件接收

招标人应当安排专人，在招标文件指定地点接收投标人递交的投标文件（包括投标保证金），详细记录投标文件送达人、送达时间、份数、包装密封、标识等查验情况，经投标人确认后，出具投标文件和投标保证金的接收凭证。

投标文件密封不符合招标文件要求的，招标人不予受理。在投标截止时间前，应当允许投标人在投标文件接收场地之外自行更正修补。在投标截止时间后递交的投标文件，招标人应当拒绝接收。

至投标截止时间提交投标文件的投标人少于 3 家的，不得开标，招标人应将接收的投标文件原封退回投标人，并依法重新组织招标。

（2）开标现场

招标人应保证受理的投标文件不丢失、不损坏、泄密，并组织工作人员将投标截止时间前受理的投标文件及可能的撤销函运送到开标地点。

招标人应精细周全地准备好开标必备的现场条件，包括提前布置好开标会议室、准备好开标需要的设备、设施和服务等。

（3）开标资料

招标人应准备好开标资料，包括开标记录、标底文件（如有）、投标文件、接收登记表、签收凭证等。招标人还应准备相关国家法律法规、招标文件及其澄清及修改内容，以备必要时使用。

（4）工作人员

招标人参与开标会议的有关工作人员应按时到达开标现场，包括主持人、开标人、唱标人、记录人、监标人及其他辅助工作人员等。

**2. 开标程序**

招标人应按照招标文件规定的程序开标，一般开标程序是：

（1）宣布开标纪律

主持人宣布开标纪律，对参与开标会议的人员提出会场要求，主要是开标过程中不得喧哗、通信工具调整到静音状态，以及约定的提问方式等。任何人不得干扰正常的开标程序。

（2）确认投标人代表身份

招标人可以按照招标文件的约定，当场核验参加开标会议的投标人授权代表的授权委托书和有效身份证件，确认授权代表的有效性，并留存授权委托书和身份证件的复印件。法定代表人出席开标会的要出示其有效证件。

（3）公布在投标截止时间前接收投标文件的情况

招标人当场宣布投标截止时间前递交的投标人名称、时间等。

（4）宣布有关人员姓名

主持人介绍招标人代表、招标代理机构代表、监督人代表或公证人员等，依次宣布开标人、唱标人、记录人、监标人等有关人员姓名。

（5）检查投标文件的密封情况

依据招标文件约定的方式，组织投标文件的密封检查可由投标人代表或招标人委托的公证人员检查，其目的在于检查开标现场的投标文件密封状况是否与招标文件约定和受理时的密封状况一致。

（6）宣布投标文件开标顺序

主持人宣布开标顺序。如招标文件未约定开标顺序的，一般按照投标文件递交的顺序或倒序进行唱标。

（7）公布标底

招标人设有参考标底的，予以公布。也可以在唱标后公布标底。

（8）唱标

按照宣布的开标顺序当众开标。唱标人应按照招标文件约定的唱标内容，严格依据投标函（或包括投标函附录、服务投标一览表）唱标，并当即做好唱标记录。唱标内容一般包括投标函及投标函附录中的报价、备选方案报价（如有）、完成期限、质量目标、投标保证金等。

（9）开标记录签字

开标会议应当做好书面记录，如实记录开标会的全部内容，包括开标时间、地点、程序，出席开标会的单位和代表，开标会程序、唱标记录、公证机构和公证结果（如有）等。投标人代表、招标人代表、监标人、记录人等应在开标记录上签字确认，存档备查。投标人代表对开标记录内容有异议的，可以注明。

（10）开标结束

完成开标会议全部程序和内容后，主持人宣布开标会议结束。

**3. 开标注意事项**

开标应注意以下一些事项：

（1）在投标截止时间前，投标人书面通知招标人撤回其投标的，无须进入开标程序。

（2）依据投标函及投标函附录（正本）唱标，其中投标报价以大写金额为准。

（3）开标过程中，投标人若对唱标记录提出异议，开标工作人员应立即核对投标函及投标函附录（正本）的内容与唱标记录，并决定是否应该调整唱标记录。

（4）开标时，开标工作人员应认真核验并如实记录投标文件的密封、标识以及投标报价、投标保证金等开标、唱标情况，发现投标文件存在问题或投标人提出异议的，特别是涉及影响评标委员会对投标文件评审结论的，应如实记录在开标记录上。但招标人不应在开标现场对投标文件是否有效作出判断和决定，应递交评标委员会评定。

## 4.4.2　评标

招标项目评标工作由招标人依法组建的评标委员会按照招标文件约定的评标方法、标准进行评标。

**1. 评标委员会**

评标专家应当符合以下规定的条件：从事相关领域工作满 8 年并具有高级职称或同等专业水平；熟悉有关招标投标的法律法规，并具有与招标项目相关的实践经验；能够认真、公正、诚实、廉洁地履行职责；身体健康，能够承担评标工作。

评标专家的权利：接受专家库组建机构的邀请，成为专家库成员；接受招标人依法选聘，担任招标项目评标委员会成员；熟悉招标文件有关技术、经济、管理特征和需求，依法对投标文件进行客观评审，独立提出评审意见，抵制任何单位和个人的不正当干预；获取相应的评标劳务报酬；法律法规规定的其他权利。

评标专家的义务：接受建立专家库机构的资格考核，如实申报个人有关信息资料；遇到不得担任招标项目评标委员会成员的情况应当主动回避；对招标人负责，维护招标、投标双方合法利益，认真、客观、公正地对投标文件进行分析、评审、比较；遵守评标工作程序和纪律规定，不得私自接触投标人，不得收受他人的任何好处，不得透露投标文件评审的有关情况；自觉依法监督、抵制、反映和核查招标、投标、代理、评标活动中的虚假、违法和不规范行为，接受和配合有关行政监督部门的监督、检查；法律法规规定的其他义务。

**2. 组建评标组织**

（1）评标委员会的构成

依法必须进行招标的工程，其评标委员会由招标人代表和有关技术、经济等方面的专家组成，成员人数为 5 人以上的单数，其中招标人代表不得超过 1/3，技术、经济等方面的专家不得少于成员总数的 2/3。

（2）评标专家的抽取

评标专家应当由招标人从建设行政主管部门及其他有关政府部门确定的专家名册或者工程招标代理机构的专家库内的相关专业的专家名单中确定，一般应当采取随机抽取的方式。从工程招标代理机构专家库抽取的评标专家不得超过评标专家总数的 1/3。与投标人有利害关系的人不得进入相关工程的评标委员会，已经进入的应当更换。评标委员会成员的名单在中标结果确定前应当保密。

（3）评标专家的回避原则

评标专家有下列可能影响公正评标情况的，应当回避：

1）是投标人的雇员或投标人主要负责人的近亲属；

2）项目主管部门或者行政监督部门的人员；

3）与投标人有经济利益关系，可能影响对投标公正评审的；

4）曾因在招标、评标以及其他与招标有关的活动中从事违法行为而受过行政处罚或刑事处罚的。

评标专家从发生和知晓上述规定情形之一起，应当主动回避评标。招标人可以要求评标专家签署承诺书，确认其不存在上述法定回避的情形。评标中，如发现某个评标专家存在法定回避情形的，该评标专家已经完成的评标结果无效，招标人应重新确定满足要求的专家替代。

### 3. 评标准备工作

招标人及其招标代理机构应为评标委员会评标做好以下评标准备工作：

（1）准备评标需用的资料，如招标文件及其澄清与修改、标底文件、开标记录等；

（2）准备评标相关表格；

（3）选择评标地点和评标场所；

（4）布置评标现场，准备评标工作所需工具；

（5）妥善保管投标文件并运到评标现场；

（6）评标安全、保密和服务等有关工作。

### 4. 评标基本原则和纪律

评标活动应当公平、公正、科学、择优，并遵循以下原则：

（1）认真阅读招标文件，正确把握招标项目特点和需求；

（2）全面审查、分析投标文件；

（3）严格按照招标文件中规定的评标标准、评标方法和程序评价投标文件；

（4）按法律规定推荐中标候选人或依据招标人授权直接确定中标人，完成评标报告。

评标纪律：

（1）评标活动由评标委员会依法进行，任何单位和个人不得非法干预，无关人员不得参加评标会议；

（2）评标委员会成员不得与任何投标人或者与招标有利害关系的人私下接

触，不得收受投标人、中介人以及其他利害关系人的财物或其他好处；

（3）招标人或其委托的招标代理机构应当采取有效措施保证评标活动严格保密，有关评标活动参与人员应当严格遵守保密规则，不得泄露与评标有关的任何情况。其保密内容涉及：

1）评标地点和场所；

2）评标委员会成员名单；

3）投标文件评审比较情况；

4）中标候选人的推荐情况；

5）与评标有关的其他情况等。

为此，招标人应采取有效措施，必要时，可以集中管理和使用与外界联系的通信工具等，同时禁止任何人员私自携带与评标活动有关的资料离开评标现场。

### 5. 评标方法

施工招标的评标和定标依据招标工程的规模、技术复杂性来选择评标办法。小型工程由于承包工作内容较为简单、合同金额不大，可以采用"即开、即评、既定"的方式由评标委员会及时确定中标人。这种方式称为专家评议法。评标委员会根据预先确定的评审内容，如报价、工期、主要材料用量、施工方案、质量和安全保证措施等方面对各投标书共同分项进行认真分析比较后，以协商的投标方式确定候选中标单位。由于评审过程是定性的优选法，没有对各投标书作量化比较，评审的科学性较差。但其优点是评审过程较简单，在较短时间内即可完成，一般适用于小型工程或规模较小的改建工程招标。

大型工程项目的评标因内容复杂、涉及面宽，通常需要分成初评和详评两个阶段进行。

初步评审是评标委员会按照招标文件确定的评标标准和方法，对投标文件进行形式、资格、响应性评审，以判断投标文件是否存在重大偏离或保留，是否实质上响应了招标文件的要求。经评审认定投标文件没有重大偏离、实质上响应招标文件要求的，才能进入详细评审。

（1）初步评审内容

投标文件的初步评审内容包括形式评审、资格评审、响应性评审，工程施工招标采用经评审的最低投标价法时，还应对施工组织设计和项目管理机构的合格响应性进行初步评审。

1）形式评审

① 投标文件格式、内容组成（如投标函、法定代表人身份证明、授权委托书等），是否按照招标文件规定的格式和内容填写，字迹是否清晰可辨。

② 投标文件提交的各种证件或证明材料是否齐全、有效和一致，包括营业执照、资质证书、相关许可证、相关人员证书、各种业绩证明材料等。

③ 投标人的名称、经营范围等与投标文件中的营业执照、资质证书、相关许可证是否一致。

④ 投标文件法定代表人身份证明或法定代表人的代理人是否有效，投标文件的签字、盖章是否符合招标文件规定，如有授权委托书，则授权委托书的内容和形式是否符合招标文件规定。

⑤ 如有联合体投标，应审查联合体投标文件的内容是否符合招标文件的规定，包括联合体协议书、牵头人、联合体成员数量等。

⑥ 投标报价是否唯一，一份投标文件只能有一个投标报价，在招标文件没有规定的情况下，不得提交选择性报价，如果提交有调价函，则应审查调价函是否符合招标文件规定。

2）资格评审

适用于未进行资格预审程序的评标。

3）响应性评审

① 投标内容范围是否符合招标内容范围，有无实质性偏差。

② 项目完成工期。投标文件载明的完成项目的时间是否符合招标文件规定的时间，并应提供响应时间要求的进度计划安排的图表等。

③ 项目质量要求。投标文件是否符合招标文件提出的工程质量目标、标准要求。

④ 投标有效期。投标文件是否承诺招标文件规定的有效期。

⑤ 投标保证金。投标人是否按照招标文件规定的时间、方式、金额及有效期递交投标保证金或银行保函。

⑥ 投标报价。投标人是否按照招标文件规定的内容范围及工程量清单进行报价，是否存在算术错误，并需要按规定修正；招标文件设有招标控制价的，投标报价不能超过招标控制价，是否可以等于招标控制价则应根据具体招

标文件的规定来判断。

⑦ 合同权利和义务。投标文件中是否完全接受并遵守招标文件合同条件约定的权利、义务，是否对招标文件合同条款有重大保留、偏离和不响应内容。

⑧ 技术标准和要求。投标文件的技术标准是否响应招标文件要求。

4）工程施工组织设计和项目管理机构评审

采用经评审的最低投标价法时，投标文件的施工组织设计和项目管理机构的各项要素是否响应招标文件要求。

（2）废标的一般情形

有下列情形之一的，经评标委员会评审认定后作废标处理：

1）投标文件无单位盖章且无法定代表人或其授权代理人签字或盖章的，或者虽有代理人签字但无法定代表人出具的授权委托书的；

2）联合体投标未附联合体各方共同投标协议书的；

3）没有按照招标文件要求提交投标保证金的；

4）投标函未按招标文件规定的格式填写，内容不全或关键字迹模糊无法辨认的；

5）投标人不符合国家或招标文件规定的资格条件的；

6）投标人名称或组织结构与资格预审时不一致且未提供有效证明的；

7）投标人提交两份或多份内容不同的投标文件，或在同一份投标文件中对同一招标项目有两个或多个报价，且未声明哪一个为最终报价的，但按招标文件要求提交备选投标的除外；

8）串通投标、以行贿手段谋取中标、以他人名义或者其他弄虚作假方式投标的；

9）报价明显低于其他投标报价或者在设有标底时明显低于标底，且投标人不能合理说明或者提供相关证明材料，评标委员会认定该投标人以低于成本报价竞标的；

10）无正当理由不按照要求对投标文件进行澄清、说明或者补正的，不符合招标文件提出其他商务、技术的实质性要求和条件的，招标文件明确规定可以废标的其他情形。

## 4. 4. 3    中标

### 1. 确定中标人的原则和步骤

确定中标人的原则：

（1）采用综合评估法的，应能够最大限度满足招标文件中规定的各项综合评价标准。

（2）采用经评审的最低投标价法的，应能够满足招标文件的实质性要求，并且经评审的投标价格最低。但中标人的投标价格应不低于其成本价。

此外，使用国有资金投资或者国家融资的项目以及其他依法必须招标的施工项目，招标人应当确定排名第一的中标候选人为中标人。排名第一的中标候选人放弃中标、因不可抗力提出不能履行合同，或者招标文件规定应当提交履约保证金而在规定期限内未能提交的，招标人可以确定排名第二的中标候选人为中标人。排名第二的中标候选人出现上述情况的，招标人可以确定排名第三的中标候选人为中标人。

招标人可以授权评标委员会直接确定中标人。

确定中标人的步骤：

（1）确定中标人一般在评标结果已经公示，没有质疑、投诉或质疑、投诉均已处理完毕时；

（2）确定中标人前后，招标人不得与投标人就投标价格、投标方案等实质性内容进行谈判；

（3）如果招标人授权评标委员会直接确定中标人的，应在评标报告形成后确定中标人。

### 2. 招标备案和中标通知书

依法必须进行施工招标的工程，招标人应当自确定中标人之日起 15 日内，向工程所在地的县级以上地方人民政府建设行政主管部门或者工程招标投标监督管理机构提交施工招标投标情况的书面报告。书面报告应当包括下列内容：

1）招标人编写的招标投标情况书面报告；

2）评标委员会编写的评标报告；

3）中标人的投标文件；

4）中标通知书；

5）建设项目的年度投资计划或立项批准文件；

6）经备案的工程项目报建登记表；

7）建设工程施工招标备案登记表；

8）项目法人单位的法人资格证明书和授权委托书；

9）招标公告或投标邀请书；

10）投标报名表及合格投标人名单；

11）招标文件或资格预审文件（采用资格预审时）；

12）招标人机构有关人员的证明资料；

13）如委托工程招标代理机构招标，委托方和代理方签订的"委托工程招标代理合同"。

县级以上地方人民政府建设行政主管部门或者工程招标投标监督机构自收到书面报告之日5个工作日内未提出异议，招标人可以向中标人发出中标通知书，并将中标结果通知所有未中标的投标人。

中标通知书，是指招标人在确定中标人后向中标人发出的书面文件。中标通知书的内容应当简明扼要，通常只需告知投标人招标项目已经中标，并确定签订合同的时间、地点即可。中标通知书发出后，对招标人和中标人均具有法律约束力，如果招标人改变中标结果的，或者中标人放弃中标项目的，应当依法承担相应的法律责任。

（1）中标通知书需要载明签订合同的时间和地点。需要对合同细节进行谈判的，中标通知书上需要载明合同谈判的有关安排。

（2）中标通知书可以载明提交履约担保等投标人需注意或完善的事项。

### 3. 签订合同

工程施工合同协议是依据招标人与中标人按照招标投标及中标结果形成的合同关系，为按约定完成招标工程建设项目，明确双方责任、权利、义务关系而签订的合同协议书。

招标人和中标人应当自中标通知书发出之日起30日内，按照招标文件和中标人的投标文件订立书面合同。招标人和中标人不得再行订立背离合同实质性内容的其他协议。如果投标书内提出的某些非实质性偏离的不同意见而发包人也同意接受时，双方应就这些内容通过谈判达成书面协议。通常的做法是，不改动招标文件中的通用条件和专用条件，将对某些条款协商一致后，改动的部分在合同协议书附录中予以明确。合同协议书附录经过双方签字后将作为合同的组成部分。

#### 4. 投标保证和履约保证

（1）投标保证金的退还

按照建设法规的规定，若招标人收取投标定金应当自合同签订之日起 7 日内，将投标定金退还给中标人和未中标人。

除不可抗力外，中标人不与招标人签订合同的招标人可以没收其投标定金；招标人不与中标人签订合同的，应当向中标人双倍返还投标定金。给对方造成损失的，依法承担赔偿责任。

（2）提交履约保证

如果招标文件要求中标人提交履约担保，中标人应当提交。履约担保可以采用银行出具的履约保函或招标人可以接受的企业法人提交的履约保证书其中的任何一种形式。若中标人不能按时提供履约保证，可以视为投标人违约，没收其投标保证金，招标人再与下一位候选中标人商签合同。按照建设法规的规定，当招标文件中要求中标人提供履约保证时，招标人也应当向中标人提供工程款支付担保。

## 4.5　招标投标异议和投诉

### 4.5.1　招标投标异议

招标投标异议，是指投标人认为招标文件招标过程和中标结果使自己的权益受到损害的，以书面形式向招标人或招标代理机构提出疑问主张权利的行为。《中华人民共和国招标投标法》第六十五条规定，投标人和其他利害关系人认为招标投标活动不符合本法有关规定的，有权向招标人提出异议或者依法向有关行政监督部门投诉。按照《中华人民共和国招标投标法实施条例》的规定，对于资格预审文件有异议的，应当在递交资格预审申请文件截止时间前 2 日提出，招标人应当自收到异议之日起 3 日内作出答复；作出答复前，应当暂停招标投标活动。对于招标文件有异议的，应当在投标截止时间前 10 日提出，招标人应当自收到异议之日起 3 日内作出答复；作出答复前，应当暂停招标投标活动。对于开标的异议，应当在开标现场提出，招标人应当当场作出答复，并制作记录。对于评标结果的异议，应当在公示期内提出。招标人应当自收到异议之日起 3 日内作出答复；作出答复前，应当暂停招标投标活动。

## 4.5.2　招标投标投诉

招标投标投诉，是指投标人和其他利害关系人认为招标投标活动不符合法律、法规和规章规定，依法向有关行政监督部门提出意见并要求相关主体改正的行为。建立招标投诉制度的目的是保护国家利益、社会公共利益和招标投标当事人的合法权益，公平、公正处理招标投诉的基本要求。

工程建设项目招标投标活动的投诉和处理，主要依据《工程建设项目招标投标活动投诉处理办法》的规定。招标投标投诉可以在招标投标活动的各个阶段提出（包括招标、投标、开标、评标、中标以及签订合同等）。

《中华人民共和国招标投标法实施条例》规定，对资格预审文件或招标文件、开标、评标结果等事项投诉的，应当先向招标人提出异议。异议答复期间不计算在相应的期限内。

### 1. 投诉人

《工程建设项目招标投标活动投诉处理办法》第三条规定，有权提出投诉的主体是投标人和其他利害关系人。投标人和其他利害关系人认为招标投标活动不符合法律、法规和规章规定的，有权依法向有关行政监督部门投诉。投诉人投诉应提交投诉书。

### 2. 投诉受理人

招标投标投诉受理人是招标投标的行政监督部门。各级发展改革、建设、水利、交通、铁道、民航、工业与信息产业（通信、电子）等招标投标活动行政监督部门，依照国务院和地方各级人民政府规定的职责分工，受理投诉并依法作出处理决定。对国家重大建设项目（含工业项目）招标投标活动的投诉，由国家发展改革委受理并依法作出处理决定。对国家重大建设项目招标投标活动的投诉，有关行业行政监督部门已经受理的，应当通报国家发改委，国家发改委不再受理。

《中华人民共和国招标投标法实施条例》第六十一条规定，投诉人就同一事项向两个以上有权受理的行政监督部门投诉的，由最先收到投诉的行政监督部门负责处理。

### 3. 行政监督部门决定是否受理投诉

行政监督部门应当自收到投诉之日起 3 个工作日内决定是否受理投诉。《工程建设项目招标投标活动投诉处理办法》第十一条规定，行政监督部门收到投诉书后，应当视情况分别作出以下处理决定：

（1）不符合投诉处理条件的，决定不予受理，并将不予受理的理由书面告知投诉人。

有下列情形之一的投诉，不予受理：①投诉人不是所招标投标活动的参与者，或者与投诉项目无任何利害关系；②投诉事项不具体，且未提供有效线索，难以查证的；③投诉书未署具体投诉人真实姓名、签字和有效联系方式的；④以法人名义投诉的，投诉书未经法定代表人签字并加盖公章的；⑤超过投诉时效的；⑥已经作出处理决定，并且投诉人没有提出新的证据的；⑦投诉事项已进入行政复议或者行政诉讼程序的。

（2）对符合投诉处理条件，但不属于本部门受理的投诉，书面告知投诉人向其他行政监督部门提出投诉。

（3）对于符合投诉处理条件并决定受理的，收到投诉书之日即为正式受理。

### 4. 投诉处理决定的作出

行政监督部门自受理投诉之日起 30 个工作日内作出书面处理决定：需要检验、检测、鉴定、专家评审的，所需时间不计算在内。

行政监督部门的投诉处理决定不是终局的，当事人对行政监督部门的投诉处理规定不服或者行政监督部门逾期未作处理的，可以依法申请行政复议或者向人民法院提起行政诉讼。

行政监督部门对投诉处理中需要的费用，全部由财政支出，行政监督部门在处理投诉过程中，不得向投诉人和被投诉人收取任何费用。

**5. 招标投标投诉中追究法律责任的规定**

（1）应当建立投诉处理档案。《工程建设项目招标投标活动投诉处理办法》第二十三条规定，行政监督部门应当建立投诉处理档案，并做好保存和管理工作，接受有关方面的监督检查。

（2）被投诉人的法律责任。《工程建设项目招标投标活动投诉处理办法》第二十四条规定，行政监督部门在处理投诉过程中，发现被投诉人单位直接负责的主管人员和其他直接责任人员有违法、违规或者违纪行为的，应当建议其行政主管机关、纪检监察部门给予处分；情节严重构成犯罪的，移送司法机关处理。对招标代理机构有违法行为，且情节严重的，依法暂停直至取消招标代理资格。

（3）投诉人的法律责任。《工程建设项目招标投标活动投诉处理办法》第二十六条规定，投诉人故意捏造事实、伪造证明材料或者以非法手段取得证明材料进行投诉，给他人造成损失的，依法承担赔偿责任。

（4）对投诉处理的舆论和公众监督。《工程建设项目招标投标活动投诉处理办法》第二十九条规定，对于性质恶劣、情节严重的投诉事项，行政监督部门可以将投诉处理结果在有关媒体上公布，接受舆论和公众监督。

## 4.6 建设工程招标与投标法律制度案例

【例4-1】某大型工程，由于技术特别复杂，对施工单位的施工设备及同类工程的施工经验要求较高，经省有关部门批准后决定采取邀请招标方式。招标人于3月8日向通过资格预审的A、B、C、D、E五家施工承包企业发出了投标邀请书，五家企业接受了邀请并于规定时间内购买了招标文件。招标文件规定，4月20日下午4时为投标截止时间，5月10日发出中标通知书。

11. [例4-1]讲解

在 4 月 20 日上午 A、B、D、E 四家企业提交了投标文件，但 C 企业于 4 月 20 日下午 5 时才送达。4 月 23 日由当地投标监督办公室主持进行了公开开标。

评标委员会共有 7 人组成，其中当地招标办公室 1 人、公证处 1 人、招标人 1 人、技术经济专家 4 人。评标时发现 B 企业投标文件有项目经理签字并盖了公章，但无法定代表人签字和授权委托书；D 企业投标报价的大写金额与小写金额不一致；E 企业对某分项工程报价有漏项。招标人于 5 月 10 日向 A 企业发出了中标通知书，双方于 6 月 9 日签订了书面合同。

【问题】

(1) 该项目采取的招标方式是否妥当？说明理由。

(2) 分别指出对 B 企业、C 企业、D 企业和 E 企业投标文件应如何处理，并说明理由。

(3) 指出开标工作的不妥之处，并说明理由。

(4) 指出评标委员会人员组成的不妥之处。

【分析】

(1) 妥当。工程方案、技术特别复杂的工程经批准后方可进行邀请招标。

(2) B 企业投标文件无效，因无法人代表签字，又无授权书；C 企业投标文件应作废标处理，超出投标截止时间；D 企业投标文件有效，属细微偏差；E 企业投标文件有效，属细微偏差。

(3) ①开标时间不妥。开标时间应为投标截止时间；②开标主持单位不妥。开标应由招标单位代表主持。

(4) ①公证处人员只公证投标过程，不参与评标；②招标办公室人员只负责监督招标工作，不参与评标；③技术经济专家不得少于评标委员会成员总数的 2/3，即不少于 5 人。

【例 4-2】某政府投资房屋建筑施工总承包项目于 8 月 5 日开始发售招标文件，招标文件规定于 9 月 10 日 10 时开标。期间发生的对招标文件的异议、投诉以及答复情况如下：

（1）潜在投标人甲于 8 月 26 日向招标人提出异议，认为招标文件规定的"技术标准和要求"与工程实际需要不相适应。招标人仅于当日向甲口头答复同意修改"技术标准和要求"。

（2）潜在投标人乙的分包供应商丙于 8 月 27 日向招标人提出异议，认为招标文件规定的投标人资格条件"应当具有 3 项类似工程业绩"中的业绩数量有倾向性。招标人经研究于 9 月 2 日答复丙：招标文件中类似工程业绩的数量要求没有倾向性，决定不予修改。

（3）潜在投标人丁于 8 月 22 日就潜在投标人甲对招标文件提出异议的同一问题直接向行政监督部门投诉。

【问题】

（1）招标人对潜在投标人甲的异议答复处理是否妥当，并简述理由；如不妥，提出正确做法。

（2）供应商丙是否有资格提出异议？招标人的答复是否存在不妥之处？分别简述理由。

（3）潜在投标人丁的投诉行为是否妥当，并简述理由；如不妥当，提出正确做法。

【分析】

（1）招标人对潜在投标人甲异议的答复处理不妥。理由如下：招标人此项异议答复构成对招标文件的修改。因此，招标人应当在收到异议后 3 日内向潜在投标人甲进行答复，并将招标文件修改内容以书面形式通知所有潜在投标人。

（2）供应商丙有资格提出异议，招标人的答复时间不妥。理由如下：供应商属于本次招标投标活动有关的其他利害关系人，可以提出异议。

招标人对异议内容于 9 月 2 日答复，其答复期限超出了《中华人民共和国招标投标法实施条例》规定的"招标人应当自收到异议之日起 3 日内作出答复"的规定。

（3）潜在投标人丁的投诉行为不妥当。

根据《中华人民共和国招标投标法实施条例》规定，投标人就招标文件事项投诉的，应当先向招标人提出异议。

## 单元总结

本单元学习了建设工程招标投标概述；建设工程招标；建设工程投标；建设工程开标、评标、中标及招标投标异议和投诉五节知识点：

1. 建设工程招标投标概述需掌握工程招标投标制度及意义、工程招标投标的概念、工程招标投标的基本条件等。

2. 建设工程招标需掌握工程招标的方式、工程招标主要工作内容等。

3. 建设工程投标需掌握投标准备工作、研究招标文件、参加现场考察、编制投标文件、递送标书，参加开标等。

4. 建设工程开标、评标、中标需掌握其具体内容等。

5. 招标投标异议和投诉了解其工作内容。

### 思考及练习

**一、单项选择题**

1. 招标人采用资格后审办法对投标人进行资格审查的，应当在（　　）由评标委员会按照招标文件规定的标准和方法对投标人的资格进行审查。

A. 开标前　　　　　　　　　　B. 开标后

C. 开标现场　　　　　　　　　D. 接收投标文件时

2. 根据招标投标相关法律规定，下列招标投标行为中，不构成招标人与投标人串通投标的是（　　）。

A. 招标人与投标人事先商定压低标价，中标后再给中标人让利

B. 招标人从几名中标候选人中确定中标人

C. 招标人在开标前将投标情况告知其他投标人

D. 招标人预先内定中标人

3. 甲公司与乙公司组成联合投标体，则下面说法正确的是（　　）。

A. 共同投标协议在中标后提交

B. 甲公司与乙公司必须是同一专业

C. 甲公司与乙公司必须是同一资质等级

D. 联合体是以一个投标人的身份投标

4. 投标有效期应从（　　　）之日起计算。

A. 招标文件规定的提交投标文件截止

B. 提交投标文件

C. 提交投标保证金

D. 确定中标结果

5. 在招标活动的基本原则中，招标人不得以任何方式限制或者排斥本地区、本系统以外的法人或者其他组织参加投标，体现了（　　　）。

A. 公开原则 　　　　　　　　　B. 公平原则

C. 公正原则 　　　　　　　　　D. 诚实信用原则

## 二、多项选择题

1. 下面关于项目招标的说法错误的是（　　　）。

A. 施工单项合同估算价在 200 万元以上的项目必须招标

B. 个人投资的项目不需要招标

C. 施工主要技术采用特定专利的项目可以不招标

D. 涉及公众安全的项目必须招标

E. 符合工程招标范围，重要材料采购单价合同估算价在 100 万元以上的项目必须招标

2. 下列（　　　）情形，属于投标人相互串通投标。

A. 投标人之间协商投标报价等投标文件的实质性内容

B. 投标人之间约定中标人

C. 不同投标人的投标文件载明的项目管理成员为同一人

D. 不同投标人的投标文件异常一致或者投标报价呈规律性差异

E. 投标人之间约定部分投标人放弃投标或者中标

## 三、简答题

1. 简述建设工程招标投标的原则。

2. 简述建设工程招标投标程序。

12. 教学单元4
思考与练习题
答案

# 教学单元5

# 建设工程安全生产管理法律制度

### Chapter 05

## 教学目标

### 1. 知识目标

了解安全生产基本定义；理解《中华人民共和国安全生产法》基本内容；理解《建设工程安全生产管理条例》基本内容；掌握各工程参与方的安全责任和安全事故法律责任。

### 2. 能力目标

能够辨别安全事故各方的责任和对安全事故的处理方法。

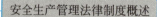

安全生产管理法律制度概述

建设工程安全生产管理法律制度

建设工程安全生产基本制度
- 工程建设安全生产责任制度
- 工程建设安全生产的教育培训制度
- 工程建设安全生产的监督管理制度
- 工程建设安全生产的劳动保护制度
- 工程建设安全生产的市场准入及奖惩制度

有关各方的安全责任和义务
- 从业人员的安全责任
- 安全生产中从业人员的权利
- 安全生产中从业人员的义务
- 工程安全及施工现场安全保障制度

建设工程安全事故调查处理与法律责任
- 建设工程安全事故调查处理
- 建设工程安全事故的法律责任

13. 教学单元5导学

引文

　　当前，国家、社会、企业和个人对安全生产空前重视，新形势下不断提高"安管人员"的安全生产管理能力，及时更新、丰富有关人员安全生产知识，这对推动建筑施工企业的安全生产保障体系不断完善有着迫切的需要。

　　通过学习建设工程安全生产法律法规，推动建设工程参建各方主体在法律框架下，采取有效措施，加强安全生产管理、规范各自的安全生产行为，是提高建设行业生产安全水平、降低伤亡事故的发生率、实现安全生产的重要前提条件。

# 5.1 安全生产管理法律制度概述

安全生产是指管理者运用行政、经济、法律、法规、技术等各种手段，发挥决策、教育、组织、监察、指挥等各种职能，对人、物、环境等各种被管理对象施加影响和控制，排除不安全因素，以达到安全目的的活动。

安全生产工作应当以人为本，坚持安全发展，坚持"安全第一、预防为主、综合治理"的方针，强化和落实生产经营单位的主体责任，建立生产经营单位负责、职工参与、政府监管、行业自律和社会监督的机制。安全管理的中心问题是保护生产活动中劳动者的安全与健康，保证生产顺利进行，生产经营单位必须遵守《中华人民共和国安全生产法》和其他有关安全生产的法律、法规，加强安全生产管理，建立、健全安全生产责任制和安全生产规章制度，改善安全生产条件，推进安全生产标准化建设，提高安全生产水平，确保安全生产。

建设工程的特点是产品固定、人员流动，而且多为露天高空作业，不安全因素较多，有些工作危险性较大，是事故多发性行业，因此建设工程安全生产管理必须全方位多层次地落实，主要围绕纵向、横向和施工现场3个领域开展。纵向方面的管理主要是指建设行政主管部门及其授权的建设工程安全监督管理机构对企业进行建设工程安全生产方面的监督管理。横向方面的管理主要是指建设工程生产有关各方如建设单位、设计单位、监理单位和建筑施工企业等的安全责任和义务。施工现场管理主要是指控制人的不安全行为和物的不安全状态，是建筑安全生产管理的关键和集中体现。加强建设工程安全生产管理，预防和减少建筑业事故的发生保障建职工及他人的人身安全和财产安全非常重要，无论是在经济方面还是在政治方面，加强建设工程安全生产管理都具有重大意义。

近年来我国建设工程安全生产的突出特征是总体稳定、趋于好转的发展态势与依然严峻的现状并存。为了加强安全生产监督管理，维护建筑市场秩序，保证建设工程的质量和安全，促进建设行业健康发展，防止和减少生产安全事故，保障人民群众生命和财产安全，规范生产安全事故的报告和调查处理，落实生产安全事故责任追究制度，防止和减少生产安全事故，全国人大、国务院、住建部相继制定了一系列工程建设安全生产法规和规范性文件，自 2009 年以后安全生产法律法规逐步完善，事故率逐年明显下降，工程事故得到良好防范和控制，多项法律、法规、条例的发布与实施，加大了建设工程安全生产管理方面的立法力度，对于加强建设工程安全生产监督管理、保障人民群众生命和财产安全具有十分重要的意义。

## 5.2 建设工程安全生产基本制度

《中华人民共和国安全生产法》总则的第三条规定，安全生产工作应当以人为本，坚持安全发展，坚持安全第一、预防为主、综合治理的方针。所谓安全第一，就是指在生产经营活动中，在处理保证安全与实现生产经营活动的其他各项目标的关系上，要始终把安全，特别是从业人员和其他人员的人身安全放在首要的位置，实现"安全优先"的原则，在确保安全的前提下，再来努力实现生产经营的其他目标；所谓预防为主，就是指对安全生产的管理，主要不是放在发生事故后去组织抢救、进行事故调查，找原因、追究责任、堵漏洞，而是要谋事在先、尊重科学、探索规律，采取有效的事前控制措施，千方百计预防事故的发生，做到防患于未然，将事故消灭在萌芽状态。虽然人类在生产活动中还不可能完全杜绝安全事故的发生，但只有思想重视，预防措施得当，事故（特别是重大事故）的发生还是可以大为减少的。

为保证《中华人民共和国安全生产法》总则第三条的落实，该法律及其他相关法规还具体规定了安全生产责任制度、安全生产教育培训制度、安全生产检查监督制度、安全生产劳动保护制度、安全生产的市场准入制度及安全生产事故责任追究制度等基本制度。

### 5.2.1 工程建设安全生产责任制度

《中华人民共和国安全生产法》总则的第五条规定，生产经营单位的主要负责人对本单位的安全生产工作全面负责。除了由企业主要负责人对安全生产全面负责任外，其他各级管理人员技术人员和各职能部门都应分别对其管理范围内的安全生产负责任，还有各岗位操作人员也应对其岗位的安全生产负责。必须确保企业自顶层负责人开始直到基层工人，全体企业成员都能明确自身的安全生产责任并且落实各自的安全生产工作，企业的安全生产才能得到充分保障。

### 1. 企业主要负责人的责任

安全生产工作是企业管理的重要环节，覆盖企业日常运营的各个方面，它除了对单位的生产经营有保障作用外，对社会公共安全也有重大影响。所以，法律规定必须由企主要负责人主持，全面统筹并负责，这是对整个企业的负责，也是对国家安全应负的责任。生产经营单位可以安排副职负责人分管安全生产工作，但不能因此减轻或减免主要负责人对本单位安全生产工作所应负的全面责任。

生产经营单位的主要负责人对本单位安全生产工作负有下列职责：

（1）建立、健全本单位安全生产责任制。

（2）组织制定本单位安全生产规章制度和操作规程。

（3）组织制定并实施本单位安全生产教育和培训计划。

（4）保证本单位安全生产投入的有效实施。

（5）督促、检查本单位的安全生产工作，及时消除生产安全事故隐患。

（6）组织制定并实施本单位的生产安全事故应急救援预案。

（7）及时、如实报告生产安全事故。

对于满足安全生产必备条件所必需的资金投入，由生产经营单位的决策机构、主要责任人或个体经营的投资人予以保证，并对因必需资金投入不足而导致的后果承担责任。

企业经理（厂长）和主管生产的副经理（副厂长）对本企业的劳动保护和安全生产负总责：

（1）认真贯彻执行国家和政府部门制定的劳动保护和安全生产政策、法令和规章制度。

（2）制定安全生产工作规划和安全生产责任制，拟订安全生产的奖惩办法，建立和不断完善安全生产管理制度。

（3）定期分析安全生产情况，及时研究解决安全生产问题，并定期向企业职工代表会议报告安全生产情况和措施。

（4）审批劳动保护技术措施计划，并组织实施。

（5）定期组织安全检查，积极开展安全竞赛活动。

（6）对职工进行安全、遵章守纪及劳动保护法制教育，督促各级职能部门及广大职工做好本职范围内的安全工作。

（7）主持现场重大伤亡事故的调查处理，拟订并落实整改措施。

（8）总结与推广安全生产先进经验。

（9）组织审批安全技术措施计划并贯彻实施。

### 2. 各级管理人员的责任

结合企业及工程建设的特点，各级管理人员责任如下。

企业总工程师（技术负责人）对本企业劳动保护和安全生产的技术工作负总责。项目经理、工程处主任、施工队长应对本单位劳动保护和安全生产工作负具体领导责任。工长、施工员对所管工程的安全生产负直接责任。企业中的生产、技术、材料等各职能机构，都应在各自业务范围内，对实现安全生产的要求负责。

企业应根据实际情况，建立安全机构，并按照职工总数配备相应的专职人员，负责安全管理工作和安全监督检查工作。企业安全系统安全生产责任制主要的内容如下。

（1）贯彻执行有关安全技术劳动保护方针、政策、法规与条例。

（2）做好安全生产的宣传教育和管理工作，总结交流推广先进经验。

（3）经常深入基层，指导下级安全技术人员的工作。掌握安全生产情况，调查研究生产中的不安全问题，提出改进意见和措施。

（4）组织安全活动和定期安全检查。

（5）参加审查施工组织设计（施工方案）和编制安全技术措施计划，并对贯彻执行情况进行监督检查。

（6）与有关部门共同做好新工人、特种工种工人的安全技术培训、考核、发证工作。

（7）进行工伤事故统计、分析和报告，参加工伤事故的调和处理。

（8）禁止违章指挥和违章作业。遇有严重险情，有权暂停生产，并报告领导处理。

（9）对违反安全生产和劳动保护法规的行为，经说服劝阻无效时，有权越级上告。

### 3. 从业人员的责任

从业人员是指生产经营单位中从事生产经营活动的人员，他们包括直接操作人员、工程技术人员、管理人员、服务人员等。由于安全生产贯穿于生产的全过程之中，它依赖于每道工序、每个个人的有机衔接和有效配合，每个从业人员的行为都直接关系到安全生产的实施与成效。因此，每个从业人员也都要从自身角度对本单位的安全生产承担责任。

（1）工长、施工员对所管工程的安全生产负直接责任，包括：

1）组织实施安全技术措施，进行技术安全交底；

2）对施工现场搭设的架子和安装的电气、机械设备等安全防护装置，都要组织验收；

3）不违章指挥；

4）组织工人学习安全操作规程，教育工人不违章作业；

5）认真消除事故隐患，发生工伤事故要立即上报，保护现场，参加调查处理。

（2）班组长要遵守安全生产规章制度，领导本班组安全作业，包括：

1）认真执行安全交底，有权拒绝违章指挥；

2）班前要对所使用的机具、设备、防护用具及作业环境进行安全检查，发现问题立即采取改进措施；

3）不违章指挥；

4）组织工人学习安全操作规程，教育工人不违章作业；

5）认真消除事故隐患，发生工伤事故要立即上报，保护现场，参加调查处理。

（3）工人应做到：

1）认真学习，严格执行安全技术操作规程，遵守安全生产规章制度；

2）积极参加安全活动，认真执行安全交底，不违章作业，服从安全人员的指导；

3）发扬团结友爱精神，在安全生产方面做到互相帮助、互相监督，对新工人要积极传授安全生产知识，维护一切安全设施和防护用具，做到正确使用，不准拆改；

4）对不安全作业要积极提出意见，并有权拒绝违章指令；

5）发生伤亡和未遂事故，保护现场并立即上报。

## 5.2.2 工程建设安全生产的教育培训制度

安全生产教育和培训是安全生产管理工作的一个重要组成部分，是实现安全生产的一项重要的基础性工作。生产安全事故的发生，主要为人的不安全行为和物的不安全状态两种原因。我国由于操作人员安全意识淡薄、疏忽大意所导致的生产安全事故数量占绝大多数。因此对从业人员进行安全生产教育和培训，提高其生产安全防范意识，对减少安全生产事故是非常重要的。通过安全生产教育和培训，可以使企业生产队伍严格按照规章制度办事，严格执行安全生产操作规程，防范和回避生产中的危险因素和生产安全事故的发生，并正确运用科学技术知识总结规律，及时发现和消除隐患，保证安全生产。

对于安全生产教育和培训的内容，《中华人民共和国安全生产法》第二章第二十五条规定，生产经营单位应当对从业人员进行安全生产教育和培训，保证从业人员具备必要的安全生产知识，熟悉有关的安全生产规章制度和安全操作规程，掌握本岗位的安全操作技能，了解事故应急处理措施，知悉自身在安全生产方面的权利和义务。未经安全生产教育和培训合格的从业人员，不得上岗作业。

对从业人员进行安全生产教育和培训主要有以下几个方面。

**1. 安全生产的方针、政策、法律、法规以及安全生产规章制度的教育培训**

对所有从业人员都要进行经常性的教育，对于企业各级领导干部和安全管理干部更要定期轮训，使其提高政治、思想水平，熟悉安全生产技术及相关业务，做好安全工作。

**2. 安全操作技能的教育与培训**

对安全操作技能的教育与培训，我国目前一般采用入厂教育、车间教育和现场教育多环节的方式进行。对于新工人（包括合同工、临时工、学徒工、实习和代培人员）必须进行入厂（公司）安全教育。教育内容包括安全技术知识、设备性能、操作规程、安全制度和严禁事项，并经考试合格后方可进入操作岗位。

### 3. 特种作业人员的安全生产教育和培训

《中华人民共和国安全生产法》第二章第二十七条规定，生产经营单位的特种作业人员必须按照国家有关规定经专门的安全作业培训，取得相应资格，方可上岗作业。特种作业人员的范围由国务院安全生产监督管理部门会同国务院有关部门确定。

特种作业是指容易发生人员伤亡事故，对操作者本人、他人及周围设施的安全有重大危害的作业。根据现行规定，特种工作大致包括电工、金属焊接切割、起重机械、机动车辆驾驶、登高架设、锅炉（含水质化验）、压力容器操作、制冷、爆破等作业。相关行业管理规定，电工、焊工、架子工、司炉工、爆破工、机操工及起重工，打桩机和各种机动车辆司机等特殊工种工人，除进行一般安全教育外，还要经过本工种的安全技术教育，经考试合格发证，方可获准独立操作。每年还要进行一次复查。

### 4. 采用新工艺、新技术、新材料、新设备时的教育与培训

《中华人民共和国安全生产法》第二章第二十六条规定，生产经营单位采用新工艺、新技术、新材料或者使用新设备，必须了解、掌握其安全技术特性，采取有效的安全防护措施，并对从业人员进行专门的安全生产教育和培训。

在采用新工艺、新技术、新材料、新设备时，如对其原理、操作规程、存在的危险因素、防范措施及正确处理方法没有了解清楚，就极易发生安全生产事故，且一旦发生事故也不能有效控制，从而导致损失扩大。因此，必须进行事先的培训，使相关人员了解和掌握其安全技术特征，以采取有效的安全防护措施，防止和减少安全生产事故的发生。相关法规规定，采用新工艺、新技术、新材料、新设备施工和调换工作岗位时，要对操作人员进行新技术操作和新岗位的安全教育，未经教育不得上岗操作。

## 5.2.3　工程建设安全生产的监督管理制度

保障社会的安定和人民的安全，是国家应承担的责任，而安全生产涉及社

会及广大民众的生命财产安全，因此，政府必须对安全生产加强监督管理。

### 1. 县级以上地方人民政府的监督管理

《中华人民共和国安全生产法》第二章第五十九条规定，县级以上地方各级人民政府应当根据本行政区域内的安全生产状况，组织有关部门按照职责分工，对本行政区域内容易发生重大生产安全事故的生产经营单位进行严格检查。

安全生产监督管理部门应当按照分类分级监督管理的要求，制定安全生产年度监督检查计划，并按照年度监督检查计划进行监督检查，发现事故隐患，应当及时处理。

县级以上地方各级人民政府应根据本行政区域内的安全生产状况，组织有关部门按照职责分工，对本行政区域内容易发生重大安全事故的生产经营单位进行严格检查，发现事故隐患应及时处理。检查可以是定期检查或随机抽查；可以采用综合检查或专项检查。

### 2. 各级负责安全生产监督管理部门的监督管理

《中华人民共和国安全生产法》第二章第六十条规定，负有安全生产监督管理职责的部门依照有关法律、法规的规定，对涉及安全生产的事项需要审查批准（包括批准、核准、许可、注册、认证、颁发证照等，下同）或者验收的，必须严格依照有关法律、法规和国家标准或者行业标准规定的安全生产条件和程序进行审查；不符合有关法律、法规和国家标准或者行业标准规定的安全生产条件的，不得批准或者验收通过。对未依法取得批准或者验收合格的单位擅自从事有关活动的，负责行政审批的部门发现或者接到举报后应当立即予以取缔，并依法予以处理。对已经依法取得批准的单位，负责行政审批的部门发现其不再具备安全生产条件的，应当撤销原批准。

目前负责安全生产监督管理的部门，在中央是国务院安全生产监督管理局，在地方是各级依法成立的负责安全生产监督的机构。其主要职责为依法对有关设计安全生产的事项进行审批、验收，对生产经营单位执行有关安全生产的法律、法规和国家标准或行业标准的情况进行监督检查，组织对重大事故的调查处理及对违反安全生产法律规定的行为进行行政处罚等。

《中华人民共和国安全生产法》第二章第六十二条规定，安全生产监督管理部门和其他负有安全生产监督管理职责的部门依法开展安全生产行政执法工作，对生产经营单位执行有关安全生产的法律、法规和国家标准或者行业标准的情况进行监督检查，行使以下职权：

（1）进入生产经营单位进行检查、调阅有关资料，向有关单位和人员了解情况；

（2）对检查中发现的安全生产违法行为，当场予以纠正或者要求限期改正；对依法应当给予行政处罚的行为，依照本法和其他有关法律、行政法规的规定作出行政处罚决定；

（3）对检查中发现的事故隐患，应当责令立即排除；重大事故隐患排除前或者排除过程中无法保证安全的，应当责令从危险区域内撤出作业人员，责令暂时停产停业或者停止使用相关设施、设备；重大事故隐患排除后，经审查同意，方可恢复生产经营和使用；

（4）对有根据认为不符合保障安全生产的国家标准或者行业标准的设施、设备、器材以及违法生产、储存、使用、经营、运输的危险物品予以查封或者扣押，对违法生产、储存、使用、经营危险物品的作业场所予以查封，并依法作出处理决定。

监督检查不得影响被检查单位的正常生产经营活动。

### 3. 行业行政主管部门对本行业安全生产的监督管理

依照国务院"三定"方案的规定，房屋建筑工程、市政工程等工程建设的安全生产的监督管理工作由建设部负责，其主要职责是按照保障安全生产的要求，依法及时制定或修订建设标准，生产作业、施工的工艺安全标准，安全设备、设施、器材和安全防护用品的产品标准，并督促、检查标准的严格执行。这些标准包括生产场所的安全标准及有关建设生产安全的基础性和通用性标准等。

### 4. 生产经营单位对安全生产的监督管理

生产经营单位在日常的生产经营活动中，必须加强对安全生产的监督管理，对于存在较大危险因素的场地、设备及施工作业，更应依法进行重点检查、管理，以防生产安全事故的发生。

### 5. 社会对安全生产的监督管理

安全生产涉及全社会利益，是全社会共同关注的问题，因此可以动员全社会的力量来对安全生产进行监督管理。为此，《中华人民共和国安全生产法》

第二章第七十一条规定，任何单位或者个人对事故隐患或者安全生产违法行为，均有权向负有安全生产监督管理职责的部门报告或者举报。第二章第七十二条规定，居民委员会、村民委员会发现其所在区域内的生产经营单位存在事故隐患或者安全生产违法行为时，应当向当地人民政府或者有关部门报告。第二章第七十四条规定，新闻、出版、广播、电影、电视等单位有进行安全生产公益宣传教育的义务，有对违反安全生产法律、法规的行为进行舆论监督的权利。

任何单位和个人对事故隐和安全违法行为均有向安全生产监督管理部门报告或举报的权力。安全生产监督管理部门应建立举报制度，公开举报电话、信箱或电子邮件地址。《中华人民共和国安全生产法》第二章第六十九条规定，承担安全评价、认证、检测、检验的机构应当具备国家规定的资质条件，并对其作出的安全评价、认证、检测、检验的结果负责。

## 5.2.4 工程建设安全生产的劳动保护制度

### 1. 从业人员的权力

从业人员往往直接面对生产经营活动中的不安全因素，生命健康安全最易受到威胁。而生产经营单位是从追求利益最大化的立场出发，往往容易忽略甚至故意减少对从业人员人身安全的保障。为使从业人员人身安全得到切实保护，法律特别赋予从业人员自我保护的权利。

（1）签订合法劳动合同权

《中华人民共和国安全生产法》第三章第四十九条规定，生产经营单位与从业人员订立的劳动合同，应当载明有关保障从业人员劳动安全、防止职业危害的事项，以及依法为从业人员办理工伤保险的事项。生产经营单位不得以任何形式与从业人员订立协议，免除或者减轻其对从业人员因生产安全事故伤亡依法应承担的责任。

（2）知情权

《中华人民共和国安全生产法》第三章第五十条规定，生产经营单位的从业人员有权了解其作业场所和工作岗位存在的危险因素、防范措施及事故应急措施，有权对本单位的安全生产工作提出建议。

（3）批评、检举、控告权以及拒绝权

安全生产与从业人员的生命安全与健康息息相关，因此从业人员有权参与本单位生产安全方面的民主管理与民主监督，《中华人民共和国安全生产法》第三章第五十一条规定，从业人员有权对本单位安全生产工作中存在的问题提出批评、检举、控告；有权拒绝违章指挥和强令冒险作业。生产经营单位不得因从业人员对本单位安全生产工作提出批评、检举、控告或者拒绝违章指挥、强令冒险作业而降低其工资、福利等待遇或者解除与其订立的劳动合同。

由此可见对于生产经营单位的负责人、生产管理人员和工程技术人员违反规章制度，不顾从业人员的生命安全与健康，指挥从业人员进行活动的行为，以及在存有危及人身安全的危险因素而又无相应安全保护措施的情况下，强迫命令从业人员冒险进行作业的行为，从业人员都依法享有拒绝服从指挥和命令的权利。

（4）停止作业及紧急撤离权

《中华人民共和国安全生产法》第三章第五十二条规定，从业人员发现直接危及人身安全的紧急情况时，有权停止作业或者在采取可能的应急措施后撤离作业场所。生产经营单位不得因从业人员在五十一条规定的紧急情况下停止作业或者采取紧急撤离措施而降低其工资、福利等待遇或者解除与其订立的劳动合同。

（5）依法获得赔偿权

《中华人民共和国安全生产法》第三章第五十三条规定，因生产安全事故受到损害的从业人员，除依法享有工伤保险外，依照有关民事法律尚有获得赔偿的权利的，有权向本单位提出赔偿要求。

### 2. 工会对从业人员生产安全权利的保护

工会是职工依法组成的工人阶级的群众组织，《中华人民共和国工会法》规定，维护职工合法权益是工会的基本职责。《中华人民共和国安全生产法》从安全生产的角度进一步明确了工会维护职工生命健康与安全的相关权利，其中第三章第五十七条规定，工会有权对建设项目的安全设施与主体工程同时设计、同时施工、同时投入生产和使用进行监督，提出意见。工会对生产经营单位违反安全生产法律、法规，侵犯从业人员合法权益的行为，有权要求纠正；发现生产经营单位违章指挥、强令冒险作业或者发现事故隐患时，有权提出解决的建议，生产经营单位应当及时研究答复；发现危及从业人员生命安全的情况时，有权向生产经营单位建议，组织从业人员撤离危险场所，生产经营单位必须立即作出处理。工会有权依法参加事故调查，向有关部门提出处理意见，并要求追究有关人员的责任。

### 3. 生产经营单位在劳动保护方面的职责

（1）提供劳动保护用品

劳动保护用品是保护职工安全必不可少的辅助措施，在某种意义上说，它是劳动者防止职业伤害的最后一道屏障。

《中华人民共和国安全生产法》第二章第四十二条规定，生产经营单位必须为从业人员提供符合国家标准或者行业标准的劳动防护用品，并监督、教育从业人员按照使用规则佩戴、使用。

第二章第四十四条规定，生产经营单位应当安排用于配备劳动防护用品、进行安全生产培训的经费。

（2）参加工伤社会保险

社会保险是国家和用人单位依照法律规定或合同的约定，对与用人单位存在动关系的劳动者在暂时或永久丧失劳动能力以及暂时失业时为保证其基本生活需要，给予物质帮助的一种社会保障制度，它是社会保障体系的一个重要组成部分。我国目前已建立起的社会保险包括养老保险、失业保险以及工伤保险等，其中工伤保险是指职工在劳动过程中因生产安全事故或患职业病、暂时或永久丧失劳动能力时，在医疗和生活上获得物质帮助的社会保险制度。《中华人民共和国安全生产法》第二章第四十八条规定，生产经营单位必须依法参加工伤保险，为从业人员缴纳保险费。国家鼓励生产经营单位投保安全生产责任保险。

《中华人民共和国建筑法》还规定，建筑施工企业必须为从事危险作业的职工办理意外伤害保险，并支付保险费。这就是说，只要是从事危险作业的人员，不论是固定工还是合同工，不论是正式工还是农民工，其所在的建筑施工企业都必须为其办理意外伤害保险并支付保险费。这种保险是强制的，它从法律上保障了职工的意外伤害经济补偿权利。

（3）日常生产经营活动中的劳动保护

生产经营单位必须切实加强管理，保证职工在生产过程中的安全和健康，促进生产的发展。企业要努力改善劳动条件，注意劳逸结合，制定以防止工伤事故、职工中毒和职业病为内容的安全技术措施长远规划和年度计划，并组织实施。要加强季节性劳动保护工作。夏期要防暑降温；冬期要防寒防冻，防止煤气中毒；雨期和台风来临之前，应对临时设施和电气设备进行检修，沿河流域的工地要做好防洪抢险准备；雪过后要采取防滑措施。

建筑工程施工企业在施工过程中，应遵循有关安全生产的法律、法规和建筑工程行业安全规章规程。企业法定代表人、项目经理、生产管理人员和工程技术人员不得违章指挥，强令作业人员违章作业，如因违章指挥、强令职工冒险作业而发生重大伤亡事故或造成其他严重后果的，要依法追究其刑事责任。

（4）加强对女职工和未成年工的特殊保护

生产经营单位应根据女职工的不同生理特点和未成年工的身体发育情况，进行特殊保护。《中华人民共和国劳动法》规定，禁止安排女职工从事矿山井下，国家规定的第四级体力劳动强度的劳动和其他禁忌从事的劳动。不得安排女职工在经期从事高处、低温、冷水作业和国家规定的第三级体力劳动强度的劳动。不得安排女职工在怀孕期间从事国家规定的第三级体力劳动强度的劳动和孕期禁忌从事的劳动。对怀孕 7 个月以上的女职工，不得安排其延长工作时间和夜班劳动。女职工生育享受不少于 90 天的产假。不得安排女职工在哺乳未满 1 周岁的婴儿期间，从事国家规定的第三级体力劳动强度的劳动和哺乳期间禁忌从事的其他活动，不得安排其延长工作时间和夜班劳动。

我国法律严禁雇佣未满 16 周岁的童工。对于已满 16 周岁但尚未成年的职工，不得安排其从事矿山井下、有毒有害、国家规定的第四级体力劳动强度的劳动和其他禁忌从事的劳动。

## 5.2.5  工程建设安全生产的市场准入及奖惩制度

### 1. 市场准入制度

为确保安全生产，国家对生产经营单位及从业人员都实行了严格的市场准入制度。生产经营单位必须具备法律、法规及国家标准或行业标准规定的安全生产备件，备件不具备的，不得从事生产经营活动。承担安全评价、认证、检测、检验的机构必须取得国家的资质许可，方可从事相关活动未经安全生产教育和培训合格的从业人员，不得上岗作业。特种作业人员必须经专门的安全作业培训，取得特种作业操作资格证书后方可上岗作业。

**2. 奖惩制度**

国家实行生产安全事故责任追究制度，依法追究生产安全事故责任人员的法律责任。国家对在改善安全生产条件、防止生产安全事故、参加抢险救护等方面取得显著成绩的单位和个人给予奖励。县级以上人民政府及有关部门报告或举报的有功人员应给予奖励。

## 5.3 有关各方的安全责任和义务

### 5.3.1 从业人员的安全责任

**1. 建设单位的安全责任**

（1）向施工单位提供资料的责任

根据《建设工程安全生产管理条例》（以下简称《条例》）第六条的规定，建设单位应当向施工单位提供施工现场及邻区域内供水、排水、供电、供气、供热、通信、广播电视等地下管线资料，气象和水文观测资料，相邻建筑物和构筑物地下工程的有关资料，并保证资料的真实、准确、完整。

建设单位因建设工程需要，向有关部门或者单位查询相关规定的资料时，有关部门或者建设单位提供的资料将成为施工单位后续工作的主要参与依据。这些资料如果不真实、准确、完整，并因此导致了施工单位的损失，施工单位可以就此向建设单位要求赔偿。

（2）依法履行合同的责任

《条例》第七条规定，建设单位不得对勘察、设计、施工、工程监理等单位提供不符合建设工程安全生产法律、法规和强制性标准规定的要求，不得压缩合同规定的工期。

建设单位与勘察、设计、施工、工程监理等单位都是完全平等的关系，不存在建设单位是这些单位的管理单位的关系。建设单位对这些单位的要求必须要以合同为依据，并不得触犯相关的法律、法规。

工期并非不可压缩，但是此处的"不得压缩合同约定的工期"指的是不得单方面压缩工期，如果由于外界原因不得不压缩工期的话，也要在不违背施工工艺的前提下，与合同另一方当事人协商并达成一致意见后方可压缩。

（3）提供安全生产费用的责任

《条例》第八条规定，建设单位在编制工程核算时，应当确定建设工程安全作业环境及安全施工措施所需费用。

安全生产需要资金的保证，而这笔资金的源头就是建设单位，只有建设单位提供了用于安全生产的费用，施工单位才可能有保证安全生产的费用。

（4）不得推销劣质材料设备的责任

《条例》第九条规定，建设单位不得明示或者暗示施工单位购买、租赁、使用不符合安全施工要求的安全防护用具、机械设备、施工机具及配件、消防设施和器材。由于建设单位与施工单位的特殊关系，建设单位的明示或者暗示经常被施工单位理解为是强制性的命令。因此，法律明确规定了建设单位不得向施工单位提供劣质材料，以解除施工单位进退两难的处境。

（5）提供安全施工措施资料的责任

根据《条例》第十条规定，建设单位在申请领取施工许可证时，应当提供建设工程有关安全施工措施的资料。

依法批准开工报告的建设工程，建设单位应当自开工报告批准之日起 15 日内，将保证安全施工的措施报送建设工程所在地的县级以上地方人民政府建设行政主管部门或者其他有关部门备案。

（6）对拆除工程进行备案的责任

这一点与《中华人民共和国建筑法》也是相吻合的，根据《条例》第十一条规定，建设单位应当将拆除工程发包给具有相应资质等级的施工单位，建设单位应当在拆除工程施工 15 日前，将下列资料报送建设工程所在地的县级以上地方人民政府建设行政主管部门或者其他有关部门备案：

1）施工单位资质等级证明。

2）拟拆除建筑物、构建物及可能危及毗邻建筑的说明。

3）拆除施工组织方案。

4）堆放、清除废弃物的措施。

实施爆破作业的，要遵守国家有关民用爆炸物品管理的规定。

### 2. 工程监理单位的安全责任

（1）审查施工方案的责任

《条例》第十四条规定，工程监理单位应当审核施工组织设计中的安全技术措施或者专项施工方案是否符合工程建设强制性标准。

（2）监理的安全生产责任

《条例》第十四条同时规定，工程监理单位在实施监理过程中，发现存在安全事故隐患的，应当要求施工单位修改；情况严重的，应当要求施工单位暂时停止施工，并及时报告建设单位。施工单位拒不整改或者不停止施工的，工程监理单位应当及时向有关主管部门报告。工程监理单位和监理工程师应当按照法律、法规和工程建设强制性标准实施监理，并对建设工程安全生产承担监理责任。

### 3. 施工单位的安全责任

（1）施工单位主要负责人的安全责任

施工单位主要负责人安全生产方面的主要职责包括：

1）建立健全安全生产责任制度和安全生产教育培训制度。

2）制定安全生产规章制度和操作规程。

3）保证本单位安全生产条件所需资金的投入。

4）对所承建的建设工程进行定期和专项安全检查，并做好安全检查记录。

（2）项目负责人的安全责任

项目负责人的安全生产方面的主要责任包括：

1）落实安全生产责任制度、安全生产规章制度和操作规程。

2）确保安全生产费用的有效使用。

3）根据工程的特点组织制定安全施工措施，消除安全事故隐患。

4）及时、如实地报告生产安全事故。

（3）施工单位需要经过考核后方可任职的人员

《条例》第三十六条规定，施工单位的主要负责人、项目负责人、专职安全生产管理人员应当经建设行政主管部门或者其他有关部门考核合格后方可任职。

（4）施工单位对管理人员和作业人员的培训频率

《条例》第三十六条规定，施工单位应当对管理人员和作业人员每年至少进行一次安全生产教育培训，其教育培训情况记入个人工作档案。安全生产教育培训考核不合格的人员，不得上岗。

（5）施工单位安全生产管理机构

《条例》第二十三条规定，施工单位应当设立安全生产管理机构，配备专职安全生产管理人员。

安全生产管理机构的职责主要包括落实国家有关安全生产法律法规和标准，编制并适时更新安全生产管理制度，组织开展全员安全教育培训及安全检查等活动。

专职安全生产管理人员是指经建设主管部门或者其他有关部门安全生产考核合格，并取得安全生产考核合格证书，在企业从事安全生产管理工作的专职人员，包括施工单位安全生产管理机构的负责人及其工作人员和施工现场专职安全生产管理人员。

根据《条例》第二十三条的有关规定，专职安全生产管理人员的安全责任主要包括：对安全生产进行现场监督检查；发现安全事故隐患，应当及时向项目负责人和安全生产管理机构报告；对于违章指挥、违章操作的，应当立即制止。

### 4. 总承包单位和分包单位安全责任的划分

《条例》第二十四条规定，建设工程实行施工总承包的，由总承包单位对施工现场的安全生产负总责。建设工程实行施工总承包的，由建设单位将包括土建和安装等方面的施工任务一并发包给一家具有相应施工总承包资质的施工单位，施工总承包单位在法律规定和合同约定的范围内，全面负责施工现场的组织管理。

《规定》第九条规定，建设工程实行总包和分包的，由总包单位负责施工现场的统一管理，监督检查分包单位的施工现场活动。分包单位应当在总包单位的统一管理下，在其分包范围内建立施工现场管理责任制并组织实施。

这条规定赋予了总承包商施工现场的统一管理权，自然也就要包括对分包单位的安全生产管理权。

同时，为了防止违法分包和转包等违法行为的发生，真正落实施工总承包单位的安全责任，《条例》进一步强调：总承包单位应当自行完成建设工程主体结构的施工。这也是《中华人民共和国建筑法》的要求，避免由于分包单位能力不足而导致生产安全事故的发生。

总承包单位依法将建设工程分包给其他单位的，分包合同中应当明确各自的安全生产方面的权利、义务。《条例》第二十四条规定，总承包单位依法将建设工程分包给其他分包工程的安全生产承担连带责任。

但是，总承包单位与分包单位在安全生产方面的责任也不是固定的，要根据具体的情况来确定责任。《条例》第二十四条规定，分包单位应当服从总承包单位的安全生产管理，分包单位不服从管理导致生产安全事故的，由分包单位承担主要责任。

## 5.3.2 安全生产中从业人员的权利

安全生产中的从业人员所享有的权利除了知情权、批评权、检举、控告权、拒绝权、紧急撤离权、请求赔偿权以外，还包括获得安全教育和培训的权利。

《中华人民共和国安全生产法》第二章第二十五条规定，生产经营单位应当对从业人员进行安全生产教育和培训，保证从业人员具备必要的安全生产知识，熟悉有关的安全生产规章制度和安全操作规程，掌握本岗位的安全操作技能，了解事故应急处理措施，知悉自身在安全生产方面的权利和义务。未经安全生产教育和培训合格的从业人员，不得上岗作业。生产经营单位使用被派遣劳动者的，应当将被派遣劳动者纳入本单位从业人员统一管理，对被派遣劳动者进行岗位安全操作规程和安全操作技能的教育和培训。劳务派遣单位应当对被派遣劳动者进行必要的安全生产教育和培训。生产经营单位接收中等职业学校、高等学校学生实习的，应当对实习学生进行相应的安全生产教育和培训，提供必要的劳动防护用品。学校应当协助生产经营单位对实习学生进行安全生产教育和培训。生产经营单位应当建立安全生产教育和培训档案，如实记录安全生产教育和培训的时间、内容、参加人员以及考核结果等情况。

【例 5-1】张某是项目经理部新聘用的员工，其职责是负责运输拌制水泥混凝土的材料。一天，项目经理要求张某将一些不合格的石料掺进合格的石料之中，张某拒绝这个要求。项目经理以张某没有按照劳务合同履行义务为由要求张某承担违约责任。

【问题】你认为项目经理的理由成立吗？

【分析】项目经理的理由不成立。拒绝权是法律赋予安全生产从业人员的权利，如果合同约定了张某不享有拒绝权，则合同将由于违法而无效。因此，张某的拒绝不属于违约，也不需要承担违约责任。

## 5.3.3　安全生产中从业人员的义务

### 1. 遵守安全生产规章制度的义务

《中华人民共和国安全生产法》第二章第五十四条规定，从业人员在作业过程中，应当严格遵守本单位的安全生产规章制度和操作规程，服从管理，正确佩戴和使用劳动防护用品。

### 2. 接受安全生产教育培训的义务

《中华人民共和国安全生产法》第二章第五十五条规定，从业人员应当接受安全生产教育和培训，掌握本职工作所需的安全生产知识，提高安全生产技能，增强事故预防和应急处理能力。

### 3. 危险报告义务

《中华人民共和国安全生产法》第二章第五十六条规定，从业人员发现事故隐患或者其他不安全因素，应当立即向现场安全生产管理人员或者本单位负责人报告；接到报告的人员应当及时予以处理。

【例 5-2】2011 年 7 月 6 日，某施工现场为了浇筑钻孔桩而钻了 10 处深15m、直径约 1.5m 的孔。为了避免有人掉入孔中，在孔旁设立了明显的警示标志。但是，当晚这些警示标志被当地居民盗走。工人李某看到孔旁没有了警示标志，感到缺少了警示标志后容易出现安全事故，于是通告了自己宿舍的工友，提醒他们路过这些孔时要小心一些。次日晚有工人落入孔中，造成重伤。

【问题】李某对此是否应承担一定责任？

【分析】李某应当对此事承担一定责任，安全生产从业人员有危险报告的义务。

## 5.3.4  工程安全及施工现场安全保障制度

保证建造过程中的工程及施工现场安全及工程建成后的使用安全，也是工程建设安全生产的重要内容。我国有关法规对此也作了明确规定。

### 1. 工程安全保障制度

为确保工程在建设中与投产使用后的安全，《中华人民共和国安全生产法》第二章第二十八条规定，生产经营单位新建、改建、扩建工程项目（以下统称建设项目）的安全设施，必须与主体工程同时设计、同时施工、同时投入生产和使用。安全设施投资应当纳入建设项目概算。

《中华人民共和国建筑法》规定，建筑工程设计应当符合按照国家规定的建筑安全规程和技术规范，保证工程的安全性能。如果未按安全标准进行设计，依情节轻重，将受到没收非法所得、罚款、停业整顿、降低资质等级、吊销资质证书、经济赔偿等处罚，构成犯罪的，将依法追究刑事责任。

《中华人民共和国建筑法》还规定，涉及建筑主体和承重结构变动的装修工程，建设单位应当在施工前委托原设计单位或者具有相应资质的设计单位提出设计方案，没有设计方案的，不得施工。

随着经济的发展和人们生活水平的提高，对原有房屋的重新装修已成为非常普遍的事情。但装修不仅要美观、舒适，更应保证建筑的安全，绝不能野蛮装修、盲目装修。《中华人民共和国建筑法》规定，装修在涉及建筑主体和承重结构时，必须由设计单位重新设计，否则，建设单位将被罚款，并承担经济赔偿责任或刑事责任。

至于房屋拆除，也需要一定的技术和安全保障条件，否则也会发生重大安全事故。为此，必须由具备保障安全条件的建设施工单位承担，并由其负责人对安全负责。

**2. 工程施工现场的安全保障制度**

（1）施工现场的安全管理

施工现场是建筑企业进行建筑生产的基地。杂乱的施工条件、快速的人机流、开敞的施工环境，"扰民"和"民扰"同时存在，这一切使得生产过程中的不安全因素极多。因此，施工现场的安全管理也是建筑安全生产中最为重要的环节。为此，《中华人民共和国建筑法》规定，建筑施工企业在编制施工组织设计时，应当根据建筑过程的特点制定相应的安全技术措施；对专业性较强的工程项目，应当编制专项安全施工组织设计，并采取安全技术措施。建筑施工企业应当在施工现场采取维护安全、防护危险、预防火灾等措施；有条件的，应当对施工现场实行封闭管理。

《中华人民共和国安全生产法》第二章第三十九条规定，生产、经营、储存、使用危险物品的车间、商店、仓库不得与员工宿舍在同一座建筑物内，并应当与员工宿舍保持安全距离。生产经营场所和员工宿舍应当设有符合紧急疏散要求、标志明显、保持畅通的出口。禁止锁闭、封堵生产经营场所或者员工宿舍的出口。

《中华人民共和国安全生产法》第二章第四十五条规定，两个以上生产经营单位在同一作业区域内进行生产经营活动，可能危及对方生产安全的，应当签订安全生产管理协议，明确各自的安全生产管理职责和应当采取的安全措施，并指定专职安全生产管理人员进行安全检查与协调。

（2）施工现场周边环境的安全管理

建筑施工多为露天作业、高处作业，常常需进行深基坑开挖，因此对周边环境，特别是毗邻的建筑物及地下管线的安全可能造成损害。建设单位与建筑施工企业有义务，也有责任采取相应的安全防护措施，以保证周边环境的安全。《中华人民共和国建筑法》规定，建设单位应当向建筑施工企业提供与施工现场相关的地下管线资料，建筑施工企业应当采取措施加以保护，施工现场对毗邻的建筑物、构建物和特殊作业环境可能造成损害的，建筑施工企业应当采取安全防护措施。当可能损害道路、管线、电力、电通信等公共设施时，建设单位必须按有关规定事先办理申请批准手续。

建筑施工企业应当遵守有关环境保护和安全生产方面法律、法规的规定，采取控制和处理施工现场的各种粉尘、废气、废水、固体废弃物以及噪声、振动对环境的污染和危害的措施。当工程施工需要临时停水、停电、中断道路交通及需要进行爆破作业的，必须先行申请，经有关部门批准后方可实行，以保障人民的正常生活及生命财产的安全。

## 5.4 建设工程安全事故调查处理与法律责任

### 5.4.1 建设工程安全事故调查处理

为了规范生产安全事故的报告和调查处理，落实生产安全事故责任追究制度，防止和减少生产安全事故，根据《中华人民共和国安全生产法》和有关法律，国务院 2007 年通过了《生产安全事故报告和调查处理条例》，生产经营活动中发生的造成人身伤亡或者直接损失的生产安全事故的报告和调查处理，均适用于该条例。

#### 1. 建设工程伤亡事故的分类

根据生产安全事故（以下简称事故）造成的人员伤亡或者直接经济损失，事故一般分为以下等级：

（1）特别重大事故

特别重大事故，指造成 30 人以上死亡，或者 100 人以上重伤（包括急性工业中毒，下同），或者 1 亿元以上直接经济损失的事故。

（2）重大事故

重大事故，指造成 10 人以上 30 人以下死亡，或者 50 人以上 100 人以下重伤，或者 5000 万元以上 1 亿元以下直接经济损失的事故。

（3）较大事故

较大事故，指造成 3 人以上 10 人以下死亡，或者 10 人以上 50 人以下重伤，或者 1000 万元以上 5000 万元以下直接经济损失的事故。

（4）一般事故

一般事故，指造成 3 人以下死亡，或者 10 人以下重伤，或者 1000 万元以下直接经济损失的事故。

其中"以上"包括本数，"以下"不包括本数。国务院安全生产监督管理部门可以会同国务院有关部门，制定事故等级划分的补充性规定。

## 2. 工程安全事故处理程序

（1）事故应急处理预案

《国务院关于特大安全事故行政责任追究的规定》规定了特大安全事故的处理预案制度。重大安全事故的应急处理预案，是指县级以上地方人民政府或者人民政府建设行政主管部门针对本行政区域容易发生的重大事故，预先制定出一整套如何处理事故的具体方案，以便于在事故发生以后能够按照较为科学的程序和步骤进行处理。事故应急处理预案是安全事故处理的一项重要制度，是保证事故正确处理，减少事故损失的重要措施。

（2）事故报告

《中华人民共和国安全生产法》第五章第八十条规定，生产经营单位发生生产安全事故后，事故现场有关人员应当立即报告本单位负责人。单位负责人接到事故报告后，应当迅速采取有效措施，组织抢救，防止事故扩大，减少人员伤亡和财产损失，并按照国家有关规定立即如实报告当地负有安全生产监督管理职责的部门，不得隐瞒不报、谎报或者迟报，不得故意破坏事故现场、毁灭有关证据。

《中华人民共和国安全生产法》第五章第八十一条规定，负有安全生产监督管理职责的部门接到事故报告后，应当立即按照国家有关规定上报事故情况。负有安全生产监督管理职责的部门和有关地方人民政府对事故情况不得隐瞒不报、谎报或者迟报。

《生产安全事故报告和调查处理条例》第九条规定，事故发生后，事故现场有关人员应当立即向本单位负责人报告；单位负责人接到报告后，应当于 1 小时内向事故发生地县级以上人民政府安全生产监督管理部门和负有安全生产监督管理职责的有关部门报告。情况紧急时，事故现场有关人员可以直接向事故发生地县级以上人民政府安全生产监督管理部门和负有安全生产监督管理职责的有关部门报告。

《生产安全事故报告和调查处理条例》第十条规定，安全生产监督管理部门和负有安全生产监督管理职责的有关部门接到事故报告后，应当依照下列规定上报事故情况，并通知公安机关、劳动保障行政部门、工会和人民检察院：

1）特别重大事故、重大事故逐级上报至国务院安全生产监督管理部门和负有安全生产监督管理职责的有关部门；

2）较大事故逐级上报至省、自治区、直辖市人民政府安全生产监督管理部门和负有安全生产监督管理职责的有关部门；

3）一般事故上报至设区的市级人民政府安全生产监督管理部门和负有安全生产监督管理职责的有关部门。

安全生产监督管理部门和负有安全生产监督管理职责的有关部门依照上述规定上报事故情况，应当同时报告本级人民政府。国务院安全生产监督管理部门和负有安全生产监督管理职责的有关部门以及省级人民政府接到发生特别重大事故、重大事故的报告后，应当立即报告国务院。

必要时，安全生产监督管理部门和负有安全生产监督管理职责的有关部门可以越级上报事故情况。

《生产安全事故报告和调查处理条例》第十二条规定，报告事故应当包括下列内容：

1）事故发生单位概况；

2）事故发生的时间、地点以及事故现场情况；

3）事故的简要经过；

4）事故已经造成或者可能造成的伤亡人数（包括下落不明的人数）和初步估计的直接经济损失；

5）已经采取的措施；

6）其他应当报告的情况。

【例5-3】某施工现场发生了安全生产事故，堆放石料的料堆坍塌，将一些正在工作的工人掩埋，最终导致了4名工人死亡。工人张某在现场目睹了整个事故的全过程，于是立即向本单位负责人报告。由于张某看到的是掩埋了5名工人，他就推测这5名工人均已经死亡，于是向本单位负责人报告说5名工人遇难。

14. [例5-4]讲解

【问题】此数字与实际数字不符，你认为张某是否违法？

【分析】张某不违法。《中华人民共和国安全生产法》第五章第八十条规定，只要求事故现场有关人员立即报告本单位负责人，但并未要求准确、如实进行报告。因为在进行紧急报告时，报告人未必能准确知道伤亡人数。所以，即使报告数据与实际数据不符也并不违法。但是，如果报告人不及时报告，就会涉嫌违法。因为可能由于其报告不及时而使得救援迟缓，伤亡扩大。

（3）迅速抢救伤员，并保护事故现场

有关地方人民政府和负有安全生产监督管理责任部门的负责人接到重大事故报告后，应立即赶到事故现场，组织事故抢救。

事故发生后，现场人员应当在统一指挥下，有组织地进行抢救伤员和排除工作，采取有效措施，防止事故扩大和蔓延。同时要严格保护事故现场。

因抢救人员、疏导交通等原因，需要移动现场物件时，应当作出标志，绘制现场简图并写出书面记录，妥善保存现场重要痕迹、物证，有条件的可以拍照或录像。

### 3. 安全事故调查处理的原则

根据《国务院关于特大安全事故行政责任追究的规定和相关法律规定》的规定，对生产安全事故的调查处理，应当坚持以下原则：

（1）事故调查处理应当按照实事求是、尊重科学的原则。及时、准确地查清事故原因，查明事故性质和责任，总结经验教训，提出整改措施，并对事故责任者提出处理意见。

（2）"四不放过"原则。凡已经发生的生产安全事故，要按照"四不放过"（即事故原因没查清不放过，责任人员没处理不放过，整改措施没落实不放过，有关人员没受到教育不放过）原则，查到底，严厉追究有关人员的责任，构成犯罪的依法追究其刑事责任。

（3）责任追究原则。凡因政府工作人员失职、渎职导致重特大事故的，要严厉追究其行政责任。

（4）任何单位和个人不得阻挠和干涉对事故依法调查处理的原则。

（5）综合整治的原则。要加大对县乡领导行政责任的追究力度，把落实县乡领导责任作为落实安全生产责任的重点来抓。要把安全生产责任追究与打黑除恶、惩治腐败、社会治安综合治理紧密结合起来，坚决打击和严惩犯罪活动。

### 4. 工程安全事故处理

（1）事故调查组提出的事故处理意见和防范措施建议，由发生事故的企业及主管部门负责处理。

（2）因忽视安全生产、违章指挥、违章作业、玩忽职守或者发现事故隐患及危害情况而不采取有效措施造成伤亡事故的，由企业主管部门或者企业按照国家有关规定，对企业负责人和直接负责人员给予行政处分；构成犯罪的，由司法机关依法追究刑事责任。

（3）违反规定，在伤亡事故发生后隐患不报、谎报、故意延迟不报、故意破坏事故现场，或者无正当理由拒绝接受调查以及拒绝提供有关情况和资料的，由有关部门按照国家有关规定，对有关单位负责人和直接负责人员给予行政处分；构成犯罪的，由司法机关依法追究刑事责任。

（4）在调查、处理伤亡事故中玩忽职守、徇私舞弊或者打击报复的，由其所在单位按照国家有关规定给予行政处分；构成犯罪的，由司法机关依法追究刑事责任。

（5）伤亡事故处理工作应当在 90 日内结案，特殊情况不得超过 180 日。伤亡事故处理结案后，应当公开宣布处理结果。对于特大安全事故，省、自治区、直辖市人民政府应当自调查报告提交之日起 30 日内，对有关责任人作出处理决定；必要时，国务院可以对特大安全事故的有关责任人员作出处理。

（6）建设部对事故的审理和结案要求如下：

1）事故调查处理结论报出后，须经当地有审批权限的机关审批后方能结案，并要求伤亡事故处理的工作在 90 日内结案，特殊情况也不能超过 180 日。

2）对事故责任者，应根据事故情节轻重、损失大小、责任轻重加以区分，依法严肃处理。

3）处理资料进行专案存档。事故调查和处理资料是用鲜血和教训换来的，是对职工进行教育的宝贵资料，也是伤亡人员和受到处罚人员的历史资料，因此应保存完整。

4）存档的主要内容有：职工伤亡事故登记表；职工重伤、死亡事故调查报告书；现场勘查资料记录、图纸、照片等；技术鉴定和试验报告；物证、人证调查资料；医疗部门对死亡者的诊断及影印件；事故调查组的调查报告；企业或主管部门对其事故所做的结案申请报告，受理人员的检查材料。

## 5.4.2　建设工程安全事故的法律责任

为督促建设工程企业的合法生产，约束其不法行为，首先对企业主要负责人建立一系列的严格要求，使其对企业的一切安全生产事故承担责任，对于疏忽管理的企业负责人可对其进行从罚款到撤销职位至终身不录用等处罚。《中华人民共和国安全生产法》第六章第九十一条规定，生产经营单位的主要负责人未履行本法规定的安全生产管理职责的，责令限期改正；逾期未改正的，处二万元以上五万元以下的罚款，责令生产经营单位停产停业整顿。生产经营单位的主要负责人有前款违法行为，导致发生生产安全事故的，给予撤职处分；构成犯罪的，依照刑法有关规定追究刑事责任。生产经营单位的主要负责人依照前款规定受刑事处罚或者撤职处分的，自刑罚执行完毕或者受处分之日起，五年内不得担任任何生产经营单位的主要负责人；对重大、特别重大生产安全事故负有责任的，终身不得担任本行业生产经营单位的主要负责人。

对于违规生产导致安全事故的企业，首先追究其主要负责人的法律责任，并按照事故分级依法对企业主要负责人进行高达年收入八成的私人罚款。《中华人民共和国安全生产法》第六章第九十二条规定，生产经营单位的主要负责人未履行本法规定的安全生产管理职责，导致发生生产安全事故的，由安全生产监督管理部门依照下列规定处以罚款：

（1）发生一般事故的，处上一年年收入百分之三十的罚款；
（2）发生较大事故的，处上一年年收入百分之四十的罚款；
（3）发生重大事故的，处上一年年收入百分之六十的罚款；
（4）发生特别重大事故的，处上一年年收入百分之八十的罚款。

除了对违反安全生产规定的企业其主要负责人进行处罚外，对其下属各级安全生产管理人员也须进行监督和处罚，若构成刑事犯罪的则依法追究刑事责任。《中华人民共和国安全生产法》第六章第九十三条规定，生产经营单位的安全生产管理人员未履行本法规定的安全生产管理职责的，责令限期改正；导致发生生产安全事故的，暂停或者撤销其与安全生产有关的资格；构成犯罪的，依照刑法有关规定追究刑事责任。

为了更好地控制和防范安全事故的发生，安全生产相关部门有必要采取一系列定期检查和抽查措施严格规范行业企业的生产行为，使安全事故事前可控，使企业生产安全健康发展。《中华人民共和国安全生产法》第六章第九十四条规定，生产经营单位有下列行为之一的，责令限期改正，可以处五万元以下的罚款；逾期未改正的，责令停产停业整顿，并处五万元以上十万元以下的罚款，对其直接负责的主管人员和其他直接责任人员处一万元以上二万元以下的罚款：

（1）未按照规定设置安全生产管理机构或者配备安全生产管理人员的；

（2）危险物品的生产、经营、储存单位以及矿山、金属冶炼、建筑施工、道路运输单位的主要负责人和安全生产管理人员未按照规定经考核合格的；

（3）未按照规定对从业人员、被派遣劳动者、实习学生进行安全生产教育和培训，或者未按照规定如实告知有关的安全生产事项的；

（4）未如实记录安全生产教育和培训情况的；

（5）未将事故隐患排查治理情况如实记录或者未向从业人员通报的；

（6）未按照规定制定生产安全事故应急救援预案或者未定期组织演练的；

（7）特种作业人员未按照规定经专门的安全作业培训并取得相应资格，上岗作业的。

对于建设工程行业在生产过程中未使用或未正确采取相关安全防护设备和安全防范措施的，安全生产相关部门也须对其进行整顿和处罚。《中华人民共和国安全生产法》第六章第九十六条规定，生产经营单位有下列行为之一的，责令限期改正，可以处五万元以下的罚款；逾期未改正的，处五万元以上二十万元以下的罚款，对其直接负责的主管人员和其他直接责任人员处一万元以上二万元以下的罚款；情节严重的，责令停产停业整顿；构成犯罪的，依照刑法有关规定追究刑事责任：

（1）未在有较大危险因素的生产经营场所和有关设施、设备上设置明显的安全警示标志的；

（2）安全设备的安装、使用、检测、改造和报废不符合国家标准或者行业标准的；

（3）未对安全设备进行经常性维护、保养和定期检测的；

（4）未为从业人员提供符合国家标准或者行业标准的劳动防护用品的；

（5）危险物品的容器、运输工具，以及涉及人身安全、危险性较大的海洋石油开采特种设备和矿山井下特种设备未经具有专业资质的机构检测、检验合格，取得安全使用证或者安全标志，投入使用的；

（6）使用应当淘汰的危及生产安全的工艺、设备的。

建筑生产单位在日常的生产活动中应定期检查是否存在安全事故隐患，一旦发现应该立即采取措施进行彻底排除，以确保后续的生产能够安全顺利进行。《中华人民共和国安全生产法》第六章第九十九条规定，生产经营单位未采取措施消除事故隐患的，责令立即消除或者限期消除；生产经营单位拒不执行的，责令停产停业整顿，并处十万元以上五十万元以下的罚款，对其直接负责的主管人员和其他直接责任人员处二万元以上五万元以下的罚款。

一旦发生安全事故时，建设工程生产单位的主要负责人应立即采取紧急措施控制事故现场、抢救伤员，最大程度减轻事故损失，并及时向相关部门如实报告事故情况。《中华人民共和国安全生产法》第六章第一百零六条规定，生产经营单位的主要负责人在本单位发生生产安全事故时，不立即组织抢救或者在事故调查处理期间擅离职守或者逃匿的，给予降级、撤职的处分，并由安全生产监督管理部门处上一年年收入百分之六十至百分之一百的罚款；对逃匿的处十五日以下拘留；构成犯罪的，依照刑法有关规定追究刑事责任。生产经营单位的主要负责人对生产安全事故隐瞒不报、谎报或者迟报的，依照前款规定处罚。

对于发生安全生产事故的企业，由于其自身原因导致其他方损失的，须依法承担赔偿责任，并受到有关行政部门依法进行的处罚。《中华人民共和国安全生产法》第六章第一百零九条规定，发生生产安全事故，对负有责任的生产经营单位除要求其依法承担相应的赔偿等责任外，由安全生产监督管理部门依照下列规定处以罚款：

（1）发生一般事故的，处二十万元以上五十万元以下的罚款；

（2）发生较大事故的，处五十万元以上一百万元以下的罚款；

（3）发生重大事故的，处一百万元以上五百万元以下的罚款；

（4）发生特别重大事故的，处五百万元以上一千万元以下的罚款；情节特别严重的，处一千万元以上二千万元以下的罚款。

**单元总结**

　　本单元学习了《中华人民共和国安全生产法》和《建设工程安全生产管理条例》两个知识点：

　　1.《中华人民共和国安全生产法》需掌握安全生产的基本制度、安全管理从业人员的各自责任、安全事故的应急处理以及安全事故法律责任。

　　2.《建设工程安全生产管理条例》需掌握建设工程各参与方的安全管理责任，以及安全事故发生时各单位的应急措施。

## 思考及练习

**一、单项选择题**

　　1. 生产经营单位在生产经营过程中发生事故的，事故单位应当及时向有关部门进行报告，报告内容不包括（　　）。

　　A. 事故的简要经过

　　B. 事故发生的原因

　　C. 事故已经造成或者可能造成的伤亡人数

　　D. 事故现场已经采取的措施

　　2. 以下选项中不属于安全生产执法基本原则的是（　　）。

　　A. 联合执法的原则　　　　　　　B. 合法、公正、公开的原则

　　C. 有法必依、执法必严、违法必究的原则

　　D. 宣传和教育相结合的原则

　　3. 从原则上说，（　　）适用各个行业和专业领域的安全生产工作。

　　A.《中华人民共和国安全生产法》

　　B.《中华人民共和国水上交通安全法》

　　C.《中华人民共和国矿山安全法》

　　D.《中华人民共和国道路交通安全法》

　　4. 安全生产执法的原则是指（　　）在安全生产执法活动中所应遵循的基本准则。

　　A. 国家安全生产监督管理部门　　　B. 行政执法主体

C. 各省市安全监察部门　　　　　　D. 安全管理员

5. 安全生产行政法规是由（　　　）组织制定并批准公布的。

A. 国家安全生产监督管理局　　　　B. 全国人大常委会

C. 国务院　　　　　　　　　　　　D. 地方人民政府

6. 安全生产法的总目的是：为了加强安全生产监督管理，（　　　）生产安全事故，保障人民群众生命和财产，促进经济发展。

A. 控制　　　　　　　　　　　　　B. 防止和减少

C. 预防　　　　　　　　　　　　　D. 降低

7. 《中华人民共和国安全生产法》的空间效力范围是中华人民共和国的领域，包括（　　　）。

A. 我国的领土、领空和领海　　　　B. 我国大陆地区和领海

C. 我国大陆地区、领空和领海　　　D. 我国的领土和领海

8. 在安全生产工作中，必须坚持"（　　　）"的方针。

A. 安全生产重于泰山　　　　　　　B. 以人为本，安全第一

C. 管生产必须管安全　　　　　　　D. 安全第一，预防为主，综合治理

9. 以下选项中不属于《中华人民共和国安全生产法》中所规定的所有生产经营单位为确保安全生产必须做到的是（　　　）。

A. 遵守安全生产的法律、法规　　　B. 完善安全生产条件

C. 加强安全生产管理　　　　　　　D. 设立专门安全生产管理部门

10. 生产经营单位应当具备《中华人民共和国安全生产法》和有关法律、行政法规和（　　　）所规定的生产条件。

A. 安全生产管理部门　　　　　　　B. 安全生产制度

C. 国家和行业标准　　　　　　　　D. 安全管理体系

11. 《中华人民共和国安全生产法》规定，生产经营单位的主要负责人对本单位的安全生产工作（　　　）。

A. 主要负责　　　B. 承担责任　　　C. 全面负责　　　D. 间接负责

12. 企业安全生产管理机构指的是生产经营单位、内设的专门负责（　　　）的机构。

A. 安全生产　　　　　　　　　　　B. 安全生产监督管理

C. 安全生产控制　　　　　　　　　D. 生产管理

13. 在以下的单位中，除（    ）企业以外，都必须设置安全生产管理机构或者配备专职安全生产管理人员。

A. 矿山                          B. 交通运输

C. 建筑施工                      D. 危险物品生产、经营

14. 生产经营单位的主要负责人和安全生产管理人员必须具备与本单位从事的生产经营活动相适应的安全生产知识和（    ）。

A. 职称          B. 学历          C. 管理能力          D. 专业知识

15. 生产经营项目、场所有多个承包单位、承租单位的，生产经营单位应当与承包单位、承租单位签订专门的（    ），或者在承包合同、租赁合同中约定各自的（    ）。

A. 管理标准    管理职责                 B. 生产合同    管理职责

C. 协议书    管理方案

D. 安全生产管理协议    安全生产管理职责

## 二、多项选择题

1. 安全生产立法的意义主要体现在（    ）。

A. 是加强安全生产监督管理部门地位的需要

B. 是在安全生产领域落实依法治国方略的需要

C. 是保护人民群众生命和财产的需要

D. 是预防和减少事故的需要

E. 是安全评价与安全条件论证的需要

2. 以下属于用人单位在职业病防治方面的职责是（    ）。

A. 创造符合国家职业病卫生标准和卫生要求的工作环境和条件

B. 对职业病患者进行完善的治疗

C. 建立、健全职业病防治责任制

D. 对职业病危害因素进行有效的监督

E. 制订职业安全卫生法律与规章制度

3.《矿山安全法》对矿山的急救组织和设备所做的规定有（    ）。

A. 医疗急救组织中必须都是专职的医护人员，并有资格证书

B. 提供安全技术措施专项费用

C. 配备必要的装备、器材和药物

D. 建立安全救护队长负责制度

E. 建立由专职或者兼职人员组成的救护和医疗急救组织

4. 安全生产监督管理部门对矿山企业安全工作行使的管理职责包括（　　）。

A. 检查矿山企业贯彻执行矿山安全法律、法规的情况

B. 审查批准矿山建设工程安全设施设计

C. 负责矿山建设工程安全设施的竣工验收

D. 调查和处理重大矿山事故

E. 对矿山企业职工进行安全培训与教育

5. 机关、团体、企业、事业单位应当履行消防安全责任是（　　）。

A. 制定消防安全制度、消防安全操作规程

B. 实行防火安全责任制

C. 针对本单位的特点对职工进行消防宣传教育

D. 购买消防器材和建立消防专业队伍

E. 组织防火检查，及时消除火灾隐患，并按照国家有关规定设置消防安全标志

6. 建设单位的主要安全责任包括（　　）。

A. 不得压缩合同约定的工期

B. 在编制工程概算时，应确定建设工程安全作业环境及安全施工措施所需费用

C. 建设单位应向施工单位提供真实、准确、完整的地下管线及其相关资料

D. 申请领取施工许可证时应提供建设工程有关安全施工措施的资料

E. 进行安全评价论证，提交安全评价报告书等相关资料

7. 以下行为中应对施工单位追究其法律责任的是（　　）。

A. 施工前未对有关安全施工的技术要求作出详细说明的

B. 施工时施工负责人不在现场指挥的

C. 在尚未竣工的建筑物内设置员工集体宿舍的

D. 施工现场临时搭建的建筑物不符合安全使用要求的

E. 未在施工现场采取相应的安全施工措施的

8. 以下选项中属于爆破器材生产条件的是（　　）。

A. 必须经有关部门审查并发给《爆破物品安全生产许可证》

B. 向所在地的有关部门办理登记手续、领取营业执照

C. 向所在地的有关部门办理爆破器材销售许可证

D. 生产车间内必须设有适当的安全出口

E. 生产爆破器材的工厂进行改建、扩建时，必须事先经有关部门许可

9. 下列项目中属于危险化学品经营企业必须具备的条件是（　　）。

A. 经营场所和储存设施符合国家标准

B. 有健全的安全管理制度

C. 主管人员经过专业培训并取得上岗资格，业务人员经过培训即可

D. 专用库房面积达到规定的标准

E. 建立事故应急救援组织与进行安全评价论证

10. 违反《危险化学品安全管理条例》，可处二万元以上十万元以下罚款的行为有（　　）。

A. 危险化学品未储存在专用仓库内或者未设专门管理的

B. 运输、装卸危险化学品不符合国家有关法律、法规、规章的规定和国家标准，并按照危险化学品的特性采取必要安全防护措施的

C. 未根据危险化学品的种类、特性。在车间、库房等作业场所设置相应的安全设施、设备的

D. 运输危险化学品，不配备押运人员或者脱离押运人员监管，超装、超载，中途停车住宿不向当地公安部门报告的

E. 未经批准或者未经工商登记注册，擅自从事危险化学品生产、储存的

### 三、简答题

1. 作为从业人员，工长、施工员对所管工程的安全生产责任有哪些？

2. 根据《建设工程安全生产管理条例》规定，项目负责人的安全责任主要包括哪些？

15. 教学单元5
思考及练习
答案

# 教学单元6

### Chapter 06

# 建设工程质量管理法律制度

## 教学目标

### 1. 知识目标

通过学习本单元，使学生了解建设工程质量概念及特性；理解我国建设工程监督管理制度；政府监督的内容和有权采取的措施滥用职权行为；理解建设工程竣工验收提交的法定条件，档案资料；建设工程质量责任主体及其法律责任；掌握建设工程质量事故报告制度及有关质量违法行为应承担的法律责任；建设工程竣工验收的主体，规划、消防、节能、环保等验收的规定；建设工程质量保修制度；建设工程质量保证金的相关知识。

### 2. 能力目标

通过本单元的学习使学生具备运用所学习的《中华人民共和国建筑法》来指导实际工作，具备解决工程建设汇总相关法律问题的基本能力，同时有助于培养学生工程建设的法律意识，严谨的工作态度和良好的团队合作意识。

思维导图

建设工程质量
管理法律制度

- 建设工程质量
管理概念
  - 建设工程质量按施工过程控制分类
  - 建设工程质量按施工层次控制分类
  - 建设工程质量的特性

- 建设工程质
量监督管理
  - 我国建设工程质量监督管理制度
  - 政府监督检查的内容和有权采取的措施
  - 禁止滥用权力的行为
  - 建设工程质量事故报告制度
  - 有关质量违法行为应承担的法律责任

- 竣工验收
  - 建设工程竣工验收的主体
  - 竣工验收应当具备的法定条件
  - 施工单位应提交的档案资料
  - 规划、消防、节能、环保等验收的规定

- 建设工程质量责任
主体及其法律责任
  - 建设单位违法行为应承担的法律责任
  - 勘察、设计单位违法行为应承担的法律责任
  - 施工企业违法行为应承担的法律责任
  - 工程监理单位违法行为应承担的法律责任

- 建设工程质
量保修制度
  - 建设工程质量保修书的提交时间
  - 建设工程质量的最低保修期限
  - 质量责任的损失赔偿

- 建设工程质量
保证金
  - 承包人提供质量保证金的方式
  - 缺陷责任期的确定
  - 预留保证金的比例
  - 质量保证金的返还
  - 保修

16. 教学单元6
导学

建设工程是为人类生活、生产提供物质技术基础的各类建筑物和工程设施的统称，是人类赖以生存和发展的重要物质基础。建设工程一旦发生质量事故，特别是重大垮塌事故，将危及人民财产安全，甚至造成无可估量的损失。因此，"百年大计，质量第一"，必须进一步提高建设工程质量水平，确保建设工程的安全可靠。

## 6.1　建设工程质量管理概念

建设工程质量，是指国家现行的有关法律、法规、技术标准、设计文件及合同中对建设工程的安全、使用要求、经济技术标准、外观等特性的综合要求。

建设工程质量等同于工程项目质量，它具有单件性、建成的一次性和寿命长期性的特点。

### 6.1.1　建筑工程质量分类

**1. 建设工程质量按施工过程控制分类**

（1）施工准备控制，指在各工程对象正式施工活动开始前，对各项准备工作及影响质量的各因素进行控制，这是确保施工质量的先决条件。

（2）施工过程控制，指在施工过程中对实际投入的生产要素质量及作业技术活动的实施状态和结果所进行的控制，包括作业者发挥技术能力过程的自控行为和来自有关管理者的监控行为。

（3）竣工验收控制，指对于通过施工过程所完成的具有独立的功能和使用价值的最终产品（单位工程或整个工程项目）及有关方面（例如质量文档）的质量进行控制。

**2. 建设工程质量按施工层次控制**

通常任何一个大中型工程建设项目可以划分为若干层次。例如对于建筑工程项目按照国家标准可以划分为单位工程、分部工程、分项工程、检验批等层次，而对于诸如水利水电、港口交通等工程项目则可划分为单项工程、单位工程、分部工程、分项工程等几个层次，各组成部分之间的关系具有一定的施工先后顺序的逻辑关系，显然，施工作业过程的质量控制是最基本的质量控制，它决定了有关检验批的质量；而检验批的质量又决定了分项工程的质量；分项工程质量决定了分部工程的质量；分部工程质量决定了单位工程质量；单位工程质量决定了整个项目的质量。

## 6.1.2 建设工程质量的特性

工程质量的特性主要表现在以下六个方面：

（1）适用性，即功能，是指工程满足使用目的各种性能。包括理化性能、结构性能、使用性能、外观性能等。

（2）耐久性，即寿命，是指工程在规定的条件下，满足规定功能要求使用的年限，即工程竣工后的合理使用寿命周期。

（3）安全性，是指工程建成后在使用过程中保证结构安全、保证人身和环境免受危害的程度。

（4）可靠性，是指工程在规定的时间和规定的条件下完成规定功能的能力。

（5）经济性，是指工程从规划、勘察、设计、施工到整个产品使用寿命期内的成本和消耗的费用。

（6）与环境的协调性，是指工程与周围生态环境协调，与所在地区经济环境以及与周围已建工程相协调，以适应可持续发展的要求。

上述六个方面的质量特性彼此之间是相互依存的，总体而言，适用、耐久、安全、可靠、经济与环境协调性，都是必须达到的基本要求，缺一不可（但是对于不同门类不同专业的工程可根据其所处的特定的环境条件、技术经济条件的差异，有不同的侧重面）。

## 6.2　建设工程质量监督管理

根据《实施工程建设强制性标准监督规定》的规定，国务院住房和城乡建设主管部门负责全国实施工程建设强制性标准的监督管理工作。

### 6.2.1　我国建设工程质量监督管理制度

国务院建设行政主管部门对全国的建设工程质量实施统一监督管理。国务院铁路、交通、水利等有关部门按照国务院规定的职责分工，负责对全国的有关专业建设工程质量的监督管理。

县级以上地方人民政府建设行政主管部门对本行政区域内的建设工程质量实施监督管理。县级以上地方人民政府交通、水利等有关部门在各自的职责范围内，负责对本行政区域内的专业建设工程质量的监督管理。

建设工程质量监督管理，可以由建设行政主管部门或者其他有关部门委托的建设工程质量监督机构具体实施。

国务院建设行政主管部门和国务院铁路、交通、水利等有关部门应当加强对有关建设工程质量的法律、法规和强制性标准执行情况的监督检查。

国务院发展计划部门按照国务院规定的职责，组织稽查特派员，对国家出资的重大建设项目实施监督检查。

国务院经济贸易主管部门按照国务院规定的职责，对国家重大技术改造项目实施监督检查。

### 6.2.2　政府监督检查的内容和有权采取的措施

国务院建设行政主管部门和国务院铁路、交通、水利等有关部门以及县级以上地方人民政府建设行政主管部门和其他有关部门，应当加强对有关建设工程质量的法律、法规和强制性标准执行情况的监督检查。

县级以上人民政府建设行政主管部门和其他有关部门履行监督检查职责时，有权采取下列措施：

（1）要求被检查的单位提供有关工程质量的文件和资料；

（2）进入被检查单位的施工现场进行检查；

（3）发现有影响工程质量的问题时，责令改正。

有关单位和个人对县级以上人民政府建设行政主管部门和其他有关部门进行的监督检查应当支持与配合，不得拒绝或者阻碍建设工程质量监督检查人员依法执行公务。

建设单位应当自建设工程竣工验收合格之日起 15 日内，将建设工程竣工验收报告和规划、公安消防、环保等部门出具的认可文件或者准许使用文件报建设行政主管部门或者其他有关部门备案。

建设行政主管部门或者其他有关部门发现建设单位在竣工验收过程中有违反国家有关建设工程质量管理规定行为的，责令停止使用，重新组织竣工验收。

## 6.2.3　禁止滥用权力的行为

供水、供电、供气、公安消防等部门或者单位不得明示或者暗示建设单位、施工单位购买其指定的生产供应单位的建筑材料、建筑构配件和设备，此种滥用职权的行为是法律所不允许的。

## 6.2.4　建设工程质量事故报告制度

建设工程发生质量事故，有关单位应当在 24 小时内向当地建设行政主管部门和其他有关部门报告。对重大质量事故，事故发生地的建设行政主管部门和其他有关部门应当按照事故类别和等级向当地人民政府和上级建设行政主管部门和其他有关部门报告。特别重大质量事故的调查程序按照国务院有关规定办理。

根据《关于做好房屋建筑和市政基础设施工程质量事故报告和调查处理工作的通知》，房屋建筑和市政基础设施工程质量事故分为 4 个等级（详见教学单元 5）。

任何单位和个人对建设工程的质量事故、质量缺陷都有权检举、控告、投诉。

## 6.2.5 有关质量违法行为应承担的法律责任

《建设工程质量管理条例》规定，发生重大工程质量事故隐瞒不报、谎报或者拖延报告期限的，对直接负责的主管人员和其他责任人员依法给予行政处分。

供水、供电、供气、公安消防等部门或者单位明示或者暗示建设单位、施工单位购买其指定的生产供应单位的建筑材料、建筑构配件和设备的，责令改正。

国家机关工作人员在建设工程质量监督管理工作中玩忽职守、滥用职权、徇私舞弊，构成犯罪的，依法追究其刑事责任；尚不构成犯罪的，依法给予行政处分。

## 6.3 竣工验收

工程项目的竣工验收是施工全过程的最后一道工序，也是工程项目管理的最后一项工作。

## 6.3.1 建设工程竣工验收的主体

《建设工程质量管理条例》规定，建设单位收到建设工程竣工报告后，应当组织设计、施工、工程监理等有关单位进行竣工验收。

对工程进行竣工检查和验收，是建设单位法定的权利和义务，在建设工程完工后，承包单位应当向建设单位提供完整的竣工资料和竣工验收报告，提请建设单位组织竣工验收。建设单位收到竣工验收报告后，应及时组织设计、施工、工程监理等有关单位参加的竣工验收，检查整个工程项目是否已按照设计要求和合同约定全部建设完成，并符合竣工验收条件。

## 6.3.2 竣工验收应当具备的法定条件

《中华人民共和国建筑法》规定，交付竣工验收的建筑工程，必须符合规定的建筑工程质量标准，有完整的工程技术经济资料和经签署的工程保修书，并具备国家规定的其他竣工条件。建筑工程竣工经验收合格后，方可交付使用；未经验收或者验收不合格的，不得交付使用。

《建设工程质量管理条例》进一步规定，建设工程竣工验收应当具备下列条件：

（1）完成建设工程设计和合同约定的各项内容；

（2）有完整的技术档案和施工管理资料；

（3）有工程使用的主要建筑材料、建筑构配件和设备的进场试验报告；

（4）有勘察、设计、施工、工程监理等单位分别签署的质量合格文件；

（5）有施工单位签署的工程保修书。建设工程经验收合格的，方可交付使用。

1）完成建设工程设计和合同约定的各项内容

建设工程设计和合同约定的内容，主要是指设计文件所确定的以及承包合同"承包人承揽工程项目一览表"中载明的工作范围，也包括监理工程师签发的变更通知单中所确定的工作内容。承包单位必须按合同的约定，按质、按量、按时完成上述工作内容，使工程具有正常的使用功能。

2）有完整的技术档案和施工管理资料

工程技术档案和施工管理资料是工程竣工验收和质量保证的重要依据之一，主要包括以下档案和资料：

① 工程项目竣工验收报告；

② 分项、分部工程和单位工程技术人员名单；

③ 图纸会审和技术交底记录；

④ 设计变更通知单，技术变更核实单；

⑤ 工程质量事故发生后调查和处理资料；

⑥ 隐蔽验收记录及施工日志；

⑦ 竣工图；

⑧ 质量检验评定资料等；

⑨ 合同约定的其他资料。

3）有工程使用的主要建筑材料、建筑构配件和设备的进场试验报告

对建设工程使用的主要建筑材料、建筑构配件和设备，除须具有质量合格证明资料外，还应当有进场试验、检验报告，其质量要求必须符合国家规定的标准。

4）有勘察、设计、施工、工程监理等单位分别签署的质量合格文件

勘察、设计、施工、工程监理等有关单位要依据工程设计文件及承包合同所要求的质量标准，对竣工工程进行检查评定；符合规定的，应当签署合格文件。

5）有施工单位签署的工程保修书

施工单位向建设单位签署的工程保修书，也是交付竣工验收的条件之一。凡是没有经过竣工验收或者经过竣工验收确定为不合格的建设工程，不得交付使用。

## 6.3.3　施工单位应提交的档案资料

《建设工程质量管理条例》规定，建设单位应当严格按照国家有关档案管理的规定，及时收集、整理建设项目各环节的文件资料，建立、健全建设项目档案，并在建设工程竣工验收后，及时向建设行政主管部门或者其他有关部门移交建设项目档案。

施工单位应当按照归档要求制定统一的目录，有专业分包工程的，分包单位要按照总承包单位的安排做好资料整理工作，最后由总承包单位进行校核、汇总。施工单位一般应当提交的档案资料是：（1）工程技术档案资料；（2）工程质量保证资料；（3）工程检验评定资料；（4）竣工图等。

## 6.3.4　规划、消防、节能、环保等验收的规定

### 1. 建设工程竣工规划验收

建设工程竣工后，建设单位应当向城乡规划主管部门提出竣工规划验收申

请，由城乡规划行政主管部门按照选址意见书、建设用地规划许可证、建设工程规划许可证、乡村建设规划许可证及其有关规划的要求，对建设工程进行规划验收包括对建设用地范围内的各项工程建设情况、建筑物的使用性质、位置、间距、层数、标高、平面、立面、外墙装饰材料和色彩、各类配套服务设施、临时施工用房、施工场地等进行全面核查，并作出验收记录。验收合格由城乡规划主管部门出具规划认可文件或核发建设工程竣工规划验收合格证。

《中华人民共和国城乡规划法》还规定，建设单位未在建设工程竣工验收后 6 个月内向城乡规划主管部门报送有关竣工验收资料的，由所在地城市、县人民政府城乡规划主管部门责令限期补报；逾期不补报的，处 1 万元以上 5 万元以下的罚款。

**2. 建设工程竣工消防验收**

《中华人民共和国消防法》（以下简称《消防法》）国务院住房和城乡建设主管部门规定建设单位应当向住房和城乡建设部门申请消防验收。（1）消防设计审查验收主管部门及其工作人员进行消防设计审查、消防验收、备案和抽查，不得收取费用。建设工程消防设计审查验收工作经费按照《中华人民共和国行政许可法》等有关法律、法规的规定执行。（2）规定以外的特殊建设工程和其他建设工程，建设单位在验收后应报住房和城乡建设主管部门备案，住房和城乡建设主管部门应当进行抽查。（3）建设工程消防设计与竣工验收消防备案的抽查工作执行"双随机、一公开"制度，随机抽取检查对象，随机选派检查人员。抽查对象按照人员密集场所不低于 50%、公众聚集场所不低于 50%、厂房不低于 20%、住宅不低于 5%、办公不低于 5%、其他工程不低于 5% 的抽查比例，在出具备案凭证时随机确定。（4）消防设计审查验收主管部门应当自其他建设工程被确定为抽查对象之日起 15 个工作日内，根据建设工程消防验收有关规定完成检查，制作检查记录。抽查结果应当通知建设单位，并向社会公示。（5）依法进行消防验收的建设工程，未经消防验收或者消防验收不合格的，禁止投入使用，其他建设工程依法抽查不合格的，应当停止使用。

《建设工程消防设计审查验收管理暂行办法》规定，建设单位申请消防验收，应当提交下列材料：

（1）消防验收申请表；

（2）工程竣工验收报告；

（3）涉及消防的建设工程竣工图纸。

消防设计审查验收主管部门收到建设单位提交的消防验收申请后，对申请材料齐全的，应当出具受理凭证；申请材料不齐全的，应当一次性告知需要补正的全部内容。

建设单位应当履行下列消防设计、施工质量责任和义务：

（1）不得明示或者暗示设计、施工、监理、技术服务等单位及其从业人员违反建设工程法律法规和消防技术标准，降低建设工程消防设计、施工质量；

（2）依法申请建设工程消防设计审查、消防验收，办理备案并接受抽查；

（3）实行工程监理的建设工程，依法将消防施工质量委托监理；

（4）委托具有相应资质的设计、施工、监理单位；

（5）按照工程消防设计要求和合同约定，选用合格的消防产品和满足防火性能要求的建筑材料、建筑构配件和设备；

（6）组织有关单位进行建设工程竣工验收时，对建设工程是否符合消防要求进行查验；

（7）依法及时向档案管理机构移交建设工程消防有关档案。

设计单位应当履行下列消防设计、施工质量责任和义务：

（1）按照建设工程法律法规和消防技术标准进行设计，编制符合要求的消防设计文件，不得违反工程建设消防技术标准强制性条文；

（2）在设计文件中选用的消防产品和具有防火性能要求的建筑材料、建筑构配件和设备，应当注明规格、性能等技术指标，符合国家规定的标准；

（3）参加建设单位组织的建设工程竣工验收，对建设工程消防设计实施情况签章确认，并对建设工程消防设计质量负责。

施工单位应当履行下列消防设计、施工质量责任和义务：

（1）按照建设工程法律法规、国家工程建设消防技术标准，以及经消防设计审查合格或者满足工程需要的消防设计文件组织施工，不得擅自改变消防设计进行施工，降低消防施工质量；

（2）按照消防设计要求、施工技术标准和合同约定检验消防产品、具有防火性能要求的建筑材料、建筑构配件和设备的质量，使用合格产品，保证消防施工质量；

（3）参加建设单位组织的建设工程竣工验收，对建设工程消防施工质量签章确认，并对建设工程消防施工质量负责。

监理单位应当履行下列消防设计、施工质量责任和义务：

（1）按照建设工程法律法规、国家工程建设消防技术标准，以及消防设计审查合格或者满足工程需要的消防设计文件实施工程监理；

（2）在消防产品、具有防火性能要求的建筑材料、建筑构配件和设备使用、安装前，核查产品质量证明文件，不得同意使用或者安装不合格的消防产品、防火性能不符合要求的建筑材料、建筑构配件和设备；

（3）参加建设单位组织的建设工程竣工验收，对建设工程消防施工质量签章确认，并对建设工程消防施工质量承担监理责任；

（4）提供建设工程消防设计图纸技术审查、消防设施检测或者建设工程消防验收现场评定等服务的消防技术服务机构，应当按照建设工程法律法规和消防技术标准及有关规定提供服务，并对出具的意见或者报告负责。

消防技术服务机构出具的意见或者报告应当经法定代表人、项目负责人签字，并加盖单位公章、项目负责人执业印章后方可生效。

监督管理部门应当履行下列消防设计、施工质量责任和义务：

（1）消防设计审查验收主管部门应当加强建设、设计、施工、监理、技术服务等单位及从业人员的监督管理，建立健全失信惩戒的信用评价机制。

（2）消防设计审查验收主管部门应当建立相应的档案管理工作制度。鼓励建立建设工程消防设计审查验收技术资料档案信息化管理体系，提高档案管理水平。

（3）消防设计审查验收主管部门应当及时将消防验收、备案和抽查情况告知消防救援机构，并与消防救援机构共享建设工程竣工的建筑总平面图、建筑平面图、消防设施平面布置图、消防设施系统图等资料。

（4）消防设计审查验收主管部门应当积极运用信息化手段开展建设工程消防设计审查、消防验收、备案和抽查工作，推进线上线下一体化监管，提升政务服务水平。

（5）工程建设有关单位存在下列行为的，应当按照《消防法》予以处罚：

1）建设单位要求建筑设计单位或者建筑施工企业降低消防技术标准设计、施工的；

2）建筑设计单位不按照消防技术标准强制性要求进行消防设计的；

3）建筑施工企业不按照消防设计文件和消防技术标准施工，降低消防施工质量的；

4）监理单位与建设单位或者建筑施工企业串通，弄虚作假，降低消防施工质量的。

（6）消防设计审查验收主管部门应当加强对建设工程的建设管理，依法对本部门承担的建设工程消防设计审查、消防验收、备案和抽查工作质量负责。

（7）消防设计审查验收主管部门工作人员在消防设计审查验收管理工作中玩忽职守、滥用职权、徇私舞弊的，依法依规予以处理。

### 3. 建设工程竣工环保验收

环境保护设施竣工验收，应当与主体工程竣工验收同时进行。需要进行试生产的建设项目，建设单位应当自建设项目投入试生产之日起 3 个月内，向审批该建设项目环境影响报告书、环境影响报告表或者环境影响登记表的环境保护行政主管部门，申请该建设项目需要配套建设的环境保护设施竣工验收。

建设项目需要配套建设的环境保护设施未建成、未经验收或者经验收不合格，主体工程正式投入生产或者使用的，由审批该建设项目环境影响报告书、环境影响报告表或者环境影响登记表的环境保护行政主管部门责令停止生产或者使用，可以处 10 万元以下的罚款。

### 4. 建设工程节能验收

建筑节能工程为单位建筑工程的一个分部工程，并按照规定划分为分项工程和检验批。

建筑节能工程应按照分项工程进行验收，如墙体节能工程、幕墙节能工程、门窗节能工程、屋面节能工程、地面节能工程、供暖节能工程、通风与空气调节节能工程、配电与照明节能工程等。当建筑节能分项工程的工程量较大时，可以将分项工程划分为若干个检验批进行验收。

建筑节能工程验收的程序：

（1）施工单位自检评定；

（2）监理单位进行节能工程质量评估；

（3）建筑节能分部工程验收；

（4）施工单位按验收意见进行整改；

（5）节能工程验收结论；

（6）验收资料归档。

### 5. 建筑节能工程专项验收应注意事项

（1）建筑节能验收重点是检查建筑节能工程效果是否满足设计及规范要求，监理和施工单位应加强和重视节能验收工作。

（2）工程项目存在以下问题之一的，监理单位不得组织验收：1）未完成节能工程设计的内容；2）隐蔽工程等技术档案和管理资料不完整；3）工程使用的建筑材料、构配件和设备，未提供进场和节能性能报告；4）工程未按要求整改完毕（质量问题和监督机构责令整改内容）；5）存在其他违反法律、法规行为而未处理完毕的。

（3）工程项目验收存在以下问题之一的，应重新组织验收：1）验收组织机构不符合法规及规范要求的；2）参加验收人员不具备相关资质的；3）参加验收各方主体意见不一致的；4）验收程序和标准不符合要求的；5）各方提出问题未整改完毕的。

（4）单位工程未提交工程节能相关资料，不予备案。

竣工验收是工程建设活动的最后阶段。在此阶段，建设单位与施工单位容易就合同价款结算、质量缺陷等引起纠纷，导致建设工程不能及时办理竣工验收或完成竣工验收。

## 6.4 建设工程质量责任主体及其法律责任

建设工程质量责任主体是指从事新建、扩建、改建房屋建筑工程和市政基础设施工程建设活动的单位中，有违反法律、法规、规章所规定的质量责任和义务的行为，以及勘察、设计文件和工程实体质量不符合工程建设强制性技术标准的情况的，无论是建设单位、勘察单位、设计单位、施工单位和施工图审查机构、工程质量检测机构、监理单位，都属建设工程质量责任主体。

建筑工程质量责任主体是建设单位、勘察单位、设计单位、施工单位、监理单位。

## 6.4.1　建设单位违法行为应承担的法律责任

《中华人民共和国建筑法》规定，建设单位违反本法规定，要求建筑设计单位或者建筑施工企业违反建筑工程质量、安全标准，降低工程质量的，责令改正，可以处以罚款；构成犯罪的，依法追究刑事责任。

《建设工程质量管理条例》规定，建设单位有下列行为，责令改正，处 20万元以上 50 万元以下的罚款：明示或者暗示设计单位或者施工单位违反工程建设强制性标准，降低工程质量的。

《实施工程建设强制性标准监督规定》中规定，建设单位有下列行为之一的，责令改正，并处以 20 万元以上 50 万元以下的罚款：（1）明示或者暗示施工单位使用不合格的建筑材料、建筑构配件和设备的；（2）明示或者暗示设计单位或者施工单位违反工程建设强制性标准，降低工程质量的。

## 6.4.2　勘查、设计单位违法行为应承担的法律责任

《中华人民共和国建筑法》规定，建筑设计单位不按照建筑工程质量、安全标准进行设计的，责令改正，处以罚款；造成工程质量事故的，责令停业整顿，降低资质等级或者吊销资质证书，没收违法所得，并处罚款；造成损失的，承担赔偿责任；构成犯罪的，依法追究刑事责任。

《建设工程质量管理条例》规定，有下列行为之一的，责令改正，处 10 万元以上 30 万元以下的罚款：（1）勘察单位未按照工程建设强制性标准进行勘察的；（2）设计单位未按照工程建设强制性标准进行设计的。有以上所列行为，造成工程质量事故的，停业整顿，降低资质等级；情节严重的，吊销资质证书；造成损失的，依法承担赔偿责任。

《实施工程建设强制性标准监督规定》中规定，勘察、设计单位违反工程建设强制性标准进行勘察、设计的，责令改正，并处以 10 万元以上 30 万元以下的罚款。有欠款行为，造成工程质量事故的，责令停业整顿，降低资质等级；情节严重的，吊销资质证书，造成损失的，依法承担赔偿责任。

### 6.4.3 施工企业违法行为应承担的法律责任

《中华人民共和国建筑法》规定，建筑施工企业在施工中偷工减料的，使用不合格的建筑材料、建筑构配件和设备的，或者有其他不按照工程设计图纸或者施工技术标准施工行为的，责令改正，处以罚款；情节严重的，责令停业整顿，降低资质等级或者吊销资质证书；造成建筑工程质量不符合规定的质量标准的，负责返工、修理，并赔偿因此造成的损失；构成犯罪的，依法追究刑事责任。

《建设工程质量管理条例》规定，施工单位在施工中偷工减料的，使用不合格的建筑材料、建筑构配件和设备的，或者有不按照工程设计图纸或者施工技术标准施工的其他行为的，责令改正，处工程合同价款 2％以上 4％以下的罚款；造成建设工程质量不符合规定的质量标准的，负责返工、修理，并赔偿因此造成的损失；情节严重的，责令停业整顿，降低资质等级或者吊销资质证书。

《实施工程建设强制性标准监督规定》中规定，施工单位违反工程建设强制性标准的责令改正，处工程合同价款 2％以上 4％以下的罚款；造成建设工程质量不符合规定的质量标准的，负责返工、修理，并赔偿因此造成的损失；情节严重的，责令停业整顿，降低资质等级或者吊销资质证书。

### 6.4.4 工程监理单位违法行为应承担的法律责任

《实施工程建设强制性标准监督规定》规定，工程监理单位违反强制性标准规定，将不合格的建设工程以及建筑材料、建筑构配件和设备按照合格签字的，责令改正，处 50 万元以上 100 万元以下的罚款，降低资质等级或者吊销资质证书；有违法所得的，予以没收；造成损失的，承担连带赔偿责任。

《建设工程质量管理条例》规定，建设单位、设计单位、施工单位、工程监理单位违反国家规定，降低工程质量标准，造成重大安全事故，构成犯罪的，对直接责任人员依法追究刑事责任。

## 6.5　建设工程质量保修制度

建设工程质量保修制度，是指建设工程竣工经验收后，在规定的保修期限内，因勘察、设计、施工、材料等原因造成的质量缺陷，应当由施工承包单位负责维修、返工或更换，由责任单位负责赔偿损失的法律制度。

建设工程质量保修制度对于促进建设各方加强质量管理，保护用户及消费者的合法权益可起到重要的保障作用。

### 6.5.1　建设工程质量保修书的提交时间

《建设工程质量管理条例》规定，建设工程承包单位在向建设单位提交工程竣工验收报告时，应当向建设单位出具质量保修书。质量保修书中应当明确建设工程的保修范围、保修期限和保修责任等。

建设工程质量保修的承诺，应当由承包单位以建设工程质量保修书这一书面形式来体现。建设工程质量保修书是一项保修合同，是承包合同所约定双方权利义务的延续，也是施工单位对竣工验收的建设工程承担保修责任的法律文本。人们在日常生活中购买几十元、数百元的商品，生产供应厂商往往都须出具质量保修书，而建设工程造价动辄几十万元、数百万元、数亿元甚至更多，如果没有保修的书面约定，那么对投资人和用户是不公平的，也不符合权利义务对等的市场经济准则。

建设工程承包单位在向建设单位提交工程竣工验收报告资料时，应当向建设单位出具工程质量保修书。工程质量保修书包括如下主要内容：

#### 1. 质量保修范围

《中华人民共和国建筑法》规定，建筑工程的保修范围应当包括地基基础工程、主体结构工程、屋面防水工程和其他土建工程，以及电气管线、上下水管线的安装工程，供热、供冷系统工程等项目。当然，不同类型的建设工程，其保修范围有所不同。

**2. 质量保修期限**

《中华人民共和国建筑法》规定，保修的期限应当按照保证建筑物合理寿命年限内正常使用，维护使用者合法权益的原则确定。具体的保修范围和最低保修期限由国务院规定。据此，国务院在《建设工程质量管理条例》中作了明确规定。

**3. 承诺质量保修责任**

主要是施工单位向建设单位承诺保修范围、保修期限和有关具体实施保修的措施，如保修的方法、人员及联络办法，保修答复和处理时限，不履行保修责任的罚则等。

需要注意的是，施工单位在建设工程质量保修书中，应当对建设单位合理使用建设工程有所提示。如果是因建设单位或用户使用不当或擅自改动结构、设备位置以及不当装修等造成质量问题的，施工单位不承担保修责任；由此而造成的质量受损或其他用户损失，应当由责任人承担相应的责任。

## 6.5.2 建设工程质量的最低保修期限

《建设工程质量管理条例》规定，在正常使用条件下，建设工程的最低保修期限为：（1）基础设施工程、房屋建筑的基础工程和主体结构工程，为设计文件规定的该工程的合理使用年限；（2）屋面防水工程、有防水要求的卫生间、房间和外墙面的防渗漏，为5年；（3）供热与供冷系统，为2个采暖期、供冷期；（4）电气管线、给水排水管道，设备安装和装修工程，为2年。其他项目的保修期限由发包方与承包方约定。

（1）地基基础工程和主体结构的保修期

基础设施工程、房屋建筑的地基基础工程和主体结构工程的质量直接关系到基础设施工程和房屋建筑的整体安全可靠，必须在该工程的合理使用年限内予以保修，即实行终身负责制。可以说，工程合理使用年限就是该工程勘察、设计、施工等单位的质量责任年限。

（2）屋面防水工程、供热与供冷等系统的最低保修期

在《建设工程质量管理条例》中，对屋面防水工程，供热与供冷系统、电气管线、给水排水管道、设备安装和装修工程等的最低保修期限分别作出

了规定。如果建设单位与施工单位经平等协商另行签订保修合同的，其保修期限可以高于法定的最低保修期限，但不能低于最低保修期限，否则视作无效。

建设工程保修期的起始日是竣工验收合格之日。按照《建设工程质量管理条例》的规定，建设行政主管部门或者其他有关部门发现建设单位在竣工验收过程中有违反国家有关建设工程质量管理规定行为的，责令停止使用，重新组织竣工验收。

对于重新组织竣工验收的工程，其保修期为各方都认可的重新组织竣工验收的日期。

(3) 建设工程超过合理使用年限后需要继续使用的规定

《建设工程质量管理条例》规定，建设工程超过合理使用年限后需要继续使用的，产权所有人应当委托具有相应资质等级的勘察、设计单位鉴定，并根据鉴定结果采取加固、维修等措施，重新界定使用期限。

各类工程根据其重要程度、结构类型、质量要求和使用性能等所确定的使用年限是不同的。确定建设工程的合理使用年限，并不意味着超过合理使用年限后，建设工程就一定要报废、拆除。该建设工程经过具有相应资质等级的勘察、设计单位鉴定，提出技术加固措施，在设计文件中重新界定使用期，并经有相应资质等级的施工单位进行加固、维修和补强，达到能继续使用条件的可以继续使用。如不经鉴定、加固等而继续违法使用的，所产生的后果由产权所有人负责。

## 6.5.3　质量责任的损失赔偿

《建设工程质量管理条例》规定，建设工程在保修范围和保修期限内发生质量问题的，施工单位应当履行保修义务，并对造成的损失承担赔偿责任。

### 1. 保修义务责任落实与损失赔偿责任承担

《最高人民法院关于审理建设施工合同适用法律问题的解释》规定，因保修人未及时履行保修义务，导致建筑物损毁或者造成人身、财产损害的，保修人应当承担赔偿责任。保修人与建筑物所有人或者发包人对建筑物毁损均有过错的，各自承担相应的责任。

建设工程保修的质量问题是指在保修范围和保修期限内的质量问题。对于保修义务的承担和维修的经济责任承担应当按下述原则处理：

（1）施工单位未按照国家有关标准规范和设计要求施工所造成的质量缺陷，由施工单位负责返修并承担经济责任。

（2）由于设计问题造成的质量缺陷，先由施工单位负责维修，其经济责任按有关规定通过建设单位向设计单位索赔。

（3）因建筑材料、构配件和设备质量不合格引起的质量缺陷，先由施工单位负责维修，其经济责任属于施工单位采购的或经其验收同意的，由施工单位承担经济责任；属于建设单位采购的，由建设单位承担经济责任。

（4）因建设单位（含监理单位）错误管理而造成的质量缺陷，先由施工单位负责维修，其经济责任由建设单位承担；如属监理单位责任，则由建设单位向监理单位索赔。

（5）因使用单位使用不当造成的损坏问题，先由施工单位负责维修，其经济责任由使用单位自行负责。

（6）因地震、台风、洪水等自然灾害或其他不可抗拒原因造成的损坏问题，先由施工单位负责维修，建设参与各方再根据国家具体政策分担经济责任。

**2. 违法行为应承担的法律责任**

建设工程质量保修违法行为应承担的主要法律责任如下：

《中华人民共和国建筑法》规定，建筑施工企业违反本法规定，不履行保修义务的责令改正，可以处以罚款，并对在保修期内因屋顶、墙面渗漏、开裂等质量缺陷造成的损失，承担赔偿责任。

《建设工程质量管理条例》规定，施工单位不履行保修义务或者拖延履行保修义务的责令改正，处10万元以上20万元以下的罚款，并对在保修期内因质量缺陷造成的损失承担赔偿责任。

《建设工程质量保证金管理办法》规定，缺陷责任期内，由承包人原因造成的缺陷，承包人应负责维修，并承担鉴定及维修费用。如承包人不维修也不承担费用，发包人可按合同约定扣除保证金，并由承包人承担违约责任。承包人维修并承担相应费用后，不免除对工程的一般损失赔偿责任。

《建筑业企业资质管理规定》规定，建筑业企业申请资质升级，增项等级，在申请之日前 1 年内，有未履行保修义务，造成严重后果的情形的，建设行政主管部门不予批准。

## 6.6　建设工程质量保证金

2017 年，住房城乡建设部、财政部发布的《建设工程质量保证金管理办法》规定，建设工程质量保证金（保修金）（以下简称保证金）是指发包人与承包人在建设工程承包合同中约定，从应付的工程款中预留，用以保证承包人在缺陷责任期内对建设工程出现的缺陷进行维修的资金。

### 6.6.1　承包人提供质量保证金的方式

承包人提供质量保证金的方式包括：

（1）质量保证金保函；

（2）相应比例的工程款；

（3）双方约定的其他方式。

除专用合同条款另有约定外，质量保证金原则上采用上述第（1）种方式。

### 6.6.2　缺陷责任期的确定

缺陷，是指建设工程质量不符合工程建设强制性标准、设计文件，以及承包合同的约定。

缺陷责任期一般为 1 年，最长不超过 2 年，由发承包双方在合同中约定。

缺陷责任期从工程通过竣工验收之日起计。由于承包人原因导致工程无法按规定期限进行竣工验收的，缺陷责任期从实际通过竣工验收之日起计。由于发包人原因导致工程无法按规定期限进行竣工验收的，在承包人提交竣工验收报告 90 天后，工程自动进入缺陷责任期。

## 6.6.3 预留保证金的比例

发包人应按照合同约定方式预留保证金，保证金总预留比例不得高于工程价款结算总额的 3%。合同约定由承包人以银行保函替代预留保证金的，保函金额不得高于工程价款结算总额的 3%。

缺陷责任期内，由承包人原因造成的缺陷，承包人应负责维修，并承担鉴定及维修费用。如承包人不维修也不承担费用，发包人可按合同约定从保证金或银行保函中扣除，费用超出保证金额的，发包人可按合同约定向承包人进行索赔。承包人维修并承担相应费用后，不免除对工程的损失赔偿责任。

由他人原因造成的缺陷，发包人负责组织维修，承包人不承担费用，且发包人不得从保证金中扣除费用。

注意：在工程项目竣工前，已经缴纳履约保证金的，发包人不得同时预留工程质量保证金。

采用工程质量保证担保、工程质量保险等其他保证方式的，发包人不得再预留保证金。

## 6.6.4 质量保证金的返还

缺陷责任期内，承包人认真履行合同约定的责任，到期后，承包人向发包人申请返还保证金。

发包人在接到承包人返还保证金申请后，应于 14 天内会同承包人按照合同约定的内容进行核实。如无异议，发包人应当按照约定将保证金返还给承包人。对返还期限没有约定或者约定不明确的，发包人应当在核实后 14 天内将保证金返还承包人，逾期未返还的，依法承担违约责任。发包人在接到承包人返还保证金申请后 14 天内不予答复，经催告后 14 天内仍不予答复，视同认可承包人的返还保证金申请。

## 6.6.5　保修

工程保修期从工程竣工验收合格之日起算。发包人未经竣工验收擅自使用工程的，保修期自转移占有之日起算。

在保修期内，发包人在使用过程中，发现已接收的工程存在缺陷或损坏的，应书面通知承包人予以修复，但情况紧急必须立即修复缺陷或损坏的，发包人可以口头通知承包人并在口头通知后 48 小时内书面确认，承包人应在专用合同条款约定的合理期限内到达工程现场并修复缺陷或损坏。

发包人和承包人对保证金预留、返还以及工程维修质量、费用有争议的，按承包合同约定的争议和纠纷解决程序处理。

建设工程实行工程总承包的，总承包单位与分包单位有关保证金的权利与义务的约定，参照本办法关于发包人与承包人相应权利与义务的约定执行。

### 单元总结

本单元内容包括建设工程质量管理概念、建设工程质量监督管理、竣工验收、建设工程质量责任主体及其法律责任、建设工程质量保修制度、建设工程质量保证金。通过本单元学习使学生了解建设工程质量管理法律制度，以更好地指导实际工作。

### 思考及练习

**一、填空题**

1. 建筑工程质量按施工过程控制分为_____、_____、_____。

2. 建筑工程质量的特性主要表现在适用性、耐久性、_____、_____、_____和与环境的协调性。

3. _____是施工全过程的最后一道工序，也是工程项目管理的最后一项工作。

17. 教学单元6 思考及练习题讲解

4. 建筑工程质量责任主体是_____、_____、_____、施工单位和监理单位。

二、单项选择题

1. 根据《建设工程质量管理条例》，建设工程承包单位应当向建设单位出具质量保修书的时间是（　　）。

A. 竣工验收时　　　　　　　B. 提交竣工验收报告时

C. 竣工验收合格时　　　　　D. 交付使用时

2. 建设单位和施工企业经过平等协商确定某屋面防水工程的保修期限为3年，工程竣工验收合格移交使用后的第4年屋面出现渗漏，则承担该工程维修责任的是（　　）。

A. 施工单位　　　　　　　　B. 建设单位

C. 使用单位　　　　　　　　D. 建设单位和施工企业协商确定

3. 关于建设工程质量保修的说法，正确的是（　　）。

A. 不同类型的建设工程，其保修范围相同

B. 建设工程保修期内由于使用不当造成的损坏，施工企业不负责维修

C. 建设工程保修期与缺陷责任期的起始日相同

D. 建设工程质量保证金应在保修期满后返还

4. 根据《建设工程质量保证金管理办法》的规定，发包人应按照合同约定方式预留保证金，保证金总预留比例不得高于工程价款结算总额的（　　）。

A. 1%　　　　B. 2%　　　　C. 3%　　　　D. 5%

5. 根据国务院《生产安全事故报告和调查处理条例》，造成2人死亡的生产安全事故属于（　　）。

A. 特别重大事故　　　　　　B. 重大事故

C. 较大事故　　　　　　　　D. 一般事故

三、多项选择题

1. 下列属于建设工程竣工验收应当具备的条件有（　　）。

A. 有完整的技术档案和施工管理资料

B. 有勘察、设计、施工、监理等单位分别签署的质量合格文件

C. 已完成建设工程设计和合同约定的主要内容

D. 有施工企业签署的工程保修书

E. 有工程使用的主要建筑材料、建筑构配件和设备的进场试验报告

2. 招标人有下列情形之一的，可以对单位直接负责的主管人员和其他直接责任人员依法给予处分的是（　　　）。

A. 依法应当公开招标而采用邀请招标

B. 确定的提交资格预审申请文件、投标文件的时限不符合《中华人民共和国招标投标法》和《中华人民共和国招标投标实施条例》的规定

C. 接受应当拒收的投标文件

D. 接受未通过资格预审的单位或者个人参加投标

E. 招标文件的发售、澄清、修改的时限不符合《中华人民共和国招标投标法》和《中华人民共和国招标投标实施条例》的规定

3. 根据《建设工程质量保证金管理办法》，关于缺陷责任期确定的说法，正确的有（　　　）。

A. 缺陷责任期一般为 1 年，最长不超过 2 年

B. 缺陷责任期的期限由法律直接规定

C. 缺陷责任期从工程通过竣工验收之日起计

D. 由于承包人原因导致工程无法按规定期限进行竣工验收的，缺陷责任期从实际通过竣工验收之日起计

E. 由于发包人原因导致工程无法按规定期限进行竣工验收的，在承包人提交工程验收报告 90 天后，工程自动进入缺陷责任期

4. 根据《建筑工程五方责任主体项目负责人质量终身责任追究暂行办法》，正确的是（　　　）。

A. 建筑工程开工建设前，建设、勘察、设计、施工、监理单位法定代表人可以签署授权书，明确本单位项目负责人

18. 建质［2014］124号

B. 五方责任主体项目负责人按照国家有关规定，在工程设计使用年限内对工程质量承担相应责任

C. 建设单位项目负责人对工程质量承担全面责任

D. 施工单位项目经理对工程质量事故和质量责任承担一切责任

E. 工程质量终身责任实行书面承诺和竣工后永久性标牌制度

5. 根据《建设工程质量管理条例》，关于施工单位质量责任和义务的说

法，正确的有（　　）。

A. 对施工质量负责

B. 按照工程设计图纸和施工技术标准施工

C. 对建筑材料、设备等进行检验检测

D. 建立健全施工质量检验制度

E. 审查批准高大模板工程的专项施工方案

## 四、简答题

1. 试述县级以上人民政府建设行政主管部门和其他有关部门履行监督检查职责时，有权采取的措施。

2. 试述工程质量保修书内容。

3. 建设工程质量保证金 3% 的规定从什么时候执行？承包人提供质量保证金的方式包括哪些？

19. 教学单元6
思考及练习题
答案

# 教学单元7
## 建设工程合同法律制度

Chapter **07**

▶▶

 教学目标

**1. 知识目标**

了解合同概念及分类；理解合同的订立、效力等内容；掌握与建设工程相关的合同。

**2. 能力目标**

（1）具备分辨合同类型的能力；

（2）具备运用建设工程合同的能力。

思维导图

建设工程合同法律制度

合同概述
├ 合同的概念
└ 合同的分类和内容

合同的订立
├ 合同订立程序
└ 合同示范文本与格式条款

合同的效力
├ 合同生效的概念
├ 合同生效的条件
└ 合同生效的时间

合同的履行、保全
├ 合同的履行
└ 合同的保全

合同的变更、转让和终止
├ 合同的变更
├ 合同的转让
└ 合同的终止

违约责任
├ 违约责任的概念
└ 承担违约责任的方式

与工程建设相关的几种合同
├ 建设工程施工合同
├ 建设勘察设计合同
└ 建设工程监理合同

20. 教学单元7 导学

> 建设工程施工合同是建设工程的主要合同，同时也是工程建设质量控制、进度控制、投资控制的主要依据。施工合同的当事人是发包方和承包方，双方是平等的民事主体。近年来，随着国有投资建设项目审计工作力度的加强，越来越多的工程在竣工结算时都要求经过审计这一程序。

# 7.1　合同概述

## 7.1.1　合同的概念

### 1. 合同的概念

合同又称契约，它是平等主体的自然人、法人、其他组织之间设立、变更终止民事权利义务关系的协议。

合同有广义和狭义之分。广义的合同泛指发生一定权利义务的协议；狭义的合同专指民事主体之间设立、变更、终止民事法律关系的协议。《中华人民共和国民法典》中所称的合同，是指狭义上的合同。

### 2. 合同的作用

（1）合同是维护签约双方当事人合法权益的保障

合同中的当事人应该本着平等互利、等价有偿、诚实信用、协商一致的原则签订合同，这样便以法律形式明确了双方的权利与义务。当合同当事人发生纠纷时，仲裁机关和人民法院按照合同中约定的当事人权利和义务，本着以事实为依据、以法律为准绳的原则，公正、合理、及时地解决纠纷，从而使当事人的合法权益得到保障。

（2）合同是促进企业加强全面管理，提高经济效益的手段

签订了合同，企业可以有的放矢地安排生产，有计划地购进原材料，避免产品大量积压和浪费。企业按合同销售，可避免产品的积压，及时收回货款。

同时，企业其他部门的工作也都围绕执行合同运转。企业为了维护自身信誉提高产品在市场的竞争力，会自觉加强经营管理，合理安排生产，提高产品质量，降低成本，从而提高经济效益。

### 3. 合同的形式

合同的形式，是指合同当事人双方对合同的内容、条款，经过协商，作出共同的意思表示的具体方式。

《中华人民共和国民法典》第四百六十九条规定，当事人订立合同，可以采用书面形式、口头形式或者其他形式。所以一般认为，合同的形式有三种，即书面形式、口头形式和其他形式，而公证审批登记等则是书面合同的特殊形式。法律、行政法规规定或者当事人约定采用书面形式的，应采用书面形式。《中华人民共和国民法典》第四百六十九条规定，书面形式是合同书、信件、电报、电传、传真等可以有形地表现所载内容的形式。以电子数据交换、电子邮件等方式能够有形地表现所载内容，并可以随时调取查用的数据电文，视为书面形式。

## 7.1.2 合同的分类和内容

### 1. 合同的分类

（1）买卖合同

买卖合同是出卖人转移标的物的所有权于买受人，买受人支付价款的合同。

（2）供用电、水、气、热力合同

供用电合同是供电人向用电人供电，用电人支付电费的合同。供用水、供用气、供用热力合同，参照适用供用电合同的有关规定。

（3）赠与合同

赠与合同是赠与人将自己的财产无偿给予受赠人，受赠人表示接受赠与的合同。

（4）借款合同

借款合同是借款人向贷款人借款，到期返还借款并支付利息的合同。

（5）保证合同

保证合同是为保障债权的实现，保证人和债权人约定，当债务人不履行到期债务或者发生当事人约定的情形时，保证人履行债务或者承担责任的合同。

（6）租赁合同

租赁合同是出租人将租赁物交付承租人使用、收益，承租人支付租金的合同。

（7）融资租赁合同

融资租赁合同是出租人根据承租人对出卖人、租赁物的选择，向出卖人购买租赁物，提供给承租人使用，承租人支付租金的合同。

（8）保理合同

保理合同是应收账款债权人将现有的或者将有的应收账款转让给保理人，保理人提供资金融通、应收账款管理或者催收、应收账款债务人付款担保等服务的合同。

（9）承揽合同

承揽合同是承揽人按照定作人的要求完成工作，交付工作成果，定作人支付报酬的合同。承揽包括加工、定作、修理、复制、测试、检验等工作。

（10）建设工程合同

建设工程合同是承包人进行工程建设，发包人支付价款的合同。建设工程合同包括工程勘察、设计、施工合同。

（11）运输合同

运输合同是承运人将旅客或者货物从起运地点运输到约定地点，旅客、托运人或者收货人支付票款或者运输费用的合同。

（12）技术合同

技术合同是当事人就技术开发、转让、许可、咨询或者服务订立的确立相互之间权利和义务的合同。

（13）保管合同

保管合同是保管人保管寄存人交付的保管物，并返还该物的合同。寄存人到保管人处从事购物、就餐、住宿等活动，将物品存放在指定场所的，视为保管，但是当事人另有约定或者另有交易习惯的除外。

（14）仓储合同

仓储合同是保管人储存存货人交付的仓储物，存货人支付仓储费的合同。

（15）委托合同

委托合同是委托人和受托人约定，由受托人处理委托人事务的合同。

（16）物业服务合同

物业服务合同是物业服务人在物业服务区域内，为业主提供建筑物及其附属设施的维修养护、环境卫生和相关秩序的管理维护等物业服务，业主支付物业费的合同。物业服务人包括物业服务企业和其他管理人。

（17）行纪合同

行纪合同是行纪人以自己的名义为委托人从事贸易活动，委托人支付报酬的合同。

（18）合伙合同

合伙合同是两个以上合伙人为了共同的事业目的，订立的共享利益、共担风险的协议。

**2. 合同的内容**

合同的内容，是指当事人约定的合同条款。当事人只有对合同内容一具体条款协商一致，合同方可成立。

《中华人民共和国民法典》第四百七十条中规定，合同的内容由当事人约定，一般包括下列条款：

（1）当事人的姓名或者名称和住所；

（2）标的；

（3）数量；

（4）质量；

（5）价款或者报酬；

（6）履行期限、地点和方式；

（7）违约责任；

（8）解决争议的方法。

当事人可以参照各类合同的示范文本订立合同。

## 7.2　合同的订立

按照合同的表现形式，合同可分为书面合同、口头合同及其他形式。

当事人订立合同，可以采取要约、承诺方式或者其他方式。

### 7.2.1　合同订立程序

《中华人民共和国民法典》第四百七十一条规定，当事人订立合同，可以采取要约、承诺方式或者其他方式。

要约与承诺，是当事人订立合同必经的程序，也即当事人双方就合同的一般条款经过协商一致并签署书面协议的过程。

**1. 要约**

（1）要约，是指当事人一方向另一方提出合同条件，希望另一方订立合同的意思表示。提出要约的一方称为要约人。另一方则称为受要约人。要约是以签订合同为目的的一种意思表示，其内容必须具体明确，并应当包括合同应具备的主要条款，要约具有法律约束力，要约到达受要约人时生效，要约生效后，要约人不得擅自撤回或更改。

在建设工程合同签订过程中，承包人向发包人递交投标文件的投标行为就是一种要约行为，投标文件中应包含建设工程合同具备的主要条款，如工程造价、工程质量、工程工期等内容，作为要约的投标对承包人具有法律约束力，表现在承包人在投标生效后无权修改或撤回投标以及一旦中标就必须与发包人签订合同，否则要承担相应责任等。

（2）要约邀请，是希望他人向自己发出要约的意思表示。要约邀请并不是合同成立过程中的必经过程，它是当事人订立合同的预备行为，在法律上无须承担责任。这种意思表示的内容往往不确定，不含有合同得以成立的主要内容，也不含有相对人同意后受其约束的表示。

在建设工程合同签订的过程中，发包人发布招标公告或招标邀请书的行为就是一种要约邀请行为，其目的在于邀请承包人投标。在建设工程合同签订程序有一个显著的特点：受要约人（承诺人）是特定的，而要约人是不特定的。

（3）要约撤回，是指要约在发生法律效力之前，欲使其不发生法律效力而取消要约的意思表示。要约人可以撤回要约，撤回要约的通知应当在要约到达受要约人之前或同时到达受要约人。

（4）要约撤销，是指要约在发生法律效力之后，要约人欲使其丧失法律效力而取消该项要约的意思表示。要约可以撤销，撤销要约的通知应当在受要约人发出承诺通知之前到达受要约人。

但有下列情形之一的，要约不得撤销：第一，要约人确定承诺期限或者以其他形式明示要约不可撤销；第二，受要约人有理由认为要约是不可撤销，并已经为履行合同做了准备工作。可以认为，要约撤销是一种特殊的情况，且撤销通知必须在受要约人发生承诺通知之前到达受要约人。

### 2. 承诺

（1）承诺，指受要约人完全同意要约的意思表示。承诺必须由被要约人作出，它是受要约人愿意按照要约的内容与要约人订立合同的允诺。

承诺必须是在有效时间内作出。要约在其存续期间内才有效力，一旦受要约人承诺便可成立合同，因此承诺必须在此期间内作出。

承诺必须与要约的内容完全一致。

承诺应当以通知的方式作出，但根据交易习惯或者要约表明可以通过行为作出承诺的除外。

（2）承诺应当在要约确定的期限内到达要约人。承诺不需要通知的，根据交易习惯或者要约的要求作出承诺的行为时生效，承诺的通知到达要约人时生效，承诺生效时合同成立。

（3）承诺撤回是承诺人阻止或者消灭承诺发生法律效力的意思表示。承诺可以撤回，撤回承诺的通知应当在承诺通知到达要约人之前或者与承诺通知同时到达要约人。

## 7.2.2　合同示范文本与格式条款

### 1. 合同示范文本

合同示范文本，是指由一定机关事先拟订的对当事人订立相关合同起示范作用的合同文本，只对当事人在订立合同时起参考作用。国家鼓励参照相关合同示范文本签订合同。

### 2. 格式条款

格式条款是当事人为了重复使用而预先拟定，并在订立合同时未与对方协商的条款。

采用格式条款订立合同的，提供格式条款的一方应当遵循公平原则确定当事人之间的权利和义务，并采取合理的方式提示对方注意免除或者减轻其责任等与对方有重大利害关系的条款，按照对方的要求，对该条款予以说明。提供格式条款的一方未履行提示或者说明义务，致使对方没有注意或者理解与其有重大利害关系的条款的，对方可以主张该条款不成为合同的内容。

## 7.3　合同的效力

## 7.3.1　合同生效的概念

合同生效，是指合同当事人依据法律规定经协商一致，取得同意，双方订立的合同即发生法律效力。

依照法律、行政法规的规定，合同应当办理批准等手续的，依照其规定。未办理批准等手续影响合同生效的，不影响合同中履行报批等义务条款以及相关条款的效力。应当办理申请批准等手续的当事人未履行义务的，对方可以请求其承担违反该义务的责任。

### 7.3.2　合同生效的条件

合同生效应具备的条件如下：

（1）当事人具有相应的民事权利能力和民事行为能力。

（2）意思表示真实。

（3）不违反法律或者社会公共利益。

### 7.3.3　合同生效的时间

通常情况下，依法成立的合同，自成立时生效。

## 7.4　合同的履行、保全

### 7.4.1　合同的履行

当事人应当按照约定全面履行自己的义务。当事人应当遵循诚信原则，根据合同的性质、目的和交易习惯履行通知、协助、保密等义务。当事人在履行合同过程中，应当避免浪费资源、污染环境和破坏生态。

合同生效后，当事人就质量、价款或者报酬、履行地点等内容没有约定或者约定不明确的，可以协议补充；不能达成补充协议的，按照合同相关条款或者交易习惯确定。

当事人就有关合同内容约定不明确，依据前条规定仍不能确定的，适用下列规定：

（1）质量要求不明确的，按照强制性国家标准履行；没有强制性国家标准的，按照推荐性国家标准履行；没有推荐性国家标准的，按照行业标准履行；没有国家标准、行业标准的，按照通常标准或者符合合同目的的特定标准履行。

（2）价款或者报酬不明确的，按照订立合同时履行地的市场价格履行；依法应当执行政府定价或者政府指导价的，依照规定履行。

（3）履行地点不明确，给付货币的，在接受货币一方所在地履行；交付不动产的，在不动产所在地履行；其他标的，在履行义务一方所在地履行。

（4）履行期限不明确的，债务人可以随时履行，债权人也可以随时请求履行，但是应当给对方必要的准备时间。

（5）履行方式不明确的，按照有利于实现合同目的的方式履行。

（6）履行费用的负担不明确的，由履行义务一方负担；因债权人原因增加的履行费用，由债权人负担。

## 7.4.2　合同的保全

因债务人怠于行使其债权或者与该债权有关的从权利，影响债权人的到期债权实现的，债权人可以向人民法院请求以自己的名义代位行使债务人对相对人的权利，但是该权利专属于债务人自身的除外。

代位权的行使范围以债权人的到期债权为限。债权人行使代位权的必要费用，由债务人负担。

相对人对债务人的抗辩，可以向债权人主张。

债权人的债权到期前，债务人的债权或者与该债权有关的从权利存在诉讼时效期间即将届满或者未及时申报破产债权等情形，影响债权人的债权实现的，债权人可以代位向债务人的相对人请求其向债务人履行、向破产管理人申报或者作出其他必要的行为。

债务人以放弃其债权、放弃债权担保、无偿转让财产等方式无偿处分财产权益，或者恶意延长其到期债权的履行期限，影响债权人的债权实现的，债权人可以请求人民法院撤销债务人的行为。

债务人以明显不合理的低价转让财产、以明显不合理的高价受让他人财产或者为他人的债务提供担保，影响债权人的债权实现，债务人的相对人知道或者应当知道该情形的，债权人可以请求人民法院撤销债务人的行为。

撤销权的行使范围以债权人的债权为限。债权人行使撤销权的必要费用，由债务人负担。撤销权自债权人知道或者应当知道撤销事由之日起一年内行使。自债务人的行为发生之日起五年内没有行使撤销权的，该撤销权消灭。

## 7.5 合同的变更、转让和终止

### 7.5.1 合同的变更

合同变更，是指当事人对已经发生法律效力，但尚未履行或者尚未完全履行的合同，进行修改或补充所达成的协议。合同变更是狭义的，仅指合同内容和客体的变更，不包括合同主体的变更。合同主体的变更称为合同的转让。合同变更是合同关系的局部变化，如标的数量的增减、价款的变化、履行时间、地点方式的变化。

如在某建筑工程承包合同中，建设单位与承包商在原合同中约定的工程项目是一个七层办公楼，后因规划要求，该楼调整为六层。这是合同标的改变，属于合同变更。

合同变更必须针对有效合同，协商一致是合同变更的必要性条件，任何一方都不能擅自变更合同。当事人对合同内容变更取得一致意见时方为有效。当事人在变更合同时，以书面形式为宜。在施工合同中，一些合同的变更，如涉及变更、工程师的变更指令，一般都是书面的。

### 7.5.2 合同的转让

合同转让是指合同一方将合同的权利、义务全部或部分转让给第三人的法律行为。合同的转让包括债权转让和债务承担（转让）两种情况，当事人也可将权利义务一并转让，这相当于"主体变更"。

（1）债权转让

债权转让，是指合同债权人通过协议将其债权全部或部分转让给第三人的行为。债权人可以将合同的权利全部或者部分转让给第三人。

法律、行政法规定转让权利应当办理批准、登记手续的，应当办理批准、登记手续但下列情形债权不可以转让：①根据合同性质不得转让；②根据当事人约定不得转让；③依照法律规定不得转让等。

债权人转让权利的，应当通知债务人。未经通知的该转让对债务人不发生效力，受让人取得权利后，同时拥有与权利相对应的从权利。债务人对债权人的抗辩同样可以针对受让人。

（2）债务承担（转让）

债务承担（转让），是指债务人将合同的义务全部或者部分转移给第三人的情况。债权人将合同的义务全部或部分转移给第三人的，必须经债权人的同意，否则，这种转移不发生法律效力。

承受人在受移转的债务范围内承担债务，成为新债务人，原债务人不再承担已移转的债务。债务人转移义务的，新债务人可以主张原债务人对债权人的抗辩。债务人转移义务的，新债务人应当承担与主债务有关的从债务，但该从债务专属于原债务人自身的除外。

（3）权利和义务同时转让（概括转让）

当事人一方经对方同意，可以将自己在合同中的权利和义务一并转让给第三人。当事人订立合同后合并的，由合并后的法人或者其他组织行使合同权利，履行合同义务。

## 7.5.3　合同的终止

合同终止，是指合同当事人双方依法使相互间的权利义务关系终止。合同终止是合同关系的消灭。权利义务的终止不影响合同中结算和清理条款的效力。

下列原因可导致合同终止：债务已按照约定履行；债务按照合同约定得到履行，一方面可使合同债权得到满足，另一方面也使得合同归于消灭，产生合同的权利义务终止的后果。

合同解除，是指对已经发生法律效力，但尚未履行或者尚未完全履行的合同，因当事人一方的意思表示或者双方的协议而使债权债务关系提前归于消灭的行为。合同解除可分为约定解除和法定解除两类。

约定解除，是当事人通过行使约定的解除权或者双方协商决定而进行的合同解除。当事人协商一致可以解除合同，即合同的协商解除。当事人也可以约定一方解除合同的条件，解除合同条件成熟时，解除权人可以解除合同，即合同约定解除权的解除。

## 7.6 违约责任

### 7.6.1 违约责任的概念

违约责任就是违反合同的民事责任，是指合同当事人违反合同约定所应当承担的责任依法成立的合同，对当事人具有法律约束力当事人不履行义务或者履行义务不符合约定的，就要承担法律的违约责任。

### 7.6.2 承担违约责任的方式

（1）继续履行合同，是指违反合同的当事人不论是否承担赔偿金或者违约金，都必须根据对方的要求，在自己能够履行的条件下，对合同未履行部分继续履行。

（2）采取补救措施。这种责任形式，主要发生在质量不符合约定的情况下。

（3）赔偿损失。损失赔偿额应相当于违约所造成的损失，包括合同履行后可获得的利益，但不得超过违反合同一方订立合同时预见到或者应当预见到的因违反合同可能造成的损失。

（4）支付违约金。只要当事人有违约行为，无论是否给对方造成损失，都应当支付违约金。

（5）执行定金罚则。付定金的一方不履行约定债务的，无权要求返还定金；收定金的一方不履行约定债务的，应当双倍返还定金。

## 7.7　与工程建设相关的几种合同

与工程建设相关的几种合同关系如图 7-1 所示。

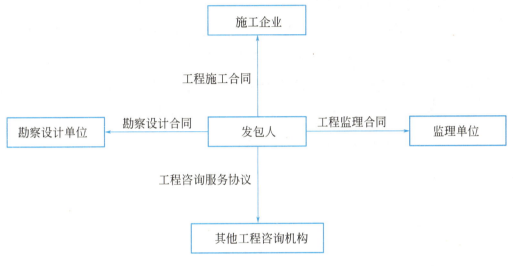

图 7-1　与工程建设相关的几种合同关系

### 7.7.1　建设工程施工合同

建设工程施工合同是发包人与承包人就完成具体工程项目的建筑施工、设备安装、设备调试、工程保修等工作内容，确定双方权利和义务的协议。

工程施工合同是建设工程合同的一种，它与其他建设工程合同一样是双务有偿合同，在订立时应遵守自愿、公平、诚实信用等原则。

建设工程施工合同是建设工程的主要合同之一，其标的是将设计图纸变为满足功能、质量、进度、投资等发包人投资预期目的的建设产品。

建设工程施工合同还具有以下特点：

21.《建设工程施工合同（示范文本）》GF-2013-0201

(1) 合同履行期限的长期性；

(2) 合同标的的特殊性；

(3) 合同内容的复杂性。

## 7.7.2　建设工程勘察合同

建设工程勘察合同是指根据建设工程的要求，查明、分析、评价建设场地的地质地理环境特征和岩土工程条件，编制建设工程勘察文件的协议。勘察设

22.《建设工程勘察合同（示范文本）》GF—2016—0203

计合同的发包人应当是法人或者自然人，承接方必须具有法人资格。甲方是建设单位或项目管理部门，乙方是持有建设行政主管部门颁发的工程勘察设计资质证书、工程勘察设计收费资格证书和工商行政管理部门核发的企业法人营业执照的工程勘察设计单位。

## 7.7.3　工程监理合同

建设工程监理合同的全称叫《建设工程委托监理合同》，也简称为监理合同，是指工程建设单位聘请监理单位代其对工程项目进行管理，明确双方权利、义务的协议。建设单位称委托人、监理单位称受托人。

建设工程监理合同的特征：

23.《建设工程监理合同（示范文本）》GF—2012—0202

（1）监理合同的当事人双方应当是具有民事权利能力和民事行为能力、取得法人资格的企事业单位、其他社会组织，个人在法律允许范围内也可以成为合同当事人。作为委托人必须是有国家批准的建设项目，落实投资计划的

企事业单位、其他社会组织及个人，作为监理人必须是依法成立具有法人资格的监理单位，并且所承担的工程监理业务应与单位资质相符合。

（2）监理合同的订立必须符合工程项目建设程序。

（3）监理合同的标的是服务，工程建设实施阶段所签订的其他合同，如勘察设计合同、施工承包合同、物资采购合同、加工承揽合同的标的物是产生新的物质或信息成果，而监理合同的标的是服务，即监理工程师凭据自己

的知识、经验、技能受业主委托为其所签订的其他合同的履行实施监督和管理。

## 7.8 建设工程合同纠纷案例的司法解释及运用

【例7-1】S省某建筑工程公司因施工工期紧迫，而事先未能与有关厂家签订好供货合同，造成施工过程中水泥短缺，急需100t水泥。于是，该建筑工程公司同时向甲水泥厂和乙水泥厂发信，信件中称："如贵厂有×强度等级水泥现货（袋装），吨价不超过1600元，请求接到信10天内发货100t，货到付款，运费由供货方自行承担。"甲水泥厂接信当天回信，

24. [例7-1]
讲解

表示愿以吨价1700元发货100t，并于第3天发货100t至S省建筑工程公司，建筑工程公司于当天验收并接收了货物。乙水泥厂接到要货的信件后，积极准备货源，于接信后第7天，将100t袋装×强度等级水泥装车，直接送至某建筑工程公司，结果遭到对方的拒收。其理由是：本建筑工程仅需要100t水泥，至于给乙水泥厂发函，只是进行询问协商，不具有法律约束力。乙水泥厂不服，遂向人民法院提起了诉讼，要求依法处理。

【问题】本案应如何处理？

【分析】本案考查合同订立中的要约、承诺规则。本案中，某建筑工程公司发给乙水泥厂的信件中，对标的、数量、规格、价款、履行期、履行地点等有明确规定，应认为内容确定而且从其内容中可以看出，一经乙水泥厂承诺，某建筑工程公司即受该意思表示约束，所以构成有效的要约。由于要约人某建筑工程公司未行使撤回权，则在其要约有效期内，某建筑工程公司应受其要约的约束。由于某建筑工程公司在其函电中要求受要约人在10天内直接发货，所以乙水泥厂在接到信件7天后发货的行为是以实际履行行为而对要约的承诺，因此可以认定在两当事人之间存在生效的合同关系。

由于某建筑工程公司与乙水泥厂的要约、承诺成立，两者之间存在有效的合同，则某建筑工程公司应履行其合同义务，其拒收乙水泥的行为构成违约。

由于双方当事人没有约定违约金或损失赔偿额的计算方法，所以人民法院应根据实际情况确定损失赔偿额，其数额应相当于因某建筑工程公司违约给乙公司所造成的损失，包括合同履行后可以获得的利益，但不得超过某建筑工程公司在订立合同时应当预见到的因违反合同可能造成的损失。

【例 7-2】A 建筑公司挂靠于一资质较高的 B 建筑公司，以 B 建筑公司名义承揽了一项工程，并与建设单位 C 公司签订了施工合同，但在施工过程中，由于 A 建筑公司的实际施工技术力量和管理能力都较差，造成了工程进度的延误和一些工程质量缺陷。C 公司以此为由，不予支付余下的工程款。A 建筑公司以 B 建筑公司名义将 C 公司告上了法庭。

【问题】

（1）A 建筑公司以 B 建筑公司名义与 C 公司签订的施工合同是否有效？

（2）C 公司是否应当支付余下的工程款？

【分析】

（1）《最高人民法院关于审理建设工程施工合同纠纷案件适用法律问题的解释》第 4 条规定，承包人非法转包、违法分包建设工程或者没有资质的实际施工人借用有资质的建筑施工企业名义与他人签订建设工程施工合同的行为无效。A 建筑公司以 B 建筑公司名义与 C 公司签订的施工合同，是没有资质的实际施工人借用有资质的建筑施工企业名义签订的合同，属无效合同，不具有法律效力。

（2）C 公司是否应当支付余下的工程款要视该工程竣工验收的结果而定。《最高人民法院关于审理建设工程施工合同纠纷案件适用法律问题的解释》规定，建设工程施工合同无效，但建设工程经竣工验收合格，承包人请求参照约定支付工程价款的，应予支持。建设工程施工合同无效，且建设工程经竣工验收不合格的，按照以下情形分别处理：①修复后的建设工程经竣工验收合格，发包人请求承包人承担修复费用的，应予支持；②修复后的建设工程经竣工验收不合格的，承包人请求支付工程价款的，不予支持。

**【例 7-3】** 甲建筑公司（以下简称甲公司）拟向乙建材公司（以下简称乙公司）购买一批钢材。双方经口头协商，约定购买钢材 100t，单价每吨 3500 元，并拟订了准备签字盖章的买卖合同文本。乙公司签字盖章后，交给了甲公司准备签字盖章。由于施工进度紧张，在甲公司催促下，乙公司在未收到甲公司签字盖章的合同文本情形下，将 100t 钢材送到甲公司工地现场。甲公司接收了并投入工程使用。后因拖欠货款，双方产生了纠纷。

**【问题】** 甲、乙公司的买卖合同是否成立？

**【分析】** 根据《中华人民共和国民法典》第四百九十条规定，当事人采用合同书形式订立合同的，自当事人均签名、盖章或者按指印时合同成立。在签名、盖章或者按指印之前，当事人一方已经履行主要义务，对方接受时，该合同成立。

双方当事人在合同中签字盖章十分重要。如果没有双方当事人的签字盖章，就不能最终确认当事人对合同的内容协商一致，也难以证明合同的成立有效。但是，双方当事人的签字盖章仅是形式问题。如果一个以书面形式订立的合同已经履行，仅仅是没有签字盖章，就认定合同不成立，则违背了当事人的真实意思。当事人既然已经履行，合同当然依法成立。

## 单元总结

本单元学习了合同概念及分类；合同的订立、效力等内容以及与建设工程相关的合同共七个知识点，通过本单元的学习使学生掌握：

(1) 合同的分类等；

(2) 合同的订立、效力等相关内容；

(3) 建设工程相关合同的运用等。

## 思考及练习

### 一、单项选择题

1. 承包商为赶工期，向水泥厂商发函紧急订购 500t 某强度等级的水泥，要求三日内运送至工地，并要求当日承诺。承包商的订购行为（　　）。

　　A. 属于要约邀请，随时可以撤销

　　B. 属于要约，在水泥运抵施工现场前可以撤回

　　C. 属于要约，在水泥运抵施工现场前可以撤销

　　D. 属于要约，而且不可以撤销

　　2. 水泥厂在承诺有效期内，对施工单位订购水泥的要约做出了完全同意的答复，则该水泥买卖合同成立的时间为（　　）。

　　A. 施工单位订购水泥的要约到达水泥厂时

　　B. 水泥厂的答复文件达到施工单位时

　　C. 施工单位发出订购水泥的要约时

　　D. 水泥厂发生答复文件时

　　3. 某施工项目材料采购合同中，当事人对价款没有约定，也无法根据有关合同条款或交易习惯确定，应按照（　　）的市场价格履行。

　　A. 履行义务一方所在地　　　　　　B. 材料所在地

　　C. 合同签订地　　　　　　　　　　D. 订立合同时履行地

　　4. 甲在受到欺诈的情况下与乙订立了合同，后经甲向人民法院申请，撤销了该合同，则该合同自（　　）起不发生法律效力。

　　A. 人民法院决定撤销之日　　　　　B. 合同订立时

　　C. 人民法院受理请求时　　　　　　D. 权利人知道可撤销之日

　　5. 某贸易公司与某建材供应商签订合同，约定供应商于合同签订后 7 日内将 3000t 钢筋运至某工地，向施工单位履行交货义务。合同签署后，供应商未按合同约定交货，则（　　）。

　　A. 施工单位与贸易公司应共同向供应商追究违约责任

　　B. 供应商应向施工单位承担违约责任

　　C. 供应商应向贸易公司承担违约责任

　　D. 施工单位与贸易公司均可向供应商追究违约责任

　　**二、多项选择题**

　　1. 工程施工合同履行过程中，建设单位延迟支付工程款，则施工单位要求建设单位承担违约责任的方式可以是（　　）。

　　A. 继续履行合同　　　　　　　　　B. 降低工程质量标准

C. 提高合同价款　　　　　　　　D. 提前支付所有工程款

E. 支付逾期利息

2. 合同解除的法律后果包括（　　　）。

A. 终止履行合同　　　　　　　　B. 恢复原样

C. 采取补救措施　　　　　　　　D. 赔偿损失

E. 财产收归国有

### 三、简答题

1. 简述合同的分类及内容。

2. 简述与工程建设相关的几种合同关系。

25. 教学单元7
思考及练习题
答案

# 教学单元8

## 工程建设环境保护法律制度

Chapter 08

**教学目标**

**1. 知识目标**

了解工程建设环境保护法律制度；理解建设项目环境保护专项法的规定；掌握工程施工现场关于噪声、废水、废气以及固体废弃物环境保护的各项规定。

**2. 能力目标**

具备根据施工现场的情况制定环境保护目标，拟定施工环境保护体系、方案，提出相应的环境保护措施的能力。

思维导图

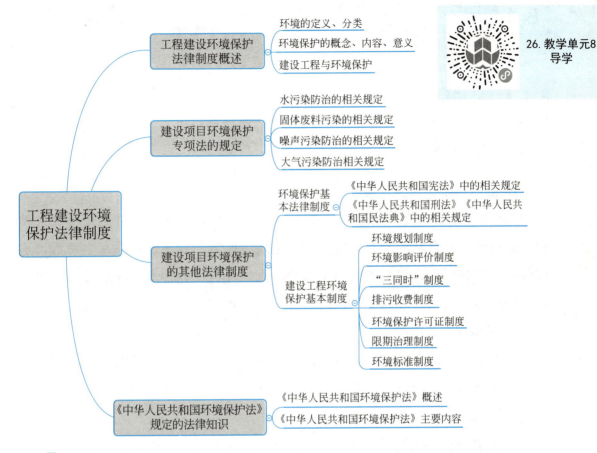

26. 教学单元8
导学

引文

改革开放以来，我国的环境保护事业逐渐起步，环境保护理念逐步确立，先后出台了一系列环境保护法律法规和政策措施，环境保护投入大幅增加，环境污染治理不断推进，生态环境保护建设不断加强，城乡居民生活环境持续改善。特别是党的十八大以来，以习近平同志为核心的党中央确立了"五位一体"总体布局，对生态文明建设作出顶层设计和总体部署，将绿色发展作为目前我国经济社会发展的基本理念，生态文明建设全面发力，不断深入，取得积极进展，揭开崭新的一页。

本单元从环境的定义着手，阐述了建设工程环境保护法律法规的内容；介绍了建设工程环境保护的法律制度；阐述了在具体实施过程中与建设工程环境保护相关的法律法规和具体制度。

## 8.1　工程建设环境保护法律制度概述

### 8.1.1　环境概述

**1. 自然环境和人工环境**

从环境形成的要素可以分为自然环境和人工环境。自然环境是指环绕人类社会的自然界，自然环境有大气、水、土地、矿藏、森林、草原、生物等，这些都是人类赖以生存和发展的物质基础。人工环境也称为人工改造过的环境或者人为环境，包括经过人工改造的名胜古迹、自然保护区、风景游览区等。

**2. 环境保护的概念**

环境保护是指人类有意识地保护自然资源并使其得到合理的利用，防止自然环境受到污染和破坏；对受到污染和破坏的环境做好综合治理，以创造出适合于人类生活、工作的环境。

**3. 环境保护的内容**

（1）防治由生产和生活活动引起的环境污染，主要是指防治工业生产排放的"三废"（废水、废气、废渣）、粉尘、放射性物质以及产生的噪声、振动、恶臭和电磁微波辐射，工农业生产和人民生活使用的有毒有害化学品，城镇生活排放的烟尘、污水和垃圾，交通运输活动产生的有害气体、废液、噪声以及海上船舶运输排出的污染物等造成的污染。

（2）防止由建设和开发活动引起的环境破坏，包括防治由工程建设（铁路、公路干线、大型港口码头、机场、大型水利工程和工业、民用项目）对环境造成的破坏和污染，农垦和围湖造田活动、海上油田、海岸带和沼泽地的开发、森林和矿产资源的开发对环境的破坏和影响，新工业区和新城镇的设置和建设等对环境的破坏、污染和影响。

（3）防止对生态环境产生影响的行为，包括城乡规划、植树造林、人口的增长和分布、生产力的配置等对环境产生影响的行为，也都属于环境保护的内容。

（4）保护有特殊价值的自然环境，包括对珍稀物种及其生活环境、特殊的自然发展史遗迹、地质现象、地貌景观等提供有效的保护。

#### 4. 环境保护的意义

环境保护是我国的一项基本国策，环境问题已成为危害人们健康，制约经济发展和社会稳定的重要因素，保护环境意义重大。

（1）环境污染问题严峻。主要污染物排放量超过环境承载能力，许多城市空气污染严重，酸雨污染加重，持久性有机污染物的危害开始显现，土壤污染面积扩大，近岸海域污染加剧，核辐射环境安全存在隐患，重大污染事故时有发生，我国进入了一个环境污染事故的高发期。这些问题严重影响了人们的生产和生活，成为制约我国可持续发展的障碍因素。

（2）生态恶化趋势加剧。生态破坏严重，水土流失量大面广，沙漠化、草原退化加剧，生物多样性减少，生态系统功能退化。

（3）加强环境保护是落实科学发展观的重要举措。科学发展观就是坚持以人为本，树立全面、协调、可持续的发展观，促进经济社会和人的全面发展。加强环境保护，有利于促进人与自然的和谐，实现经济发展和人口、资源、环境相协调。因此，我们必须用科学发展观统领环境保护工作，痛下决心解决环境问题。

（4）我国环境保护的新挑战。我国在 2001 年加入世界贸易组织（WTO）后，发达国家会要求我们执行与之同样的环境标准。因此，WTO 的一些绿色条款，有可能对我国商品出口造成影响，限制国内那些不符合环境标准商品的出口贸易。这就要求国内企业提高环境保护意识，加大环境保护方面的投入，建立环境管理体系，持续改善环境行为，以提高产品的国际竞争力。

## 8.1.2　建设工程与环境保护

#### 1. 建设工程对环境保护的影响

由于建设工程的周期长、强度高、耗能大，对于环境的影响是多方面的，主要影响包括对于地球资源、能源的巨大消耗和浪费；对地域生态环境的影响甚至破坏；在建设工程过程中对周围相关环境的污染和破坏；建设工程的绿化、水面严重不足所导致的空气污浊、噪声干扰、温度升高、气候干燥、物理环境日趋恶化；工程规划不合理导致的特殊气候现象，如旋风、飓风、短时暴雨等。建设工程环境问题突出表现为以下几点：

（1）建设工程对能源与资源的超量消耗。随着建设工程项目越来越复杂，建设工程行为的能源消耗也越来越大，建设工程项目是能源的主要消费者。

（2）建设工程污染破坏了地域生态环境。除了建设工程项目占用土地面积，影响其周围的生态环境外，大部分建筑材料的开采和制造过程，例如矿山开发、建筑用砖的取土烧窑、一些人工合成材料如塑钢门窗和 PVC 材质管材的生产等，都排放有毒气体，这不但破坏了地域原生环境，而且对其相关地域的生态环境造成了影响甚至破坏。

（3）建设工程对本地区气候环境造成不良影响。未经规划的建设工程往往会对本地区气候环境造成不良影响，如城市中普遍存在的"热岛效应"和"牛背雨"。

### 2. 建设工程环境保护法律法规的作用

工程建设活动在为人类提供生产和生活便利的同时，过度消耗着自然资源，污染着自然环境。日趋严重的环境、资源问题已经使工程建设行业的发展处在一个重要转折关头，只有实现对建筑的规划、设计、施工、使用和拆除的全过程监控，才能保证人类拥有一个健康、美好、可持续发展的工程建设环境。

（1）建设工程环境保护法律法规是保护环境的法律武器。自从中华人民共和国成立以来，党和政府就十分重视环境保护事业，做了大量的工作，取得了很大的成绩。历史经验证明，在进行社会主义现代化建设的同时，必须搞好环境建设，这是一条不以人们意志为转移的客观规律。如果违反了这一规律，就会受到严厉的惩罚。

（2）为全体公民和单位维护自己的环境权益提供法律武器。每一位公民都有在安全、健康的环境中生活的权利，都有维护自己生命安全、身心健康以及财产不受污染损害的权利。每一个企事业单位也有在适宜环境条件下进行正常生产经营的权利和保护自己财产不受环境损害的权利。建设工程法律法规提供了同一切破坏和损害环境的行为作斗争、维护合法环境权益的法律保障武器。

（3）建设工程环境保护法律法规是为了避免走浪费资源和先污染后治理的路子。建设工程往往关涉多数人的利益，因此必须注意建设与周围环境、长远和短期利益、局部和整体关系的维护。必须处理好建设工程全过程中的监控问题，从规划立项到竣工验收，每一个过程都得坚守相关的环境质量标准，维护环境，走可持续发展的建设之路。

## 8.2　建设项目环境保护专项法的规定

《建设工程安全生产管理条例》规定，施工单位应当遵守有关环境保护法律、法规的规定，在施工现场采取措施，防止或者减少粉尘、废气、废水、固体废物、噪声、振动和施工照明对人和环境的危害和污染。

### 8.2.1　《中华人民共和国水污染防治法》的相关规定

水污染，是指水体因某种物质的介入，而导致其化学、物理、生物或者放射性等方面特性的改变，从而影响水的有效利用，危害人体健康或者破坏生态环境，造成水质恶化的现象。建设项目的水污染防治设施，应当与主体工程同时设计、同时施工、同时投入使用。水污染防治设施应当经过环境保护主管部门验收，验收不合格的，该建设项目不得投入生产或者使用。

《中华人民共和国水污染防治法》对于防治水污染作了规定，主要内容如下：

（1）水污染防治的监督管理

1）新建、改建、扩建直接或者间接向水体排放污染物的建设项目和其他水上设施，应当依法进行环境影响评价。

2）国家对重点水污染物排放实施总量控制制度。

3）国家实行排污许可制度。国家建立水环境质量监测和水污染物排放监测制度。

（2）水污染防治措施的一般规定

1）禁止向水体排放油类、酸液、碱液或者剧毒废液。

2）禁止向水体排放、倾倒放射性固体废物或者含有高放射性和中放射性物质的废水。向水体排放含低放射性物质的废水，应当符合国家有关放射性污染防治的规定和标准。

3）向水体排放含热废水，应当采取措施，保证水体的水温符合水环境质量标准。

4）含病原体的污水应当经过消毒处理，符合国家有关标准后，方可排放。

5）禁止向水体排放、倾倒工业废渣、城镇垃圾和其他废弃物。存放可溶性剧毒废渣的场所，应当采取防水、防漏、防流失的措施。

6）禁止在江河、湖泊、运河、要道、水库最高水位线以下的滩地和岸坡堆放、存贮固体废弃物和其他污染物。

7）禁止利用渗井、渗坑、裂隙和溶洞排放、倾倒含有毒污染物的废水、含病原体的污水和其他污染物。

8）禁止利用无防渗漏措施的沟渠、坑塘等输送或者存贮含有毒污染物的废水、含病原体的污水和其他废弃物。

9）多层地下水的含水层水质差异大的，应当分层开采；对已受污染的潜水和承压水，不得混合开采。

10）兴建地下工程设施或者进行地下勘探、采矿等活动，当采取防护性措施，防止地下水污染。

11）人工回灌补给地下水，不得恶化地下水质。

（3）饮用水水源和其他特殊水体保护

1）国家建立饮用水水源保护区制度。饮用水水源保护区分为一级保护区和二级保护区，必要时可以在饮用水水源保护区外围划定一定的区域作为准保护区。

2）在饮用水水源保护区内，禁止设置排污口。禁止在饮用水水源一级保护区内新建、改建、扩建与供水设施和保护水源无关的建设项目；已建成的与供水设施和保护水源无关的建设项目，由县级以上人民政府责令拆除或者关闭。禁止在饮用水水源二级保护区内新建、改建、扩建排放污染物的建设项目；已建成的排放污染物的建设项目，由县级以上人民政府责令拆除或者关闭。

3）禁止在饮用水水源准保护区内新建、扩建会对水体造成严重污染的建设项目、改建建设项目，不得增加排污量。

4）县级以上地方人民政府应当根据保护饮用水水源的实际需要，在准保护区内采取工程措施或者建湿地、水源养林等生态保护措施，防止水污染物直接排入饮用水水体，确保饮用水安全。

5）国务院和省、自治区、直辖市人民政府根据水环境保护的需要，可以规定在饮用水水源保护区内，采取禁止或者限制使用含磷洗涤剂、化肥、农药以及限制种植养殖等措施。

## 8.2.2 《中华人民共和国固体废物污染环境防治法》的相关规定

固体废物污染环境是指固体废物在产生、收集、贮存、运输、利用、处置的过程中产生的危害环境的现象。

（1）固体废物污染环境防护措施

1）产生排放固体废物的单位和个人，应当采取措施防止或减少对环境的污染。

2）收集、储存、运输、利用、处置的单位和个人，要采取措施防止扬撒、渗漏、流失、丢弃。

3）产品应采用易回收的包装物，有关部门应加强对包装物的回收利用工作。

4）转移固体废弃物时，应向移出地的省环保部门报告，并应经接受地省级环保部门的许可。

5）禁止境外废物进境倾倒、堆放、处置。

6）禁止进口不能用作原料的固体废物，限制进口可以用作原料的废物，确需进口的需经国家环境保护主管部门批准。

7）推广防治固体废物污染的先进工艺设备，淘汰落后工艺设备。

8）企事业单位应合理选择，利用原材料、能源，采用先进的工艺设备，减少工业固体废物的产生量。

9）露天堆放冶炼渣、化工渣、燃煤灰渣、废物矿石、尾矿和其他固体废物，应设置专用场所并须符合环保标准。

10）城市生活垃圾收集、储存、运输应符合环境保护和环境卫生规定。

（2）危险废物污染防治

1）危险废物的包装物、处置场所必须设有识别标志。

2）产生危险废物的单位，必须按国家规定处置，环保部门应限期改正；逾期不处置或处置不符合规定的，由环保部门指定单位代为处置，费用由生产单位承担。

3）处置危险废物不符合国家规定的，应缴纳排污费。排污费应用于危险废物污染防治，不得挪作他用。

4）从事收集、储存、运输危险废物经营活动的单位必须申请领取经营许可证，无经营许可证不得从事上述活动。

5）收集、储存危险废物必须分类进行，禁止混合收集、储存、运输、处置性质不相容且无安全处理措施的危险废物。禁止危险废物和非危险废物混存。

6）转移危险废物必须填写"转移单"，并向移出地和接受地环保部门报告。

7）禁止将危险废物与旅客用同一运输工具载运。

8）收集、储存、运输、处置危险废物的场所、设施设备和容器、包装物及其他物品转作他用时，必须经过消除污染的处理方可使用。

9）从事危险废物经营活动的人员应经过培训，考试合格才能上岗。经营单位应制定意外事故的应急措施。

10）禁止经中华人民共和国过境转移危险废物。

## 8.2.3 《中华人民共和国环境噪声污染防治法》的相关规定

噪声，是指对人类的生活或者生产活动产生不良影响的声音。噪声的来源可以分为两部分，部分来源于自然界，其与人类的生活、生产活动无关；另一部分来源于人类的生活、生产活动，即人为活动所产生的。《中华人民共和国环境噪声污染防治法》对防治工业建筑施工噪声污染作出的规定如下：

（1）在城市市区范围内向周围生活环境排放建筑施工噪声的，应当符合国家规定的建筑施工场界环境噪声排放标准。

（2）产生环境噪声污染的工业企业，应当采取有效措施，减轻噪声对周围生活的影响。

（3）在工业生产中因使用固定的设备造成环境噪声污染的工业企业，必须按照国务院环境保护行政主管部门的规定，向所在地的县级以上地方人民政府环境保护行政主管部门申报拥有的造成环境噪声污染的设备的种类、数量以及在正常作业条件下所发出的噪声值和防治环境噪声污染的设施情况，并提供防治噪声污染的技术资料。造成环境噪声污染的设备的种类、数量、噪声值和防治设施有重大改变的，必须及时申报，并采取应有的防治措施。国务院有关主管部门对可能产生环境噪声污染的工业设备，应当根据声环境保护的要求和国家的经济、技术条件，逐步在依法制定的产品的国家标准、行业标准中规定噪声限值。

（4）在城市市区范围内，建筑施工过程中使用机械设备，可能产生环境噪声污染的，施工单位必须在工程开工 15 日以前向工程所在地县级以上地方人民政府环境保护行政主管部门申报该工程的项目名称、施工场所和期限、可能产生的环境噪声值以及所采取的环境噪声污染防治措施的情况。

（5）在城市市区噪声敏感建筑物集中区域内，禁止夜间进行产生环境噪声污染的建筑施工作业，但抢修、抢险作业和因生产工艺上要求或者特殊需要必须连续作业的除外。因特殊需要必须连续作业的，必须有县级以上人民政府或者其有关主管部门的证明。夜间作业时必须公告附近居民。

## 8.2.4　《绿色施工导则》的相关规定

施工现场大气污染的防治，重点是防治扬尘污染。对于扬尘控制，《绿色施工导则》中规定：

（1）运送土方、垃圾、设备及建筑材料等，不污损场外道路。运输容易散落、飞扬、流漏物料的车辆，必须采取措施封闭严密，保证车辆清洁。施工现场出口应设置洗车槽。

（2）土方作业阶段，采取洒水、覆盖等措施，确保作业区目测扬尘高度小于 1.5m，不扩散到场区外。

（3）结构施工、安装装饰装修阶段，作业区目测扬尘高度小于0.5m。

（4）对易产生扬尘的堆放材料，应采取覆盖措施；对粉末状材料应封闭存放；场区内可能引起扬尘的材料及建筑垃圾搬运应有降尘措施，如覆盖、洒水等；浇筑混凝土前清理灰尘和垃圾时尽量使用吸尘器，避免使用吹风器等易产生扬尘的设备；机械剔凿作业时可用局部遮挡、掩盖、水淋等防护措施；高层或多层建筑清理垃圾应搭设封闭性临时专用道或采用容器吊运。

（5）施工现场非作业区满足目测无扬尘的要求。对现场易飞扬物质采取有效措施，如洒水、地面硬化、围挡、密网覆盖、封闭等，防止扬尘产生。

（6）构筑物机械拆除前，做好扬尘控制计划。可采取清理积尘、拆除体洒水、设置隔挡等措施。

（7）构筑物爆破拆除前，做好扬尘控制计划。可采用清理积尘、淋湿地面、预湿墙体、屋面敷水袋、楼面水、建筑外设高压喷雾状水系、搭设防尘排栅和直升机投水弹等综合降尘。选择风力小的天气进行爆破作业。

（8）在场界四周隔挡高度位置测得的大气总悬浮颗粒物（TSP）月平均浓度与城市背景值的差值不大于 $0.08mg/m^3$。

（9）向大气排放污染物的，其污染物排放浓度不得超过国家和地方规定的排放标准。在人口集中地区和其他依法需要特殊保护的区域内，禁止焚烧沥青、油毡、橡胶、塑料、皮革、垃圾以及其他产生有毒有害烟尘和恶臭气体的物质。

## 8.3 建设项目环境保护的其他法律制度

### 8.3.1 环境保护基本法律制度

#### 1.《中华人民共和国宪法》中的相关规定

宪法是环境保护基本法的立法基础。《中华人民共和国宪法》明确规定保护环境和防治污染是国家的根本政策，是国家机关、社会团体、企业事业单位的职责和每个公民的义务。

《中华人民共和国宪法》第九条规定，矿藏、水流、森林、山岭、草原、荒地、滩涂等自然资源，都属于国家所有，即全民所有；由法律规定属于集体所有的森林和山岭、草原、荒地、滩涂除外。国家保障自然资源的合理利用，保护珍贵的动物和植物。禁止任何组织或者个人用任何手段侵占或者破坏自然资源。

第十条规定，城市的土地属于国家所有。农村和城市郊区的土地，除由法律规定属于国家所有的以外，属于集体所有；宅基地和自留地、自留山，也属于集体所有。任何组织或者个人不得侵占、买卖、出租或者以其他形式非法转让土地。一切使用土地的组织和个人必须合理地利用土地。

第五十一条规定，中华人民共和国公民在行使自由和权利的时候，不得损害国家的、社会的、集体的利益和其他公民的合法的自由和权利。

### 2. 《中华人民共和国刑法》《中华人民共和国民法典》中的相关规定

《中华人民共和国刑法》"第六节破坏环境资源保护罪"对破坏环境、严重污染环境导致犯罪的行为作了相应的规定，第三百三十八条规定，违反国家规定，向土地、水体、大气排放、倾倒或者处置有放射性的废物、含传染病病原体的废物、有毒物质或者其他危险废物，造成重大环境污染事故，致使公私财产遭受重大损失或者人身伤亡的严重后果的，处三年以下有期徒刑或者拘役，并处或者单处罚金；后果特别严重的，处三年以上七年以下有期徒刑，并处罚金。

第三百三十九条规定，违反国家规定，将境外的固体废物进境倾倒、堆放、处置的，处五年以下有期徒刑或者拘役，并处罚金；造成重大环境污染事故，致使公私财产遭受重大损失或者严重危害人体健康的，处五年以上十年以下有期徒刑，并处罚金；后果特别严重的，处十年以上有期徒刑，并处罚金。

未经国务院有关主管部门许可，擅自进口固体废物用作原料，造成重大环境污染事故，致使公私财产遭受重大损失或者严重危害人体健康的，处五年以下有期徒刑或者拘役，并处罚金；后果特别严重的，处五年以上十年以下有期徒刑，并处罚金。

以原料利用为名，进口不能用作原料的固体废物、液态废物和气态废物的，依照《中华人民共和国刑法》第一百五十二条第二款、第三款的规定定罪处罚。

第三百四十二条规定，违反土地管理法规，非法占用耕地、林地等农用地，改变被占用土地用途，数量较大，造成耕地、林地等农用地大量毁坏的，处五年以下有期徒刑或者拘役，并处或者单处罚金。

第四百零八条规定，负有环境保护监督管理职责的国家机关工作人员严重不负责任，导致发生重大环境污染事故，致使公私财产遭受重大损失或者造成人身伤亡的严重后果的，处三年以下有期徒刑或者拘役。

《中华人民共和国民法典》第一千二百二十九条规定，违反国家保护环境防止污染的规定，污染环境造成他人损害的，应当依法承担民事责任。《中华人民共和国民法典》第一千一百六十五条规定，没有过错，但法律规定应当承担民事责任的，应当承担民事责任。

## 8.3.2　建设工程环境保护基本制度

### 1. 环境规划制度

环境规划，是指为了使环境与社会、经济协调发展，国家将"社会—经济—环境"作为一个复合的生态系统，依据社会经济规律、生态规律和地学原理，对其发展变化趋势进行研究而对人类自身活动所做的时间和空间的合理安排。

按环境规划的时间期限分为短期规划、中期规划和长期规划。通常短期规划以 5 年为限，中期规划以 15 年为限，长期规划以 20 年、30 年、50 年为限。

按环境规划的法定效力分为强制性规划和指导性规划。

按环境规划的性质分为污染控制规划、国民经济整体规划和国土利用规划三大类，每一类还可以按范围、行业或专业再细化成子项规划。其中，污染控制规划是针对污染引起的环境问题编制的，主要是对工农业生产、交通运输和城市生活等人类活动对环境造成的污染而规定的防治目标和措施。

### 2. 环境影响评价制度

环境影响评价是指对规划和建设项目实施后可能造成的环境影响进行分析、预测和评估，提出预防或者减轻不良环境影响的对策和措施，进行跟踪监测的方法与制度。2002 年 12 月 28 日，全国人民代表大会常务委员会发布了

《环境影响评价法》，以法律的形式确立了规划和建设项目的环境影响评价制度。关于建设项目的环境影响评价制度，该法主要规定了以下内容：

（1）对建设项目的环境影响评价实行分类管理

建设单位应当按照下列规定组织编制环境影响报告书、环境影响报告表或者填报环境影响登记表。

可能造成重大环境影响的，应当编制环境影响报告书，对产生的环境影响进行全面评价。可能造成轻度环境影响的，应当编制环境影响报告表，对产生的环境影响进行分析或者专项评价。

对环境影响很小、不需要进行环境影响评价的，应当填报环境影响登记表。

（2）环境影响报告书的基本内容

建设项目的环境影响报告书应当包括下列内容：

1）建设项目概况；

2）建设项目周围环境现状；

3）建设项目对环境可能造成影响的分析、预测和评估；

4）建设项目环境保护措施及其技术、经济论证；

5）建设项目对环境影响的经济损益分析；

6）对建设项目实施环境监测的建议；

7）环境影响评价的结论。

涉及水土保持的建设项目，还必须经由相关行政主管部门审查同意的水土保持方案。

### 3. "三同时"制度

"三同时"制度，是指建设项目中的环境保护设施必须与主体工程同时设计、同时施工、同时投产使用的制度。该制度适用于以下几个方面的开发建设项目：新建、扩建、改建项目；技术改造项目；一切可能对环境造成污染和破坏的其他工程建设项目。

（1）设计阶段。建设项目的初步设计，应当按照环境保护设计规范的要求，编制环境保护篇章，并依据经批准的建设项目环境影响报告书或者环境影响报告表，在环境保护篇章中落实防治环境污染和生态破坏的措施以及环境保护设施投资概算。

（2）试生产阶段。建设项目的主体工程完工后，需要进行试生产的，其配套建设的环境保护设施必须与主体工程同时投入试运行。建设项目试生产期间，建设单位应当对环境保护设施运行情况和建设项目对环境的影响进行监测。

（3）竣工验收和投产使用阶段。建设项目竣工后，建设单位应当向审批该建设项目环境影响报告书、环境影响报告表或者环境影响登记表的环境保护行政主管部门，申请该建设项目需要配套建设的环境保护设施竣工验收。环境保护设施竣工验收，应当与主体工程竣工验收同时进行。需要进行试生产的建设项目，建设单位应当自建设项目投入试生产之日起 3 个月内，向审批该建设项目环境影响报告书环境影响报告表或者环境影响登记表的环境保护行政主管部门，申请该建设项目需要配套建设的环境保护设施竣工验收。分期建设、分期投入生产或者使用的建设项目，其相应的环境保护设施应当分期验收。环境保护行政主管部门应当自收到环境保护设施竣工验收申请之日起 30 日内，完成验收。建设项目需要配套建设的环境保护设施经验收合格，该建设项目方可正式投入生产或者使用。

**4. 排污收费制度**

排污收费制度，是指国家环境管理机关依照法律规定对排污者征收一定费用的管理措施，我国的排污收费制度主要包括以下内容：

（1）排污收费的对象：超过国家或地方污染物排放标准排放污染物的企业和事业单位。

（2）征收排污费的污染物范围：包括污水、废气、固体废物、噪声和放射性物质五大类。但是，对于蒸汽机车和其他流动污染源排放的废气，在符合环境保护标准的贮存或处置的设施、处置的工业固体废物，进入城市水集中处理设施的污水，不征收排污费。

（3）缴纳排污费以外的其他法律义务和责任。对排污者而言，缴纳了排污费，并不免除其负担治理污染、赔偿污染损失和法律规定的其他义务和责任。

**5. 环境保护许可证制度**

环境保护许可证制度，是指从事有害或可能有害环境的活动之前，必须向有关管理机关提出申请，经审查批准、发给许可证后，方可进行该活动的管理措施。在环境保护许可证制度中，使用最广泛的是排污许可证。

（1）排污许可证的适用范围。对依法实施重点污染物排放总量控制的水体排放重点水污染物的和对大气污染物总量控制区排放主要大气污染物的实行排污许可证制度。

（2）排污许可证制度的实施程序。排污许可证制度的实施程序如下：

1）排污申报登记。排污单位向环境保护主管部门如实申报排放污染物的种类、数量、浓度、排放的方式和排放去向。

2）分配排污量。各地区确定本地区污染物排放总量控制指标和分配污染物总量削减指标。

3）发放许可证。对不超过排污总量控制指标的排污单位，颁发排放许可证；对超出排污总量控制指标的排污单位，颁发临时排放许可证，并限期削减排放量。

4）发证后的监督管理。

## 6. 限期治理制度

限期治理制度，是指对现已存在的危害环境的污染源，由法定机关做出决定，令其在一定期限内治理并达到规定要求的措施。其主要包括以下几方面的内容：

（1）限期治理的对象。目前法律规定的限期治理对象主要有两类：

1）位于特别保护区域内的超标排污的污染源。在国务院、国务院有关主管部门和省、自治区、直辖市人民政府划定的风景名胜区、自然保护区和其他需要特别保护的区域内，按规定不得建设污染环境的工业生产设施；建设其他设施，其污染物排放不得超过规定的排放标准；已经建成的设施，其污染物排放超过规定的排放标准的，要限期治理。

2）造成严重污染的污染源。实践中通常是根据污染物的排放是否对人体健康有严重影响和危害是否严重扰民、经济效益是否远小于环境危害所造成的损失、是否属于有条件治理而不治理等情况，来考虑是否属于严重污染。

（2）限期治理的决定权。按照法律规定，市、县或者市、县级以下人民政府管辖的企业事业单位的限期治理，由市、县级人民政府决定；中央或省、自治区、直辖市人民政府直接管辖的企业事业单位的限期治理，由省、自治区、直辖市人民政府决定。

（3）限期治理的目标和期限。限期治理的目标就是限期治理要达到的浓度目标，即通过限期治理使污染源排放的污染物达到一定的排放标准。限期治理的期限由决定限期治理的有关根据污染源的具体情况、治理的难度、治理能力等因素来合理确定。其最长期限不得超过 3 年。

### 7. 环境标准制度

环境标准制度，是国家根据人体健康、生态平衡和社会经济发展对环境结构、状态的要求，在综合考虑本国自然环境特征、科学技术水平和经济条件的基础上，对环境要素间的配比、布局和各环境要素的组成以及进行环境保护工作的某些技术要求加以限定的规范。我国的环境标准制度主要包括以下内容：

（1）环境标准的分类。我国的环境标准分为五大类，包括环境质量标准、污染物排放标准、环境基础标准环境方法标准和环境样品标准。

（2）环境标准的分级。我国的环境标准分为两级，包括国家环境标准和地方环境标准。

（3）环境标准制定权利的划分。按照法律规定，国务院环境保护行政主管部门可以制定所有种类的环境标准。省、自治区、直辖市人民政府只能就国家环境质量标准中未规定的项目制定地方补充标准，对国家已有规定的，不能另行制定标准；对国家污染物排放标准中未规定的项目，可以制定地方污染物排放标准；对国家污染物排放标准中已规定的项目，只能制定严于国家污染物排放标准的地方污染物排放标准，而不能制定宽于国家污染物排放标准的地方污染物排放标准。地方环境标准必须报国务院环境保护行政主管部门备案。省、自治区、直辖市人民政府无权制定环境基础标准、环境方法标准和环境样品标准。

## 8.4 《中华人民共和国环境保护法》规定的法律知识

### 8.4.1 《中华人民共和国环境保护法》概述

《中华人民共和国环境保护法》（以下简称《环境保护法》），是调整因开发、利用、保护和改善人类环境而产生的社会关系的法律规范的总称。制定环境保护法的目的是为了协调人类与环境的关系，保护人体健康，促进社会经济又好又快的发展。

我国环境保护法的范围主要包括环境污染防治法、自然环境要素保护法、文化环境保护法和环境管理、监督、监测及保证法律实施的法规，另外还有各种环境标准，包括环境基础标准和方法标准、环境质量标准和污染物排放标准。随着环境保护事业的发展和环境法制工作的加强，我国环境保护法的内容将不断充实和完善。环境保护实质上就是环境管理，其主要手段是行政、经济、科学技术、宣传教育和法律手段。环境保护关系到每一个人的切身利益，影响到子孙后代。运用法律手段进行环境保护工作，把环保工作建立在法制基础上，用国家强制力给予保障。利用法律对国家机关、企事业单位以及公民的行为加以规范，明确其权利和义务，在法律的保护、约束下使其达到环境保护的目标和要求。

《环境保护法》的颁布施行，不仅促进了我国环境保护的发展，而且推动了我国环境保护领域中的法制建设。《环境保护法》是我国环境保护的基本法，在环境与资源保护法律体系中占有核心地位。它明确规定了我国环境保护工作中的根本性问题，为制定各种环境保护单行法规及地方环境保护条例等提供了直接的法律依据，使我国环境保护的法制建设进入了新时期。《环境保护法》颁布以来，新颁布的环境保护条例、办法、标准等，都是依据该法的有关条文制定的。

## 8.4.2　《中华人民共和国环境保护法》主要内容

### 1. 环境监督管理

（1）国务院环境保护行政主管部门，对全国环境保护工作实施统一监督管理。

（2）县级以上地方人民政府环境保护行政主管部门，对本区的环境保护工作实施统一监督管理。

（3）国家海洋行政主管部门、港务监督、渔政渔港监督、军队、生态环境部门和各级公安，交通、铁道、民航管理部门，依照有关法律的规定对环境污染防治实施监督管理。

（4）县级以上人民政府的土地、矿产、林业、农业、水利行政主管部门，依照有关法律的规定对资源的保护实施监督管理。

### 2. 保护和改善环境

（1）地方各级人民政府，应当对本区的环境质量负责，采取措施改善环境质量。

（2）各级人民政府对具有代表性的各种类型的自然生态系统区域，珍稀、濒危的野生动植物自然分布区域，重要的水源涵养区域，具有重大科学文化价值的地质构造、著名溶洞和化石分布区、冰川、火山、温泉等自然遗迹，以及人文遗迹、古树名木，应当采取措施加以保护，严禁破坏；还应当加强对农业环境的保护，防治土污染、土地沙化、土地盐渍化、土地贫瘠化、土地沼泽化、地面沉降和防治植被破坏、水土流失、水源枯竭、种源灭绝以及其他生态失调现象的发生和发展，推广植物病虫的综合防治，合理使用化肥、农药及植物生长激素。

（3）在国务院有关主管部门和省、自治区、直辖市人民政府划定的风景名胜区、自然保护区和其他需要特别保护的区城内，不得建设污染环境的工业生产设施；建设其他设施，其污染物排放不得超过规定的排放标准。已经建成的设施，其污染物排放超过规定的排放标准的，限期治理。

（4）国务院和沿海地方各级人民政府应当加强对洋环的保护。向海洋排放污染物、倾倒废弃物，进行海岸工程建设和海洋石油勘探开发，必须依法律的规定，防止对海洋环境的污染损害。

（5）编制城市规划，应当确定保护和改善环境的目标和任务。城乡建设应当结合当地自然环境的特点，保护植被、水域和自然景观，加强城市园林、绿地和风景名胜区的建设。

### 3. 防治环境污染和其他公害

产生环境污染和其他公害的单位，必须把环境保护工作纳入计划，建立环境保护责任制度。采取有效措施，防治在生产建设或者其他活动中产生的废气、废水、废渣、粉尘、恶臭气体、放射性物质以及噪声、振动、电磁波辐射等对环境的污染和危害。

（1）新建工业企业和现有工业企业的技术改造，应当采用资源利用率高、污染物排放量少的设备和工艺，采用经济合理的废弃物综合利用技术和污染物处理技术。

（2）建设项目中防治污染的设施，必须与主体工程同时设计、同时施工、同时投产使用。防治污染的设施必须经原审批环境影响报告书的环境保护行政主管部门验收合格后，该建设项目方可投入生产或者使用。防治污染的设施不得擅自拆除或者闲置，确有必要拆除或者闲置的，必须征得所在地的环境保护行政主管部门同意。

（3）排放污染物的企事业单位，必须依照国务院环境保护行政主管部门的规定申报登记。

（4）排放污染物超过国家或者地方规定的污染物排放标准的企事业单位，依照国家规定缴纳超标准排污费，并负责治理。水污染防治法另有规定的，依照水污染防治法的规定执行。

征收的超标准排污费必须用于污染的防治，不得挪作他用，具体使用办法由国务院规定。

（5）对造成环境严重污染的企事业单位，限期治理。中央或者省、自治区、直辖市人民政府直接管辖的企事业单位的限期治理，由省、自治区，直辖市人民政府决定。市、县或者市、县以下人民政府管结的企事业单位的限期治理，由市、县人民政府决定。被要求限期治理的企事业单位必须如期完成治理任务。

（6）禁止引进不符合我国环境保护规定要求的技术和设备。生产、存储、运输、销售、使用有毒化学物品和含有放射性物质的物品，必须遵守国家有关规定，防止污染环境。任何单位不得将产生严重污染的生产设备转移给没有污染防治能力的单位使用。

（7）因发生事故或者其他突发性事件，造成或者可能造成污染事故的单位，必须立即采取措施处理，及时通报可能受到污染危害的单位和居民，并向当地环境保护行政主管部门和有关部门报告，接受调查处理。可能发生重大污染事故的企事业单位，应当采取措施，加强防范。

（8）县级以上地方人民政府环境保护行政主管部门，在环境受到严重污染威胁居民生命财产安全时，必须立即向当地人民政府报告，由当地人民政府采取有效措施，解除或者减轻危害。

### 4. 违规处理

违反《环境保护法》规定，有下列行为之一的，环境保护行政主管部门或者其他依照法律规定行使环境督管理权的部门可以根据不同情节，给予警告或者处以罚款：

（1）拒绝环境保护行政主管部门或者其他依照法律规定行使环境监督管理权的部门现场检查或者在被检查时弄虚作假的。

（2）拒报或者谎报国务院环境保护行主管部门规定的有关污染物排放申报事项的。

（3）不按国家规定缴纳超标排污费的。

（4）引进不符合我国环境保护规定要求的技术和设备的。

（5）将产生严重污染的生产设备转移给没有污染防治能力的单位使用的。

对违反规定，造成环境污染事故的企事业单位，由环境保护行政主管部门或者其他依照法律规定行使环境管理权的部门根据所造成的危害后果处以罚款；情节较重的，对有关责任人员由其所在单位或者行政主管机关给予行政处分。造成重大环境污染事故，导致公、私财产重大损失或者人身伤亡的严重后果的，对直接责任人员依法追究刑事责任。造成土地、森林、草原、水、矿产、渔业、野生动植物等资源的破坏的，依照有关法律的规定承担法律责任。

环境保护监督管理人员滥用职权、玩忽职守、徇私舞弊的，由其所在单位或者上级主管机关给予行政处分；构成犯罪的，依法追究刑事责任。

### 单元总结

本单元学习了工程建设环境保护的相关法律制度，摘录了包括《中华人民共和国水污染防治法》《中华人民共和国固体废物污染环境防治法》《中华人民共和国环境噪声污染防治法》《绿色施工导则》以及建设项目环境保护的其他法律制度。通过学习本单元的内容，有助于提出建设工程环境保护方案和相关措施。

## 思考及练习 🔍

### 一、单项选择题

1. 建设项目建成后可能产生环境噪声污染，建设单位编制了环境影响报告书，并制定了环境噪声污染防治措施，按规定该报告书须报（　　）批准。

A. 工商行政部门

B. 环境保护行政部门

C. 城市规划行政部门

27. 教学单元8
思考及练习题
讲解

D. 住房和城乡建设行政部门

2. 某城市住宅区建筑工程，施工单位拟进行主体结构混凝土浇筑，使用的机械设备可能产生噪声污染，建筑公司必须在浇筑施工（　　）日以前向工程所在地县级以上地方人民政府环境保护行政主管部门申报该工程的相关情况。

A. 3　　　　　　　B. 5　　　　　　　C. 10　　　　　　　D. 15

3. 《中华人民共和国环境噪声污染防治法》规定，在城市市区噪声敏感建筑物集中区域内，禁止夜间进行产生环境噪声污染的施工作业，因特殊需要必须连续作业的，必须有县级以上人民政府或者其有关主管部门的证明。但以下夜间施工无需取得证明的是（　　）。

A. 配合建设单位 24 小时联动试车

B. 为避免冬期施工进行抢工

C. 自来水管道爆裂进行抢修

D. 全运会项目开幕时间临近必须抢工

4. 根据《中华人民共和国环境噪声污染防治法》规定，产生环境噪声污染的企事业单位在拆除或（　　）环境噪声污染防治设施时，必须事先经所在地的县级以上地方政府环境保护行政主管部门批准。

A. 维修　　　　　B. 检测　　　　　C. 闲置　　　　　D. 使用

5. 根据《中华人民共和国水污染防治法》规定，排放水污染物超过国家或者地方规定的水污染物排放标准的，由县级以上人民政府环境保护主管部门按照权限责令限期治理，限期治理的期限最长不超过（　　）。

A. 3 个月　　　　　B. 6 个月　　　　　C. 1 年　　　　　D. 2 年

6. 某建筑施工企业拟将抽取的地下水直接排入工地附近一河道内，则其必须取得（　　）同意。

A. 建设单位　　　　　　　　　　　　B. 环境保护行政部门

C. 水行政主管部门　　　　　　　　　D. 市容行政主管部门

7. 按照《建筑施工场界环境噪声排放标准》GB 12523—2011 的规定，下列符合建筑施工过程中场界环境噪声排放限值的是（　　）。

A. 昼间 75dB（A），夜间 55dB（A）

B. 昼间 70dB（A），夜间 55dB（A）

C. 昼间 75dB（A），夜间 60dB（A）

D. 昼间 70dB（A），夜间 60dB（A）

8. 按照《中华人民共和国水污染防治法》的规定，建设项目水污染防治设施应当经过（　　）验收，验收不合格的，该项目不得投入生产或使用。

A. 环境保护主管部门　　　　　　　　B. 水行政主管部门

C. 流域管理机构　　　　　　　　　　D. 卫生主管部门

9. 按照《中华人民共和国环境噪声污染防治法》规定，产生环境噪声污染的单位，应当采取措施进行治理，（　　）。

A. 无需缴纳排污费　　　　　　　　　B. 并缴纳行政罚款

C. 并缴纳排污费　　　　　　　　　　D. 并缴纳超标准排污费

10. 按照《绿色施工导则》规定，除制定建筑垃圾减量化计划外，还应加强建筑垃圾的回收再利用，力争建筑物拆除产生的废弃物的再利用和回收率大于（　　）。

A. 30%　　　　　　B. 40%　　　　　　C. 45%　　　　　　D. 50%

## 二、多项选择题

1. 某钢厂拟在市城区的轧制分厂扩建一条冲压生产线，考虑到可能产生环境噪声污染，该钢厂编制了建设项目环境影响报告书，其中报告书中应有（　　）的意见。

A. 建设项目所在地规划部门　　　　　B. 建设项目所在地工商部门

C. 建设项目所在地单位　　　　　　　D. 建设项目所在地居民

E. 建设项目所在地建设行政管理部门

2. 所谓环境保护"三同时"制度，就是指建设项目需要配套建设的环境污染保护设施，必须与主体工程（    ）。

A. 同时设计　　　　　　　　B. 同时规划

C. 同时施工　　　　　　　　D. 同时投产使用

E. 同时维修

3. 某施工单位在某学院教学楼扩建项目施工中，为保证工程进度，拟在夜间进行连续施工作业，根据《中华人民共和国环境噪声污染防治法》规定，必须满足以下（    ）条件，方可进行。

A. 取得建设单位同意

B. 取得县级以上人民政府或有关主管部门的证明

C. 征得附近居民的同意

D. 公告附近居民

E. 征得城管部门同意

4. 根据《绿色施工导则》的规定，为有效防治施工现场大气扬尘污染，施工单位可采取下列措施（    ）。

A. 运送土方车辆封闭严密　　　B. 施工现场出口设置洗车槽

C. 堆放的土方洒水、覆盖　　　D. 建筑垃圾分类堆放

E. 高层建筑垃圾清运采用密闭容器

5. 根据《中华人民共和国大气污染防治法》的规定，排污单位排放大气污染物的（    ）有重大改变的，应当及时申报。

A. 种类　　　　B. 数量　　　　C. 温度　　　　D. 湿度

E. 浓度

6. 根据施工现场固体废物的减量化和回收再利用的要求，施工单位应采取的有效措施包括（    ）。

A. 生活垃圾袋装化　　　　　　B. 建筑垃圾分类化

C. 建筑垃圾及时清运　　　　　D. 设置封闭式垃圾容器

E. 建筑垃圾集中化

7. 某施工单位在建筑垃圾清运过程中沿途发生道路遗撒，则其可能面临的行政处罚是（    ）。

A. 限期改正

B. 处 5000 元以上 5 万元以下的罚款

C. 扣押车辆

D. 处 1 万元以上 10 万元以下的罚款

E. 暂扣驾驶及运输证件

8. 下列时间点中，属于《建筑施工场界环境噪声排放标准》GB 12523—2011 规定的夜间施工期间的是（　　）。

A. 21：30　　　　B. 22：15　　　　C. 24：00　　　　D. 05：40

E. 06：15

9. 按照《中华人民共和国水污染防治法》的规定，水污染防治坚持的原则包括（　　）。

A. 预防为主　　　　　　　　　　B. 生态治理

C. 防治结合　　　　　　　　　　D. 循环利用

E. 综合治理

### 三、案例题

某小区居民张先生向该市环保局投诉，称小区旁的一处建筑工地正进行施工，尘土飞扬，还传来阵阵刺鼻味道，严重影响了当地居民生活。市环保局随即对该工地进行检查，发现该工地正进行土石方回填及屋面防水施工。由于运土方的车辆没有采取进出场地清洗、密闭措施，导致运土车辆沿线漏洒了许多泥土，激起大量扬尘；屋面防水工程使用的沥青，在熬制过程中挥发出大量刺激（刺鼻）性气体，对小区居民生活造成了严重影响。

市环保局要求该施工单位进行限期整改。但是，该施工单位未采取任何整改措施，依然照常进行施工作业。

【问题】

1. 施工单位违反了哪些法律规定？

2. 市环保局应当对其做何种处罚？

28. 教学单元
思考及练习
答案

# 教学单元 **9**

**Chapter 09**

# 工程建设其他相关法律政策

▶▶

**教学目标**

**1. 知识目标**

了解建设工程法人制度；理解建筑工程物权制度；掌握建筑工程保险制度及相关税收制度规定。

**2. 能力目标**

(1) 能分析合同的效力；

(2) 能解决债权问题；

(3) 能分析民事责任的类型。

思维导图

工程建设其他相关法律政策
- 建设工程法人制度
  - 法人应具备的条件
  - 法人的分类
  - 法人在建设工程中的地位和作用
  - 企业法人与项目经理部的法律关系
- 建设工程物权制度
  - 物权的法律特征和主要种类
  - 土地所有权和建设用地使用权
  - 物权的设立、变更、转让、消灭和保护
- 建设工程债权制度
  - 债的基本法律关系
  - 建设工程债的发生根据
  - 建设工程债的常见类型
- 建设工程担保制度
  - 担保与担保合同的规定
  - 建设工程保证担保的方式和责任
  - 抵押权、质权、留置权、定金的规定
- 建设工程保险制度
  - 保险与保险索赔的规定
- 建设工程税收制度
  - 企业和个人所得税的规定
  - 企业增值税的规定
  - 其他相关税收的规定
- 建设工程法律责任制度
  - 法律责任的基本种类和特征
  - 建设工程民事责任的种类及承担方式
  - 建设工程刑事责任的种类及承担方式

29. 教学单元9
导学

引文

　　在建设工程项目实施过程中，我们要注意防范工程纠纷，一旦发生纠纷，就要根据相关法律法规解决。现在对建设工程法人制度、建设工程物权制度、建设工程债权制度、建设工程担保制度、建设工程保险制度、建设工程税收制度、建设工程法律责任制度一起进行学习。

# 9.1 建设工程法人制度

法人是建设工程活动中最主要的主体。作为工程专业的学生，应该了解法人的定义、条件以及法人在建设工程中的地位和作用，特别要熟悉企业法人与项目经理部的法律关系。

## 9.1.1 法人应具备的条件

2021年5月28日公布的《中华人民共和国民法典》规定，法人是具有民事权利能力和民事行为能力，依法独立享有民事权利和承担民事义务的组织。法人的本质是法人与自然人同样具有民事权力能力，称为可以享有权力和承担义务的主体，是法律赋予社会组织具有法律人格的一项制度。

（1）依法成立。法人的设立目的和方式必须符合法律的规定。法人成立的具体条件和程序，依照法律、行政法规的规定且经有关机关批准。

（2）应当有自己的名称、组织机构、住所、财产或者经费。

（3）能够独立承担民事责任。法人必须能够以自己的财产或者经费承担在民事活动中的债务，在民事活动中给其他主体造成损失时能够承担赔偿责任。法人以其全部财产独立承担民事责任。

（4）有法定代表人。依照法律或者法人章程的规定，代表法人从事民事活动的负责人，为法人的法定代表人。法定代表人以法人名义从事的民事活动，其法律后果由法人承受。法人章程或者法人权力机构对法定代表人代表权的限制，不得对抗善意相对人。法定代表人因执行职务造成他人损害的，由法人承担民事责任。法人承担民事责任后，依照法律或者法人章程的规定，可以向有过错的法定代表人追偿。

## 9.1.2 法人的分类

法人分为营利法人、非营利法人和特别法人三大类。

### 1. 营利法人

以取得利润并分配给股东等出资人为目的成立的法人，为营利法人。营利法人包括有限责任公司、股份有限公司和其他企业法人等。营利法人经依法登记成立。依法设立的营利法人，由登记机关发给营利法人营业执照。营业执照签发日期为营利法人的成立日期。

### 2. 非营利法人

为公益目的或者其他非营利目的成立，不向出资人、设立人或者会员分配所取得利润的法人，为非营利法人。非营利法人包括事业单位、社会团体、基金会、社会服务机构等。具备法人条件，为适应经济社会发展需要，提供公益服务设立的事业单位，经依法登记成立，取得事业单位法人资格；依法不需要办理法人登记的，从成立之日起，具有事业单位法人资格。

### 3. 特别法人

机关法人、农村集体经济组织法人、城镇农村的合作经济组织法人、基层群众性自治组织法人，为特别法人。有独立经费的机关和承担行政职能的法定机构从成立之日起，具有机关法人资格，可以从事为履行职能所需要的民事活动。

## 9.1.3 法人在建设工程中的地位和作用

### 1. 法人在建设工程中的地位

在建设工程中，大多数建设活动主体都是法人。施工单位、勘察设计单位、监理单位通常是具有法人资格的组织。

建设工程中，法人具有民事权利能力和民事行为能力，独立承担民事责任。法人不是生命个体，是法律层面上的"人"，是社会组织在法律上的人格化，建设工程规模浩大，需要众多的自然人合作完成。这是建设工程发展到当今规模和专业程度的基础。

**2. 法人在建设工程中的作用**

（1）法人是建设工程中的基本主体

在计划经济时期，从事建设活动的各企事业单位实际上是行政机关的附属。但在市场经济中，每个法人都是独立的，可以独立开展建设活动。

法人制度有利于企业根据自身情况和市场的需求，发展各种形式的横向经济联合，打破制度和地域的限制，在平等、自愿、互利的基础上建立起新的经济实体。法人制度的实施，有利于企业在经营活动中享有平等的法律地位，独立自主经营；也有利于企业发挥自身优势，进行公平竞争，加快市场经济的发展。

（2）使国有企业在建设领域中所有权和经营权分离

企业的法人地位的确立，明确法人独立承担民事行为的能力，并建立法人财产责任和法人破产制度，使企业成为自负盈亏、自主经营的商品经营者和生产者。有利于增强企业在市场竞争中的活力，加强企业经济核算和科学管理能力提升，促进我国工程领域和市场经济健康发展。

## 9.1.4　企业法人与项目经理部的法律关系

从工程建设管理领域来看，各类企业都可以设立项目经理部，尤其是施工企业设立的项目经理部最具有代表意义。

**1. 项目经理部的概念和设立**

项目经理部是负责工程项目现场管理，对外代表本公司全面履行施工承包合同的经济实体，是在项目经理领导下，负责项目从开工到竣工进行全面生产经营的管理机构。项目经理部是由一个项目经理与技术、生产、材料、成本等管理人员组成的项目管理班子，是一次性的具有弹性的现场生产组织机构。

工程项目中标后，公司设立项目经理部，项目经理根据企业法人的授权，对工程项目实施统一管理。项目经理部应工程项目的要求而设立，随项目的竣工完成而解体。是施工企业根据建设工程施工项目而组建的非常设的下属机构，所以，项目经理部不具备法人资格。

**2. 企业法人授权项目经理在建设工程施工项目进行管理**

参与一个工程项目施工企业同时会有数个、数十个甚至更多，因此，在每个施工项目上必须有一个经企业法人授权的项目经理。项目经理是企业法人的法定代表人，其职务行为可以代表企业法人。施工企业的项目经理，是受企业法人的委派，对建设工程施工项目全面负责的项目管理者。

### 3. 由企业法人承担建设项目中的法律后果

因项目经理部不具备独立的法人资格，无法独立承担民事责任。所以，项目经理部行为的法律后果将由企业法人承担。

## 9.2　建设工程物权制度

根据《中华人民共和国民法典》的规定，物权是民事主体在法律规定的范围内，直接支配特定的物而享受其利益，并得排除他人干涉的权利。其立法目的是为了维护国家、集体、私人的物权和其他权利人的物权受法律保护，任何单位和个人不得侵犯。

## 9.2.1　物权的法律特征和主要种类

### 1. 物权的法律特征

《中华人民共和国民法典》规定，本编调整因物的归属和利用产生的民事关系。包括所有权、用益物权和担保物权。

物权具有以下特征：

（1）物权是支配权。物权是权利人直接支配的权利，即物权人可以依自己的意志就标的物直接行使权利，无须他人的意思或义务人的行为介入。

（2）物权是绝对权。物权的权利人是特定的，义务人是不特定的第三人，且义务内容是不作为，即只要不侵犯物权人行使权利就履行义务，所以物权是一种绝对权。

（3）物权是财产权。物权是一种具有物质内容的、直接体现为财产利益的权利，财产利益包括对物的利用、物的归属和就物的价值设立的担保，与人身权相对。

（4）物权具有排他性。首先，物权的权利人可以对抗一切不特定的人，其次，同一物上不许有内容不相容的物权并存，即"一物一权"。

### 2. 物权的种类

物权包括所有权、用益物权和担保物权。

（1）所有权

所有权是所有人依法对自己的财产（不动产或动产）所享有的占有、使用、收益和处分的权力。是对生产劳动的目的、对象、手段、方法和结果的支配力量，它是一种财产权，所以又称财产所有权。但所有权在法律上也受到一定限制。例如为了公共利益的需要，依照法律规定的权限和程序可以征收集体所有的土地和单位、个人的房屋及其他不动产。

所有权的权能是指所有人为利用所有物以实现其对所有物的独占利益，而于法律规定的范围内可以采取的各种措施与手段。包括占有权、使用权、收益权、处分权。

1）占有权

占有权，是指对财产实际掌握、控制的权能。占有权是行使物的使用权的前提条件，是所有人行使财产所有权的一种方式。

2）使用权

使用权，是指在不损毁所有物或改变其性质的前提下，依照物的性能和用途加以利用的权利，是在法律规定的范围内所有人以自己的意志使用其所有物。

3）收益权

收益权，是指收取所有物所生利息（孳息）的权利。收益权是与使用权有密切联系，收益往往是因为使用而产生的。但使用权不能包括受益权，收益权本身是一项独立的权能。

4）处分权

处分权，是指对所有物依法予以处置的权利。处分权的行使决定着物的归属，处分权能是所有权内容的核心和拥有所有权的根本标志。

（2）用益物权

用益物权，是权利人对他人所有的不动产或者动产，依法享有占有、使用和收益的权利。比如土地承包经营权、建设用地使用权、宅基地使用权、地役权、居住权、自然资源使用权（海域使用权、探矿权、采矿权、取水权和使用水域、滩涂从事养殖、捕捞的权利）。

（3）担保物权

担保物权，是"用益物权"的对称。为了担保债权的实现，由债务人或第三人提供特定的物或者权利作为标的物而设定的限定物权。如抵押权、质权、留置权等。担保物权不以标的物的实体利用为目的，而是注重于其交换价值，以确保债务的履行，故又被称为"价值权"，其标的物必须具有交换价值。

## 9.2.2 土地所有权、建设用地使用权

### 1. 土地所有权

土地所有权，是土地所有者在法律规定的范围内，对其拥有的土地享有的占有、使用、收益和处分的权利，是一定社会形态下土地所有制的法律表现。

我国土地所有权分为国家土地所有权和集体土地所有权，自然人不能成为土地所有权的主体。中华人民共和国是国家土地所有权的统一和唯一的主体，由其代表全体人民对国有土地享有独占性支配的权利。集体土地所有权是由各个独立的集体组织享有的对其所有的土地的独占性支配权利。

（1）国家实行土地用途管制制度。国家编制土地利用总体规划，规定土地用途，将土地分为农用地、建设用地和未利用地。严格限制农用地转为建设用地控制建设用地总量，对耕地实行特殊保护。

（2）城市市区的土地属于国家所有。农村和城市郊区的土地，除由法律规定属于国家所有的以外，属于农民集体所有（宅基地和自留地、自留山，属于农民集体所有）。

### 2. 建设用地使用权

（1）建设用地使用权的概念

建设用地使用权人依法对国家所有的土地享有占有、使用和收益的权利，有权利用该土地建造建筑物、构筑物及其附属设施。建设用地使用权不包括集体所有的农村土地，只能存在于国家所有的土地上。

取得建设用地使用权后，建设用地使用权人依法对国家所有的土地享有占有、使用和收益的权利，有权利用该土地建造建筑物、构筑物及其附属设施。

（2）建设用地使用权的设立

建设用地使用权是存在于国家所有的土地之上的物权。建设用地使用权的产生，如果从建设用地使用权人的角度来考察，就是建设用地使用权的取得。建设用地使用权的取得，可以采取出让或者划拨两种方式。

土地划拨方式，是土地使用人只需按照一定程序提出申请，经主管机关批准即可取得土地使用权，而不必向土地所有人支付租金及其他费用。可以通过划拨方式取得的建设用地包括：国家机关用地和军事用地；城市基础设施用地和公益事业用地；国家重点扶持的能源、交通、水利等基础设施用地；法律、行政法规规定的其他用地。

出让方式，是国家以土地所有人身份将建设用地使用权在一定期限内让与土地使用者，并由土地使用者向国家支付建设用地使用权出让金的行为。采取出让方式设立建设用地使用权的，当事人应当采取书面形式订立建设用地使用权出让合同。建设用地使用权出让合同应当向登记机构申请登记，建设用地使用权自登记时设立。建设用地使用权人应当合理利用土地，不得改变土地用途，若改变土地用途的，应当依法经有关行政主管部门批准。

（3）建设用地使用权的流转、续期和消灭

建设用地使用权转让、互换、出资、赠与的，当事人应当采取书面形式订立相应的合同。合同的期限由当事人约定，但不得超过建设用地使用权的剩余期限。

住宅建设用地使用权期间届满的，自动续期；非住宅建设用地使用权期间届满后的续期，依照法律规定办理。

建设用地使用权消灭的，出让人应当及时办理注销登记。登记机构应当回收建设用地使用权证书。

## 9.2.3　物权的设立、变更、转让、消灭和保护

### 1. 不动产物权的设立、变更、转让、消灭

不动产物权，是指以不动产为标的物的物权。即指以土地、房屋等不能移动的财产作为权利标的物权。不动产物权以登记为公示方法，经依法登记，发生效力；未经登记，不发生效力，但法律另有规定的除外。依法属于国家所有

的自然资源，所有权可以不登记。不动产登记，由不动产所在地的登记机构办理。

物权变动的基础往往是合同关系。当事人之间订立有关设立、变更、转让和消灭不动产物权的合同，自合同成立时生效；未办理物权登记的，不影响合同效力。

### 2. 动产物权的设立和转让

动产物权，是以物的状态为标准对物权所作的分类，是"不动产物权"的对称。动产物权的设立和转让，自交付时发生效力。

### 3. 物权的保护

物权的保护，是指通过法律规定的方法和程序，保障所有人在法律许可的范围内，对其所有的财产行使占有、使用、收益、处分权利的制度。物权受到侵害的，权利人可以通过和解、调解、仲裁、诉讼等途径解决。

（1）物权的归属、内容发生争议的，利害关系人可以请求确认权利。

（2）无权占有不动产或者动产的，权利人可以请求返还原物。

（3）妨害物权或者可能妨害物权的，权利人可以请求排除妨害或者消除危险。

（4）造成不动产或者动产毁损的，权利人可以请求修理、重作、更换或者恢复原状。

（5）侵害物权，造成权利人损害的，权利人可以请求损害赔偿，也可以请求承担其他民事责任。

对于物权保护方式，可以单独适用，也可以根据权利被侵害的情形合并适用。侵害物权，除承担民事责任外，违反行政管理规定的，依法承担行政责任；构成犯罪的，依法追究刑事责任。

【例 9-1】某房地产开发公司与某市土地管理局于某年 5 月 18 日订立《某区地块开发及用地出让合同》，约定该房地产公司在取得土地使用证后 1 个月内将进行房地产项目开工建设等相关事项。合同签订后，土地管理局按照合同约定将土地交付给该房地产开发公司使用。该房地产开发公司进场对现场进行围蔽，场地平整等准备工作，支付相关费用 100 万元。某年 8 月 16 日，该市土地管理局以城市更新，需变更土地用途为由，要求该房地产公司退回土地使用权。此时，该市土地管理局仍未与该房地产开发公司完成土地使用权登记，所以市土地管理局认为土地出让合同还没有生效。最终，该房地产开发公司向本地法院提起诉讼，要求对方继续履行合同，并继续按合同办理建设用地使用权登记手续。

【问题】

（1）房地产开发公司和土地管理局订立的合同是否生效？

（2）房地产开发公司的建设用地使用权是否已经设立？

（3）法院如何解决本案纠纷

【分析】

（1）双方订立的《某区地块开发及用地出让合同》已经生效。书面合同自当事人签字或者盖章时生效，除非当事人另行约定了生效条件。而且，办理建设用地使用权登记，并不是合同生效的前提。

（2）该房地产开发公司的建设用地使用权尚未设立。依据《中华人民共和国民法典》的规定，建设用地使用权自登记时设立。根据案例背景介绍，双方未完成土地使用权登记，因此房地产开发公司的建设用地使用权尚未设立。

（3）按照相关法律法规，本案纠纷建议按如下顺序方式解决：

1）若土地规划确实改变，市土地管理局应要求房地产开发公司按照新规划要求开发土地。

2）若房地产开发公司不能按照新规划要求开发土地，市土地管理局有权解除合同并赔偿房地产开发公司前期投入的损失。

3）若房地产开发公司愿意按照新规划要求使用土地，房地产开发公司有权要求继续履行合同，市土地管理局应当为其办理建设用地使用权登记手续。

## 9.3　建设工程债权制度

在建设工程活动中，经常会遇到一些债权债务的问题。了解债权的基本法律知识，有助于在实践中防范债务风险。

## 9.3.1 债的基本法律关系

### 1. 债的概念

按照合同约定或法律规定，在当事人之间产生的特定权利和义务关系。债具有相对性，即债权人、债务人只能向特定的人主张权利、履行义务。

### 2. 债的内容

债的内容，是指债的主体双方间的权利与义务。即债权人享有的权利和债务人负担的义务。

### 3. 债权与物权的区别

债权与物权不同，物权是绝对权，而债权是相对权。债权的相对性可以表现为以下三个方面：1）债权内容的相对性；2）债权责任的相对性；3）债权主体的相对性；债务是根据当事人的约定或者法律规定由债务人所承担的特定行为的义务。

## 9.3.2 建设工程债的发生根据

建设工程债的产生的是在法律事实的基础上，特定当事人之间所产生的债权债务关系。建设工程债的产生有四种：1）合同；2）侵权；3）无因管理；4）不当得利。本单元只介绍合同与侵权之债。

### 1. 合同

在当事人之间因产生了合同法律关系，也就是产生了权利义务关系，便设立了债的关系。享有权利的是债权人，负有义务的是债务人。合同产生的债被称为合同之债。如施工合同的订立，会在施工单位与建设单位之间产生债。对于完成施工任务来说，施工单位是债务人，建设单位是债权人。合同引起债的关系，是债发生的最主要、最普遍的依据。

### 2. 侵权

侵权，是指公民或法人没有法律依据而侵害他人的财产权利或人身权利的行为。侵权行为一经发生，即在侵权行为人和被侵权人之间形成债的关系。侵权行为产生的债，被称为侵权之债。如施工现场的施工噪声，建筑物、构筑物或者其他设施及其搁置物、悬挂物发生脱落、坠落造成他人损害，都有可能产生侵权之债。

## 9.3.3　建设工程债的常见类型

### 1. 施工合同债

施工合同债是发生在建设单位和施工单位之间的债，施工合同的义务主要是完成施工任务和支付工程款。一般建设单位是债权人，施工单位是债务人。

### 2. 买卖合同债

主要是建设单位、施工单位与材料设施供应商之间的债务关系。

### 3. 侵权之债

在侵权之债中，最常见的是施工单位的施工活动产生的侵权。如施工噪声或者废水、废弃物排放等扰民，可能对工地附近的居民构成侵权。此时，居民是债权人，施工单位或者建设单位是债务人。

【例 9-2】某施工项目在施工过程中，施工单位与 A 材料供应商订立了材料买卖合同，但施工单位误将应支付给 A 材料供应商的货款支付给了 B 材料供应商。

【问题】

（1）B 材料供应商是否应当返还材料款，应当返还给谁，为什么？

（2）如果 B 材料供应商拒绝返还材料款，A 材料供应商应当如何保护自己的权利，为什么？

【分析】

（1）B 材料供应商应当返还材料款，其材料款应当返还给施工单位。因为，B 材料供应商获得的这一材料款，没有法律上或者合同上的依据，且有损于他人利益而自身取得利益，属于债的一种，即不当得利之债，应当返还。这一债权债务关系是建立在施工单位与 B 材料供应商之间的，故应当返还给施工单位。

（2）A 材料供应商应当向施工单位要求支付材料款来保护自己的权利。因为，由于施工单位误将应支付给 A 材料供应商的货款支付给了 B 材料供应商，意味着施工单位没有完成应当向 A 材料供应商付款的义务。但是，B 材料供应商与 A 材料供应商之间并无债权债务关系。因此，A 材料供应商无权向 B 材料供应商主张权利。

## 9.4　建设工程担保制度

### 9.4.1　担保与担保合同的规定

根据《中华人民共和国民法典》规定，担保是担保物权人在债务人不履行到期债务或者发生当事人约定的实现担保物权的情形，依法享有就担保财产优先受偿的权利，但是法律另有规定的除外。第三人为债务人向债权人提供担保的，可以要求债务人提供反担保。反担保适用本法和其他法律的规定。

设立担保物权，应当依照本法和其他法律的规定订立担保合同。担保合同是主债权债务合同的从合同。主债权债务合同无效的，担保合同无效，但是法律另有规定的除外。担保合同被确认无效后，债务人、担保人、债权人有过错的，应当根据其过错各自承担相应的民事责任。

### 9.4.2　建设工程保证担保的方式和责任

《中华人民共和国民法典》规定，担保合同包括抵押合同、质押合同和其他具有担保功能的合同。

在建设工程活动中，保证是最为常用的一种担保方式。保证合同是为保障债权的实现，保证人和债权人约定，当债务人不履行到期债务或者发生当事人约定的情形时，保证人履行债务或者承担责任的合同。具有代为清偿债务能力的法人、其他组织或者公民，可以作保证人。但以公益为目的的非营利法人、非法人组织、机关法人不得为保证人。但在建设工程活动中，保证人往往是银行或担保公司。银行出具的保证通常称为保函，其他保证人出具的书面保证一般称为保证书。

### 1. 保证的基本法律规定

（1）保证合同

保证人与债权人应当以书面形式订立保证合同。保证合同可以是单独订立的书面合同，也可以是主债权债务合同中的保证条款。第三人单方以书面形式向债权人作出保证，债权人接收且未提出异议的，保证合同成立。

保证合同的内容一般包括被保证的主债权的种类、数额，债务人履行债务的期限，保证的方式、范围和期间等条款。保证合同不完全具备以上规定内容的，可以补正。

（2）保证方式

保证的方式有两种：1）一般保证；2）连带责任保证。

当事人在保证合同中约定，债务人不能履行债务时，由保证人承担保证责任的，为一般保证。当事人在保证合同中约定保证人与债务人对债务承担连带责任的，为连带责任保证。当事人对保证方式没有约定或者约定不明确的，按照一般保证承担保证责任。

（3）保证责任

保证人就应当在合同约定保证范围和保证期间承担的保证责任。

保证的范围包括主债权及其利息、违约金、损害赔偿金和实现债权的费用。当事人另有约定的，按照其约定。债权人与保证人可以约定保证期间，但是约定的保证期间早于主债务履行期限或者与主债务履行期限同时届满的，视为没有约定；没有约定或者约定不明确的，保证期间为主债务履行期限届满之日起六个月。

### 2. 建设工程施工常用的担保种类

（1）施工投标保证金

投标保证金，是指投标人按照招标文件的要求向招标人出具的，以一定金额表示的投标责任担保。其实质是为了避免因投标人在投标有效期内随意撤回、撤销投标或中标后不能提交履约保证金和签署合同等行为而给招标人造成损失。投标保证金除现金外，可以是银行出具的银行保函、保兑支票、银行汇票或现金支票。

（2）履约保证金

履约保证金是工程发包人为防止承包人在合同执行过程中违反合同规定或违约，并弥补给发包人造成的经济损失。履约保证金可用履约担保、保兑支票、银行汇票或现金支票，一般是由银行或者担保公司向招标人出具履约保函或者保证书。

（3）工程款支付担保

工程款支付担保，是指为保证业主履行合同约定的工程款支付义务，由担保人为发包人向承包人提供的保证发包方支付工程款的担保。《工程建设项目施工招标投标办法》规定，招标人要求中标人提供履约保证金或其他形式履约担保的，招标人应当同时向中标人提供工程款支付担保。

支付担保有如下形式：1）银行保函；2）履约保证金；3）担保公司担保；4）抵押或者质押。通常采用由银行出具保函的方式。

（4）预付款担保

预付款担保，是发生在承包人与发包人签订合同后，承包人正确、合理使用发包人支付的预付工程款的担保。预付款担保的主要形式为银行保函。其主要作用是保证承包人能够按合同规定进行施工，偿还发包人已支付的全部预付金额。

## 9.4.3 抵押权、质权、留置权、定金的规定

### 1. 抵押权

（1）抵押的法律概念

为担保债务的履行，债务人或者第三人不转移财产的占有，将该财产抵押给债权人的，债务人不履行到期债务或者发生当事人约定的实现抵押权的情形，债权人有权就该财产优先受偿。其中，债务人或者第三人称为抵押人，债权人称为抵押权人，提供担保的财产为抵押财产。

（2）抵押财产

债务人或者第三人提供担保的财产为抵押财产。能够成为抵押物的财产必须具备一定的条件。这类财产轻易不会灭失，且所有权的转移应当经过一定的

程序。

债务人或者第三人有权处分的下列财产可以抵押：1）建筑物和其他土地附着物；2）建设用地使用权；3）海域使用权；4）生产设备、原材料、半成品、产品；5）正在建造的建筑物、船舶、航空器；6）交通运输工具；7）法律、行政法规未禁止抵押的其他财产。

设立抵押权，当事人应当采用书面形式订立抵押合同。

（3）抵押的效力

抵押担保的范围包括主债权及利息、违约金损害赔偿金和实现抵押权的费用。当事人也可以在抵押合同中约定抵押担保的范围。

抵押人有义务妥善保管抵押物并保证其价值。抵押期间，抵押人经抵押权人同意转让抵押财产的，应当将转让所得的价款向抵押权人提前清偿债务或者提存。转让的价款超过债权数额的部分归抵押人所有，不足部分由债务人清偿。抵押期间，抵押人未经抵押权人同意，不得转让抵押财产，但受让人代为清偿债务消灭抵押权的除外。抵押人的行为足以使抵押财产价值减少的，抵押权人有权要求抵押人停止其行为。

抵押权与其担保的债权同时存在。抵押权不得与债权分离而单独转让或者作为其他债权的担保。

（4）抵押权的实现

抵押财产自下列情形之一发生时确定：1）债务履行期限届满，债权未实现；2）抵押人被宣告破产或者解散；3）当事人约定的实现抵押权的情形；4）严重影响债权实现的其他情形。

债务履行期届满抵押权人未受清偿的，可以与抵押人协议以抵押物折价或者以拍卖、变卖该抵押物所得的价款受偿；协议不成的，抵押权人可以向人民法院提起诉讼。抵押物折价或者拍卖、变卖后，其价款超过债权数额的部分归抵押人所有，不足部分由债务人清偿。

**2. 质押**

（1）质押的法律概念

质押，是债务人或第三人向债权人移转某项财产的占有，并由后者掌握该项财产，以作为前者履行某种支付金钱或履约责任的担保。债务人不履行责任时，债权人有权依法将质物折价或者拍卖，并对所得价款优先受偿。质权是一种约定的担保物权，以转移占有为特征。质押财产称之为质物，提供财产的人称之为出质人，享有质权的人称之为质权人。

（2）质押的分类

质押分为动产质押和权利质押。

动产质押是指可移动并因此不损害其效用的物的质押。能够用作质押的动产没有限制。

权利质押是指以可转让的权利为标的物的质押。可以质押的权利包括：1）汇票、支票、本票、债券、存款单、仓单、提单；2）依法可以转让的股份、股票；3）依法可以转让的商标专用权、专利权、著作权中的财产权；4）依法可以质押的其他权利。

### 3. 留置

留置是指债权人按照合同约定占有债务人的动产债务人不按照合同约定的期限履行债务的，债权人有权依照法律规定留置该财产，以该财产折价或者以拍卖、变卖该财产的价款优先受偿。

债权人留置的动产，应当与债权属于同一法律关系，但是企业之间留置的除外。法律规定或者当事人约定不得留置的动产，不得留置。留置财产为可分物的，留置财产的价值应当相当于债务的金额。由于留置是一种比较强烈的担保方式，必须依法行使。因保管合同、运输合同、加工承揽合同发生的债权，债务人不履行债务的，债权人有留置权。法律规定可以留置的其他合同，适用以上规定。当事人可以在合同中约定不得留置的物。

留置权人负有妥善保管留置物的义务。因保管不善致使留置物灭失或者毁损的，留置权人应当承担民事责任。

### 4. 定金

当事人可以约定一方向对方给付定金作为债权的担保。定金合同自实际交付定金时成立。债务人履行债务后，定金应当抵作价款或者收回。给付定金的一方不履行约定的债务的，无权要求返还定金；收受定金的一方不履行约定的债务的，应当双倍返还定金。

定金的数额由当事人约定；但是，不得超过主合同标的额的百分之二十，超过部分不产生定金的效力。当事人在定金合同中应当约定交付定金的期限，定金合同自实际交付定金时成立。

【例 9-3】A 公司因资金压力，向银行进行融资，与银行签订借款合同。借款额为 100 万元人民币，承诺借款期限为 1 年，到期偿还利息 10 万元。因 A 公司成立不久，银行要求需要有担保人，所以 A 公司让 B 公司作为担保人，B 公司将评估价为 100 万元的房产抵押给了银行。最终，A 公司在投资中亏损无力偿还到期借款。

【问题】

(1) 银行能否要求 A 公司承担还款责任，为什么？

(2) 银行能否要求 B 公司承担还款责任，为什么？

【分析】

(1) 可以要求 A 公司承担还款责任。《中华人民共和国民法典》以及《中华人民共和国劳动法》规定，依法成立的合同，仅对当事人具有法律约束力；当事人应当按照约定履行自己的义务，不得擅自变更或者解除合同。A 公司与银行存在合同关系，A 公司是债务人，所以应当承担还款责任。

(2) 不能要求 B 公司承担还款责任。按照相关法律法规，"债务人不履行债务时，债权人有权依照本法规定以该财产折价或者以拍卖、变卖该财产的价款优先受偿。"B 公司是抵押人，不是债务人。而且抵押物的价值与借款金额持平，所以银行只能处理抵押物，无权要求 B 公司承担还款责任。

## 9.5　建设工程保险制度

### 1. 保险的法律概念

建筑工程保险是财产保险的一种。《中华人民共和国保险法》规定，保险，是指投保人根据合同约定，向保险人支付保险费，保险人对于合同约定的可能发生的事故因其发生所造成的财产损失承担赔偿保险金责任，或者当被保险人死亡、伤残、疾病或者达到合同约定的年龄、期限等条件时承担给付保险金责任的商业保险行为。

### 2. 保险合同

保险合同，是指投保人与保险人保险权利义务关系的协议。投保人，是指与保险人订立保险合同，并按照合同约定负有支付保险义务的人。保险人，是指与投保人订立保险合同，并按照合同约定承担赔偿或者给付保险金责任的保险公司。

### 3. 建设工程保险的主要种类和投保权益

建设工程活动涉及的法律关系较为复杂，风险较为多样。因此，建设工程活动涉及的险种也较多，主要包括建筑工程一切险（及第三者责任险）、安装工程一切险（及第三者责任险）、机器损坏险、机动车辆险、建筑职工意外伤害险、勘察设计责任保险、工程监理责任保险等。

（1）建筑工程一切险（及第三者责任险）

建筑工程一切险是以建筑工程中的材料、装饰物料、设备等为保险标的的保险。建筑工程一切险适用于所有房屋工程和公共工程，包括住宅、商业用房、医院、学校、剧院；工业厂房、电站；公路、铁路、飞机场；桥梁、船闸、大坝、隧道、排灌工程、水渠及港埠等。这些工程在建筑过程中的各种意外风险，均可通过投保建筑工程保险而得到保险保障。

建筑工程一切险通常还加保第三者责任险。第三者责任险，是指因发生与本保险单所承保工程直接相关的意外事故引起工地内及邻近区域的第三者人身伤亡、疾病或财产损失，依法应由被保险人承担的经济赔偿责任。

1）投保人与被保险人

发包人应投保建筑工程一切险或安装工程一切险；发包人委托承包人投保的，因投保产生的保险费和其他相关费用由发包人承担。

建筑工程保险的被保险人大致包括以下几方：①工程所有人，即建筑工程的最后所有者；②工程承包人，即负责承建该项工程的施工单位，可分为总承包人和分承包人；③技术顾问；④其他关系方，如贷款银行或其他债权人等。

2）保险责任

保险人对下列原因造成的损失和费用，负责赔偿：①自然事件，包括地震、海啸、雷电、飓风、台风、龙卷风、风暴、暴雨、洪水、水灾、冻灾、冰霜、地面下陷下沉、山崩、雪崩、火山爆发及其他人力不可抗拒的强大的破坏力。②意外事故，不可预料的以及被保险人无法控制并造成物质损失或人身伤亡的突发性事件，包括火灾、爆炸、飞机坠毁或物体坠落等。③人为危险，建筑工程保险承保的人为风险有盗窃、工人或技术人员缺乏经验、疏忽、过失、恶意行为。④第三者责任部分的保险责任，指在保险期间因建筑工地发生意外事故造成工地及邻近地区第三者人身伤亡和财产损失，依法应由被保险人承担的赔偿责任，以及事先经保险人书面同意的被保险人因此而支付的诉讼费用和其他费用。

（2）第三者责任险

建筑工程一切险，如果加保第三者责任险，保险人对下列原因造成的损失和费用，负责赔偿：1）在保险期限内，因发生与所保工程直接相关的意外事故引起工地内及邻近区域的第三者人身伤亡、疾病或财产损失；2）被保险人因上述原因支付的诉讼费用以为事先经保险人书面同意而支付的其他费用。

（3）赔偿金额

保险人对每次事故引起的赔偿金额以法院或政府有关部门根据现行法律裁定的应由被保险人偿付的金额为准，但在任何情况下，均不得超过保险单明细表中对应列明的每次事故赔偿限额。在保险期限内，保险人经济赔偿的最高赔偿责任不得超过本保险单明细表中列明的累计赔偿限额。

（4）保险期限

建筑工程一切险的保险责任自保险工程在工地动工或用于保险工程的材料、设备运抵工地之时起始，至工程所有人对部分或全部工程签发完工验收证书或验收合格，或工程所有人实际占用或使用或接收该部分或全部工程之时终止，以先发生者为准。但在任何情况下，保险期限的起始或终止不得超出保险单明细表中列明的保险生效日或终止日。

### 4. 工伤保险和建筑职工意外伤害险

《中华人民共和国建筑法》规定，建筑施工企业应当依法为职工参加工伤保险缴纳工伤保险费。鼓励企业为从事危险作业的职工办理意外伤害保险，支付保险费。

## 9.6　建设工程税收制度

税收是指国家为了向社会提供公共产品、满足社会共同需要、按照法律的规定，参与社会产品的分配，强制、无偿取得财政收入的一种规范形式。税收是一种非常重要的政策工具。税收制度，是指国家（政府）以法律或法规的形式确定的各种科税方法的总称。

### 9.6.1　企业和个人所得税的规定

#### 1. 企业所得税的规定

企业所得税，是对我国境内的企业和其他取得收入的组织的生产经营所得和其他所得征收的一种所得税。

（1）纳税人

在中华人民共和国境内，企业和其他取得收入的组织（以下统称企业）为企业所得税的纳税人。企业所得税的纳税人包括各类企业、事业单位、社会团体、民办非企业单位和从事经营活动的其他组织。个人独资企业、合伙企业不属于企业所得税纳税义务人。

企业所得税采取收入来源地管辖权和居民管辖权相结合的双管辖权，把企业分为居民企业和非居民企业，分别确定不同纳税义务。

1）居民企业，是指依法在中国境内成立，或者依照外国（地区）法律成立但实际管理机构在中国境内的企业。

2）非居民企业，是指依照外国（地区）法律成立且实际管理机构不在中国境内，但在中国境内设立机构、场所的，或者在中国境内未设立机构、场所，但有来源于中国境内所得的企业。

（2）征税对象

居民企业应当就其来源于中国境内、境外的所得缴纳企业所得税。非居民企业在中国境内设立机构、场所的，应当就其所设机构、场所取得的来源于中国境内的所得，以及发生在中国境外但与其所设机构、场所有实际联系的所得，缴纳企业所得税。非居民企业在中国境内未设立机构、场所的，或者虽设立机构、场所但取得的所得与其所设机构、场所没有实际联系的，应当就其来源于中国境内的所得缴纳企业所得税。

（3）应纳税所得额

企业每一纳税年度的收入总额，减除不征税收入、免税收入、各项扣除以及允许弥补的以前年度亏损后的余额，为应纳税所得额。

企业以货币形式和非货币形式从各种来源取得的收入，为收入总额。包括：1）销售货物收入；2）提供劳务收入；3）转让财产收入；4）股息、红利等权益性投资收益；5）利息收入；6）租金收入；7）特许权使用费收入；8）接受捐赠收入；9）其他收入。

征税收入，是指从性质和根源上不属于企业营利性活动带来的经济利益、不负有纳税义务并不作为应纳税所得额组成部分的收入。如财政拨款、依法收取并纳入财政管理的行政事业性收费、政府性基金以及国务院规定的其他不征税收入。

企业实际发生的与取得收入有关的、合理的支出，包括成本、费用、税金、损失和其他支出，准予在计算应纳税所得额时扣除。

（4）税率

企业所得税的税率为 25%。非居民企业在中国境内未设立机构、场所的，或者虽设立机构、场所但取得的所得与其所设机构、场所没有实际联系的，应当就其来源于中国境内的所得缴纳企业所得税，适用税率为 20%。

### 2. 个人所得税的规定

个人所得税是国家对本国公民、居住在本国境内的个人的所得和境外个人来源于本国的所得征收的一种所得税。

（1）纳税人

《中华人人民共和国个人所得税法》规定，在中国境内有住所，或者无住所而一个纳税年度内在中国境内居住累计满一百八十三天的个人，为居民个人。居民个人从中国境内和境外取得的所得，依照本法规定缴纳个人所得税。在中国境内无住所又不居住，或者无住所而一个纳税年度内在中国境内居住累计不满一百八十三天的个人，为非居民个人。非居民个人从中国境内取得的所得，依照本法规定缴纳个人所得税。

（2）纳税项目

下列各项个人所得，应当缴纳个人所得税：1）工资、薪金所得；2）劳务报酬所得；3）稿酬所得；4）特许权使用费所得；5）经营所得；6）利息、股息、红利所得；7）财产租赁所得；8）财产转让所得；9）偶然所得。

居民个人取得1）～4）（以下称综合所得），按纳税年度合并计算个人所得税；非居民个人取得1）～4），按月或者按次分项计算个人所得税。纳税人取得5）～9），依照本法规定分别计算个人所得税。

（3）税率

个人所得税的税率：

1）综合所得，适用百分之三至百分之四十五的超额累进税率；

2）经营所得，适用百分之五至百分之三十五的超额累进税率；

3）利息、股息、红利所得，财产租赁所得，财产转让所得和偶然所得，适用比例税率，税率为百分之二十。

（4）免税项目

1）省级人民政府、国务院部委和中国人民解放军军级以上单位，以及外国组织、国际组织颁发的科学、教育、技术、文化、卫生、体育、环境保护等方面的奖金；

2）国债和国家发行的金融债券利息；

3）按照国家统一规定发给的补贴、津贴；

4）福利费、抚恤金、救济金；

5）保险赔款；

6）军人的转业费、复员费、退役金；

7）按照国家统一规定发给干部、职工的安家费、退职费、基本养老金或者退休费、离休费、离休生活补助费；

8）依照有关法律规定应予免税的各国驻华使馆、领事馆的外交代表、领事官员和其他人员的所得；

9）中国政府参加的国际公约、签订的协议中规定免税的所得；

10）国务院规定的其他免税所得。

有下列情形之一的，可以减征个人所得税，具体幅度和期限，由省、自治区、直辖市人民政府规定，并报同级人民代表大会常务委员会备案：1）残疾、孤寡老人和烈属的所得；2）因自然灾害遭受重大损失的。国务院可以规定其他减税情形，报全国人民代表大会常务委员会备案。

（5）纳税扣缴和申报

个人所得税以所得人为纳税人，以支付所得的单位或者个人为扣缴义务人。有下列情形之一的，纳税人应当依法办理纳税申报：

① 取得综合所得需要办理汇算清缴；

② 取得应税所得没有扣缴义务人；

③ 取得应税所得，扣缴义务人未扣缴税款；

④ 取得境外所得；

⑤ 因移居境外注销中国户籍；

⑥ 非居民个人在中国境内从两处以上取得工资、薪金所得；

⑦ 国务院规定的其他情形。扣缴义务人应当按照国家规定办理全员全额扣缴申报，并向纳税人提供其个人所得和已扣缴税款等信息。

国务院《个人所得税专项附加扣除暂行办法》规定，个人所得税专项附加扣除，是指个人所得税法规定的子女教育、继续教育、大病医疗、住房贷款利息或者住房租金、赡养老人等 6 项专项附加扣除。个人所得税专项附加扣除遵循公平合理、利于民生、简便易行的原则。根据教育、医疗、住房、养老等民生支出变化情况，适时调整专项附加扣除范围和标准。

## 9.6.2　企业增值税的规定

增值税是以商品和劳务在流转过程中产生的增值额作为征税对象而征收的一种流转税。

### 1. 纳税人

《中华人民共和国增值税暂行条例》（以下简称《增值税暂行条例》）规定，在中华人民共和国境内销售货物或者加工、修理修配劳务（以下简称劳务），销售服务、无形资产、不动产以及进口货物的单位和个人，为增值税的纳税人。纳税人分为一般纳税人和小规模纳税人。小规模纳税人以外的纳税人应当向主管税务机关办理登记。小规模纳税人会计核算健全，能够提供准确税务资料的，可以向主管税务机关办理登记，不作为小规模纳税人，计算应纳税额。

### 2. 应纳税额的计算

纳税人兼营不同税率的项目，应当分别核算不同税率项目的销售额；未分别核算销售额的，从高适用税率。纳税人销售货物、劳务、服务、无形资产、不动产（以下统称应税销售行为），应纳税额为当期销项税额抵扣当期进项税额后的余额。当期销项税额小于当期进项税额不足抵扣时，其不足部分可以结转下期继续抵扣。小规模纳税人发生应税销售行为，实行按照销售额和征收率计算应纳税额的简易办法，并不得抵扣进项税额。纳税人进口货物，按照组成计税价格和《增值税暂行条例》规定的增值税税率计算应纳税额。

纳税人发生应税销售行为，按照销售额和《增值税暂行条例》规定的增值税税率计算收取的增值税额，为销项税额。纳税人发生应税销售行为的价格明显偏低并无正当理由的，由主管税务机关核定其销售额。纳税人购进货物、劳务、服务、无形资产、不动产支付或者负担的增值税额，为进项税额。

纳税人发生应税销售行为，应当向索取增值税专用发票的购买方开具增值税专用发票，并在增值税专用发票上分别注明销售额和销项税额。

属于下列情形之一的，不得开具增值税专用发票：1）应税销售行为的购买方为消费者个人的；2）发生应税销售行为适用免税规定的。

30.《关于建筑服务等营改增试点政策的通知》

财政部、国家税务总局联合发布《关于建筑服务等营改增试点政策的通知》规定，建筑工程总承包单位为房屋建筑的地基与基础、主体结构提供工程服务，建设单位自行采购全部或部分钢材、混凝土、砌体材料、预制构件的，适用简易计税方法计税。地基与基础、主体结构的范围，按照《建筑工程施工质量验收统一标准》GB 50300—2013 附录 B《建筑工程的分部工程、分项工程划分》中的"地基与基础""主体结构"分部工程的范围执行。纳税人提供建筑服务取得预收款，应在收到预收款时，以取得的预收款扣除支付的分包款后的余额，按照本通知规定的预征率预缴增值税。按照现行规定应在建筑服务发生地预缴增值税的项目，纳税人收到预收款时在建筑服务发生地预缴增值税。按照现行规定无需在建筑服务发生地预缴增值税的项目，纳税人收到预收款时，在机构所在地预缴增值税。适用一般计税方法计税的项目预征率 2%，适用简易计税方法计税的项目预征率为 3%。

　　国家税务总局、住房和城乡建设部、财政部《关于进一步做好建筑行业营改增试点工作的意见》规定，各地税务部门要积极创造条件，在建材市场、大型工程项目部等地增设专用发票代开点，为砂土石料销售企业、临时经营企业及建筑材料零售企业代开专用发票提供便利，不断提高建筑企业购买建筑材料获得专用发票比例。各地税务部门要强化对砂土石料等建筑材料销售企业的税收检查，及时处理建筑材料销售企业拒开发票、加价开票等违规行为，发现建筑材料销售企业通过不开发票隐瞒收入偷税的，要依法依规严肃处理。各级住房城乡建设部门和税务部门要进一步加强信息共享，充分利用税收征管数据，对于增值税缴纳单位与建设工程合同承包方不一致的工程项目，重点核查是否存在转包、违法分包、挂靠等行为，一经发现，严肃查处，切实维护建筑市场秩序。

### 3. 销项税额的抵扣

《增值税暂行条例》规定，下列进项税额准予从销项税额中抵扣：

　　（1）从销售方取得的增值税专用发票上注明的增值税额。

　　（2）从海关取得的海关进口增值税专用缴款书上注明的增值税额。

　　（3）购进农产品，除取得增值税专用发票或者海关进口增值税专用缴款书外，按照农产品收购发票或者销售发票上注明的农产品买价和 11% 的扣除率计算的进项税额。国务院另有规定的除外。

　　（4）自境外单位或者个人购进劳务、服务、无形资产或者境内的不动产，从税务机关或者扣缴义务人取得的代扣代缴税款的完税凭证上注明的增值税额。

　　纳税人购进货物、劳务、服务、无形资产、不动产，取得的增值税扣税凭证不符合法律、行政法规或者国务院税务主管部门有关规定的，其进项税额不得从销项税额中抵扣。下列项目的进项税额不得从销项税额中抵扣：

　　（1）用于简易计税方法计税项目、免征增值税项目、集体福利或者个人消费的购进货物、劳务、服务、无形资产和不动产。

　　（2）非正常损失的购进货物，以及相关的劳务和交通运输服务。

　　（3）非正常损失的在产品、产品成品所耗用的购进货物（不包括固定资产）、劳务和交通运输服务。

（4）国务院规定的其他项目。

#### 4. 税率

按照国务院常务会议决定，从 2019 年 4 月 1 日起，增值税税率调整为：

（1）纳税人销售货物、劳务、有形动产租赁服务或者进口货物，除下述第（2）项、第（4）项、第（5）项另有规定外，税率为 13％。

（2）纳税人销售交通运输、邮政、基础电信、建筑、不动产租赁服务，销售不动产，转让土地使用权，销售或者进口下列货物，税率为 9％：1）粮食等农产品、食用植物油、食用盐；2）自来水、暖气、冷气、热水、煤气、石油液化气、天然气、二甲醚、沼气、居民用煤炭制品；3）图书、报纸、杂志、音像制品、电子出版物；4）饲料、化肥、农药、农机、农膜；5）国务院规定的其他货物。

（3）纳税人销售服务、无形资产，除上述第（1）项、第（2）项、第（5）项另有规定外，税率为 6％。

（4）纳税人出口货物，税率为零；但是，国务院另有规定的除外。

（5）境内单位和个人跨境销售国务院规定范围内的服务、无形资产，税率为零。

## 9.6.3 其他相关税收的规定

同建设工程有关的税收法律制度还有城市维护建设税、教育费附加、城镇土地使用税、房产税、车船税、印花税、花税、车辆购置税等。

#### 1. 城市维护建设税

城市维护建设税，又称城建税，是以纳税人实际缴纳的产品税、增值税税额为计税依据，依法计征的一种税。《中华人民共和国城市维护建设税暂行条例》规定，凡缴纳消费税、增值税、营业税的单位和个人，都是城市维护建设税的纳税义务人。

城市维护建设税，以纳税人实际缴纳的消费税、增值税、营业税税额为计税依据，分别与消费税、增值税、营业税同时缴纳。城市维护建设税税率如下：纳税人所在地在市区的，税率为 7％；纳税人所在地在县城、镇的，税率为 5%；纳税人所在地不在市区、区、县城或镇的，税率为 1%。

### 2. 教育费附加

教育费附加是由税务机关负责征收，同级教育部门统筹安排，同级财政部门监督管理，专门用于发展地方教育事业的预算外资金。凡缴纳增值税、消费税的单位和个人，均为教育费附加的纳税义务人。

教育费附加，以纳税人实际缴纳的增值税、消费税的税额为计费依据。教育费附加率为 3%，纳费人申报缴纳增值税、消费税、营业税的同时，申报、缴纳教育费附加。

### 3. 城镇土地使用税

城镇土地使用税是指国家在城市、县城、建制镇、工矿区范围内，对使用土地的单位和个人，以其实际占用的土地面积为计税依据，按照规定的税额计算征收的一种税。在城市、县城、建制镇、工矿区范围内使用土地的单位和个人，为城镇土地使用税的纳税人。

城镇土地使用税采用定额税率，即采用有幅度的差别税额。按大、中、小城市和县城、建制镇、工矿区分别规定每平方米城镇土地使用税年应纳税额。城镇土地使用税每平方米年税额标准具体如下：

（1）大城市 1.5～30 元；

（2）中等城市 1.2～24 元；

（3）小城市 0.9～18 元；

（4）县城、建制镇、工矿区 0.6～12 元。

下列土地免缴土地使用税：

（1）国家机关、人民团体、军队自用的土地；

（2）由国家财政部门拨付事业经费的单位自用的土地；

（3）宗教寺庙、公园、名胜古迹自用的土地；

（4）市政街道、广场、绿化地带等公共用地；

（5）直接用于农、林、牧、渔业的生产用地；

（6）经批准开山填海整治的土地和改造的废弃土地，从使用的月份起免缴土地使用税 5～10 年；

（7）由财政部另行规定免税的能源、交通、水利设施用地和其他用地。

### 4. 房产税

房产税在城市、县城、建制镇和工矿区征收。房产税由产权所有人缴纳；产权属于全民所有的，由经营管理的单位缴纳；产权出典的，由承典人缴纳；产权所有人、承典人不在房产所在地的，或者产权未确定及租典纠纷未解决的，由房产代管人或者使用人缴纳。上述列举的产权所有人、经营管理单位、承典人、房产代管人或者使用人，统称为纳税义务人。

房产税依照房产原值一次减除10%～30%后的余值计算缴纳。具体减除幅度，由省、自治区、直辖市人民政府规定。没有房产原值作为依据的，由房产所在地税务机关参考同类房产核定。房产出租的，以房产租金收入为房产税的计税依据。

房产税的税率，依照房产余值计算缴纳的，税率为1.2%；依照房产租金收入计算缴纳的，税率为12%。

下列房产免纳房产税：

（1）国家机关、人民团体、军队自用的房产；

（2）由国家财产政府部门拨付事业经费的单位自用的房产；

（3）宗教寺庙、公园、名胜古迹自用的房产；

（4）个人所有非营业用的房产；

（5）经财政部批准免税的其他房产。

纳税人纳税确有困难的，可由省、自治区、直辖市人民政府确定，定期减征或者免征房产税。

### 5. 车船税

车船税，是指依法应当在车船管理部门登记的车船，在中华人民共和国境内的车辆、船舶的所有人或者管理人按照《中华人民共和国车船税法》应缴纳的一种税。《中华人民共和国车船税法》规定，在中华人民共和国境内属于本法所附《车船税税目税额表》规定的车辆、船舶（以下简称车船）的所有人或者管理人，为车船税的纳税人。车船的适用税额依照本法所附《车船税税目税额表》执行。

下列车船免征车船税：

（1）捕捞、养殖渔船；

（2）军队、武装警察部队专用的车船；

（3）警用车船；

（4）悬挂应急救援专用号牌的国家综合性消防救援车辆和国家综合性消防救援专用船舶；

（5）依照法律规定应当予以免税的外国驻华使领馆、国际组织驻华代表机构及其有关人员的车船。

对节约能源、使用新能源的车船可以减征或者免征车船税；对受严重自然灾害影响纳税困难以及有其他特殊原因确需减税、免税的，可以减征或者免征车船税。

从事机动车第三者责任强制保险业务的保险机构为机动车车船税的扣缴义务人的，应当在收取保险费时依法代收车船税，并出具代收税款凭证。

车船税纳税义务发生时间为取得车船所有权或者管理权的当月。车船税的纳税地点为车船的登记地或者车船税扣缴义务人所在地。依法不需要办理登记的车船，车船税的纳税地点为车船的所有人或者管理人所在地。

### 6. 印花税

印花税是对经济活动和经济交往中书立、领受具有法律效力的凭证的行为所征收的一种税。《中华人民共和国印花税暂行条例》规定，在中华人民共和国境内书立、领受本条例所列举凭证的单位和个人，都是印花税的纳税义务人。

下列凭证为应纳税凭证：

（1）购销、加工承揽、建设工程承包、财产租赁、货物运输、仓储保管、借款、财产保险、技术合同或者具有合同性质的凭证；

（2）产权转移书据；

（3）营业账簿；

（4）权利、许可证照；

（5）经财政部确定征税的其他凭证。

纳税人根据应纳税凭证的性质，分别按比例税率或者按件定额计算应纳税额。具体税率、税额详见该条例所附的《印花税税目税率表》。应纳税额不足1角的，免纳印花税；应纳税额在1角以上的，其税额尾数不满5分的不计，满5分的按1角计算缴纳。

下列凭证免纳印花税：

（1）已缴纳印花税的凭证的副本或者抄本；

（2）财产所有人将财产赠给政府、社会福利单位、学校所立的书据；

（3）经财政部批准免税的其他凭证。

### 7. 车辆购置税

《中华人民共和国车辆购置税法》规定，在中华人民共和国境内购置汽车、有轨电车、汽车挂车、排气量超过 150mL 的摩托车的单位和个人，为车辆购置税的纳税人，应当依照本法规定缴的车辆购置税。本法所称购置，是指以购买、进口、自产、受赠、获奖或者其他方式取得并自用应税车辆的行为。

车辆购置税实行一次性征收。购置已征车辆购置税的车辆，不再征收车辆购置税。车辆购置税的税率为 10%。车辆购置税的应纳税车辆的计税价格乘以税率计算。

下列车辆免征车辆购置税：

（1）依照法律规定应当予以免税的外国驻华使馆、领事馆和国际组织驻华机构及其有关人员自用的车辆；

（2）中国人民解放军和中国人民武装警察部队列入装备订货计划的车辆；

（3）悬挂应急救援专用号牌的国家综合性消防救援车辆；

（4）没有固定装置的非运输专用作业车辆；

（5）城市公交企业购置的公共汽电车辆。

## 9.7 建设工程法律责任制度

法律责任，是指行为人由于违法行为、违约行为或者由于法律规定而应承受的某种不利的法律后果。法律责任不同于其他社会责任，法律责任的范围、性质、大小、期限等均在法律上有明确规定。

### 9.7.1 法律责任的基本种类和特征

法律责任，是由特定法律事实所引起的对损害予以补偿、强制履行或接受惩罚的特殊义务，也即由于违反第一性义务而引起的第二性义务。法律责任，有广义和狭义两种。广义，指任何组织和个人均所负有的遵守法律，自觉地维护法律的尊严的义务。狭义，指违法者对违法行为所应承担的具有强制性的法律上的责任。按照违法行为的性质和危害程度，可以将法律责任分为民事责任、行政责任、经济法责任、刑事责任、违宪责任和国家赔偿责任。

法律责任的特征为：

（1）法律责任首先表示一种因违反法律上的义务关系而形成的责任关系，它是以法律义务的存在为前提的；

（2）法律责任即承担不利的后果；

（3）法律责任具有内在逻辑性，即存在前因与后果的逻辑关系；

（4）法律责任的追究是由国家强制力实施或者潜在保证的。

## 9.7.2　建设工程民事责任的种类及承担方式

民事法律责任，是民事主体对于自己因违反合同，不履行其他民事义务，或者侵害国家的、集体的财产，侵害他人的人身财产、人身权利所造成法律后果，依法应当承担的民事法律责任。

民事责任主要是一种以财产为主要内容的法律责任，如损害赔偿、支付违约金等；但也不限于财产责任，还有恢复名誉、赔礼道歉等。

### 1. 民事责任的特征

民事法律责任的民事违法行为通常包括侵权行为和违约行为。

侵权行为发生后，在侵害人与受害人之间就产生了特定的民事权利义务关系，即受害人有权要求侵权人依法承担的责任赔偿损失。违约行为责任，是指当事人一方不履行合同义务或履行合同义务不符合约定条件的行为。侵权行为责任，是指侵犯他人的人身财产或知识产权，依法应承担民事责任的违法行为。

### 2. 承担民事责任的方式

《中华人民共和国民法典》规定，承担民事责任的方式主要有：（1）停止侵害；（2）排除妨碍；（3）消除危险；（4）返还财产；（5）恢复原状；（6）修理、重作、更换；（7）继续履行；（8）赔偿损失；（9）支付违约金；（10）消除影响、恢复名誉；（11）赔礼道歉。以上承担民事责任的方式，可以单独适用，也可以合并适用。

### 3. 建设工程民事责任的主要承担方式

（1）返还财产

返还财产是合同当事人在合同被撤销后，对于已交付给对方的财产享有返还请求权，而已经接受财产的当事人则有返还财产的义务。当建设工程施工合同无效、被撤销后，应当返还财产。合同无效或者被撤销后，因该合同取得的财产，应当予以返还；不能返还或者没有必要返还的，应当折价补偿。补偿主要是两种方式：一是参照无效合同中的约定价款；二是按当地市场价、定额量据实结算，折价补偿。

（2）修理

施工合同的承包人对施工中出现质量问题的建设工程或者竣工验收不合格的建设工程，应当负责返修。

（3）赔偿损失

赔偿损失，是指合同当事人由于不履行合同义务或者履行合同义务不符合约定，给对方造成财产上的损失时，由违约方依法或依照合同约定应承担的损害赔偿责任。

（4）支付违约金

违约金，是指按照当事人的约定或者法律直接规定，一方当事人违约的，应向另一方支付的金钱。违约金的标准是金钱，但当事人也可以约定违约金的标的物为金钱以外的其他财产。

## 9.7.3　建设工程刑事责任的种类及承担方式

刑事责任，是指犯罪人因实施犯罪行为应当承担的法律责任，按刑事法律的规定追究其法律责任。刑事责任是法律责任中最强烈的一种。

刑罚分为主刑和附加刑。主刑，是对犯罪分子适用的主要刑罚，它只能独立使用，不能相互附加适用。主刑有管制、拘役、有期徒刑、无期徒刑和死刑；附加刑有罚金、剥夺政治权利和没收财产。

在建设工程领域，常见的刑事法律责任如下：

### 1. 工程重大安全事故罪

《中华人民共和国刑法》第一百三十七条规定，建设单位、设计单位、施工单位、工程监理单位违反国家规定，降低工程质量标准，造成重大安全事故的，对直接责任人员，处五年以下有期徒刑或者拘役，并处罚金；后果特别严重的，处五年以上十年以下有期徒刑，并处罚金。

建设工程中发生安全事故，具有下列情形之一的。应当认定为"造成重大安全事故"，对直接责任人处 5 年以下有期徒刑或者拘役，并处罚金：（1）造成死亡 1 人以上，或者重伤 3 人以上的；（2）造成直接经济损失 100 万元以上；（3）其他造成严重后果或者重大安全事故的情形。

### 2. 重大责任事故罪

《中华人民共和国刑法》第一百三十四条规定，在生产、作业中违反有关安全管理的规定，因而发生重大伤亡事故或者造成其他严重后果的，处三年以下有期徒刑或者拘役；情节特别恶劣的，处三年以上七年以下有期徒刑。

建设项目施工过程中，明知存在事故隐患、继续作业存在危险，但仍然违反有关安全管理的规定，实施下列行为之一的，应当认定为刑法规定的"强令他人违章冒险作业"：（1）利用组织、指挥、管理职权，强制他人违章作业的；（2）采取威逼、胁迫、恐吓等手段，强制他人违章作业的；（3）故意掩盖事故隐患，组织他人违章作业的；（4）其他强令他人违章作业的行为。

### 3. 重大劳动安全事故罪

《中华人民共和国刑法》第一百三十五条规定，安全生产设施或者安全生产条件不符合国家规定，因而发生重大伤亡事故或者造成其他严重后果的，对直接负责的主管人员和其他直接责任人员，处三年以下有期徒刑或者拘役；情节特别恶劣的，处三年以上七年以下有期徒刑。

发生安全事故，具有下列情形之一的，应当认定为"发生重大伤亡事故或者造成其他严重后果"：（1）造成死亡 1 人以上，或者重伤 3 人以上的；（2）造成直接经济损失 100 万元以上的；（3）其他造成严重后果或者重大安全事故的情形。

### 4. 串通投标罪

《中华人民共和国刑法》第二百二十三条规定，投标人相互串通投标报价，损害招标人或者其他投标人利益，情节严重的，处三年以下有期徒刑或者拘役，并处或者单处罚金。

投标人与招标人串通投标，损害国家、集体、公民的合法利益的，依照前款的规定处罚。

## 单元总结

本单元学习了建筑工程法人制度、建设工程物权制度、建设工程债权制度、建设工程担保制度、建设工程保险制度、建设工程税收制度、建设工程法律责任制度。掌握本单元内容有助于解决建设工程项目实施过程中产生的纠纷。

## 思考及练习

### 一、单项选择题

1. 下列关于我国土地所有权制度的说法，正确的是（　　）。

A. 我国实行土地的社会主义公有制，即所有的土地归国家所有

B. 城市市区的土地属于全部市民所有

C. 宅基地和自留地、自留山，属于农民个人所有

D. 按土地用途可以将土地分为农用地、建设用地和未利用地

2. 甲将名下房子卖给乙，并就房屋买卖订立书面合同，但未进行房屋产权变更登记。关于房屋所有权的说法，正确的是（　　）。

A. 买卖合同无效，房屋所有权不发生变动

B. 买卖合同有效，房原所有权归乙所有，但未经登记，不能对抗善意第三人

C. 买卖合同有效，房屋所有权不发生变动

D. 买卖合同有效，房屋所有权归乙所有

3. 关于所有权的权能，下列说法正确的是（　　）。

A. 占有权只能由所有人享有

B. 财产所有权的权能只包括占有权、使用权、收益权、处分权

C. 要想享有收益权，就必须行使对物的使用权

D. 占有权是所有人的最基本的权利，是所有权内容的核心

4. 关于用益物权和担保物权，下列说法正确的是（　　）。

A. 用益物权只适用于不动产，担保物权适用于不动产和动产

B. 国家所有的自然资源，只有单位能成为其用益物权人

C. 属于集体所有的自然资源，单位、个人依法可以占有、使用和收益

D. 根据"一物一权"原则，一物上面只能有一个担保物权

5. 甲建设单位与乙设计单位签订设计合同，约定设计费为 200 万元，甲按约定向乙支付了定金 50 万元。如果乙在规定期限内不履行设计合同，应该返还给甲（　　）。

A. 50 万元　　　　B. 80 万元　　　　C. 90 万元　　　　D. 100 万元

6. 甲乙之间于 12 月 1 日订立建设用地使用权和汽车抵押合同，并于 1 月 1 日对汽车的抵押进行了登记，下列关于抵押权设立时间的说法正确的是（　　）。

A. 建设用地使用权的抵押于 12 月 1 日设立

B. 汽车的抵押于 1 月 1 日设立

C. 汽车的抵押于 12 月 1 日设立

D. 建设用地使用权的抵押未经登记，不得对抗第三人

7. 某企业与运输公司签订了货物运输合同，在合同履行过程中，该企业未按照合同内容履行合同，则运输公司可将其货物（　　）。

A. 留置　　　　B. 抵押　　　　C. 扣押　　　　D. 质押

8. 关于定金的说法，正确的是（　　）。

A. 定金合同自签订之日生效　　　　B. 定金不得超过合同金额的 30%

C. 定金的法律性质是担保　　　　D. 定金可以口头约定

9. 下列担保方式中，只能由债务人而非第三人提供的是（　　）。

A. 抵押　　　　B. 保证　　　　C. 质押　　　　D. 留置

10. 某建设单位与某施工企业签订的施工合同约定开工日期为 2021 年 5 月 1 日。同年 2 月 10 日，该建设单位与保险公司签订了建筑工程一切险保险合同。施工企业为保证工期，于同年 4 月 20 日将建筑材料运至工地。后因设备原因，工程实际开工日为同年 5 月 10 日。该建筑工程一切险保险责任的生效日期为（　　）。

A. 2021 年 2 月 10 日　　　　B. 2021 年 4 月 20 日

C. 2021 年 5 月 1 日　　　　　　　D. 2021 年 5 月 10 日

11. 建筑工程一切险是一种综合性保险，下列属于该险种的被保险人的是（　　）。

A. 施工工人　　　　　　　　　B. 材料供应商

C. 项目经理　　　　　　　　　D. 技术顾问

12. 根据《中华人民共和国企业所得税法》，下列企业中属于非居民企业的是（　　）。

A. 在上海市工商局登记注册的企业

B. 在英国注册但实际管理机构在武汉的外资独资企业

C. 在美国注册的企业设在上海的办事处

D. 在广州市工商局注册但在美国开展工程承包的企业

13. 关于增值税应纳税额计算的说法，正确的是（　　）。

A. 纳税人兼营不同税率的项目，应当分别核算不同税率项目的销售额；未分别核算销售额的，从低适用税率

B. 小规模纳税人发生应税销售行为，实行按照销售额和征收率计算应纳税额的简易办法，可以抵扣进项税额

C. 纳税人销售货物、劳务、服务、无形资产、不动产，应纳税额为当期销项税额抵扣当期进项税额后的余额

D. 当期销项税额小于当期进项税额不足抵扣时，其不足部分不得结转下期继续抵扣

14. 关于建筑施工企业缴纳增值税的说法，正确的是（　　）。

A. 建筑工程总承包单位为房屋建筑的地基与基础、主体结构提供工程服务，建设单位自行采购全部或部分钢材、混凝土、砌体材料、预制构件的，不得适用简易计税方法计税

B. 按照现行规定无需在建筑服务发生地预缴增值税的项目，纳税人收到预收款时在机构所在地预缴增值税

C. 适用一般计税方法计税的项目预征率为 3%

D. 适用简易计税方法计税的项目预征率为 2%

15. 关于城市建设维护税的说法正确的是（　　）。

A. 凡缴纳消费税、增值税、营业税的单位，都是城市维护建设税的纳税

义务人

B. 城市维护建设税，以纳税人应该缴纳的消费税、增值税、营业税税额为计税依据

C. 城市维护建设税，与消费税、增值税、营业税分别缴纳

D. 凡缴纳消费税、增值税、营业税的个人，不是城市维护建设税的纳税义务人

16. 关于城镇土地使用税的说法，正确的是（　　）。

A. 土地使用税以纳税人实际占用的土地面积为计税依据，依照规定税额计算征收

B. 经济发达地区土地使用税的适用税额标准可以适当提高，须报经国家税务总局批准

C. 土地使用税按月计算、一次性缴纳

D. 土地使用税的缴纳期限由县级人民政府确定

17. 下列关于法律责任的特点说法正确的是（　　）。

A. 即使没有法律义务存在，也可能产生法律责任

B. 法律责任既承担有利和不利的后果

C. 法律责任的认定和追究，由国家专门机关依法定程序进行

D. 法律责任包括民事责任、刑事责任、经济责任等

18. 关于重大责任事故罪，下列说法中正确的有（　　）。

A. 建设单位、设计单位、施工单位、工程监理单位违反国家规定，降低工程质量标准，造成重大安全事故的，属于本罪

B. 所有犯此罪的，都处 3 年以下有期徒刑或者拘役

C. 强令他人违章冒险作业，因而发生重大伤亡事故或者造成其他严重后果的属于本罪

D. 安全生产设施或者安全生产条件不符合国家规定，因而发生重大伤亡事故或者造成其他严重后果的属于本罪

**二、多项选择题**

1. 下列关于建设土地使用权的说法，正确的有（　　）。

A. 建设用地使用权可以在土地的地表、地上或者地下分别设立

B. 建设用地使用自登记时设立

C. 住宅建设用地使用权期间届满的，自动续期

D. 建设用地使用权人将建设用地使用权转让，可以采用口头约定的形式

E. 建设用地使用权可以与附着于土地上的建筑物、构筑物及其附属设施分别处分

2. 甲公司将其有权处分的在建工程抵押给银行，银行同时要求甲提供保证担保，未约定保证方式。借款到期后，甲无力偿还银行贷款，则该银行有权（　　）。

A. 直接与甲协议以工程折价受偿

B. 向法院起诉拍卖该工程后优先受偿

C. 直接变卖该工程

D. 直接转移占有该工程

E. 直接要求保证人代为清偿债务

3. 下列财产中可以设立质押的有（　　）。

A. 依法可以转让的股份　　　　　B. 房屋

C. 著作权中的财产权　　　　　　D. 汽车

E. 债券

4. 个人所得税纳税人取得应税所得应当按照规定到主管税务机关办理纳税申报的有（　　）。

A. 取得应税所得没有扣缴义务人的

B. 取得综合所得需要办理汇算清缴的

C. 取得特许权使用费的

D. 因移居境外注销中国户籍的

E. 取得境外所得的

5. 关于增值税纳税人的说法，正确的有（　　）。

A. 在中华人民共和国境内销售无形资产的单位为增值税的纳税人

B. 纳税人分为一般纳税人和小规模纳税人

C. 小规模纳税人应当向主管税务机关办理登记

D. 小规模纳税人会计核算健全，能够提供准确税务资料的，可以向主管税务机关办理登记，不作为小规模纳税人计算应纳税额

E. 在中华人民共和国境内销售不动产的个人，无需交纳增值税

6. 关于增值税应纳税额计算的说法，正确的有（　　　）。

A. 纳税人进口货物，按照组成计税价格和《增值税暂行条例》规定的税率计算应纳税额

B. 纳税人发生应税销售行为，按照销售额和《增值税暂行条例》规定的税率计算收取的增值税额，为销项税额

C. 纳税人发生应税销售行为的价格明显偏低并无正当理由，由主管税务机关核定其销售额

D. 纳税人购进货物、劳务、服务、无形资产、不动产支付或者负担的增值税额，为进项税额

E. 纳税人发生应税销售行为，应当向索取增值税专用发票的购买买方开具用发票，应税销售行为的购买方为消费者个人的，也必须开具增值税专用发票

7. 下列选项中，属于承担民事责任方式的有（　　　）。

A. 停止侵害，排除妨碍，消除影响

B. 恢复名誉，赔礼道歉

C. 继续履行，赔偿损失

D. 支付违约金，吊销许可证

E. 处罚和处分

8. 下列属于《中华人民共和国刑法》中主刑的有（　　　）。

A. 有期徒刑　　　　　　　　　B. 没收财产

C. 管制　　　　　　　　　　　D. 罚金

E. 拘役

31. 教学单元9 思考及练习题答案

## 三、简答题

1. 简述建设工程债的常见类型。

2. 建设工程民事责任的主要承担方式有哪些。

3. 请解释什么是施工投标保证金。

4. 建设工程施工常用的担保种类有哪些。

# 教学单元 10    Chapter 10

## 建设工程纠纷的解决
## 方式及法律责任

教学目标

### 1. 知识目标

了解建设工程纠纷的解决方式；理解仲裁的内容；掌握民事诉讼及行政复议与行政诉讼的程序。

### 2. 能力目标

具备解决建设工程纠纷的能力。

**思维导图**

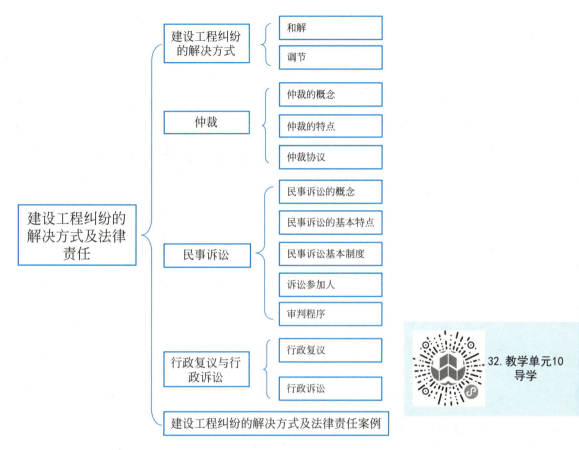

32. 教学单元10
导学

**引文**

　　在工程建设的过程中，纠纷是普遍存在的，因此在工程建设中我们需要通过正确的法律途径和一套完整的程序来规范建设工程市场，及时处理纠纷，以维护当事人的权益，为工程建设的顺利进行和社会良好的经济秩序提供稳固的保障。

## 10.1　建设工程纠纷的解决方式

　　建设工程纠纷是指在工程建设过程中，有关当事人对建设过程中的权利和义务产生了不同的理解，进而使得当事人之间以及当事人与有关行政管理机关之间所产生的纠纷。就工程建设当事人与有关行政管理机关而言，其纠纷主要体现为工程当事人不服相关行政机关的处罚，进而产生的分歧。就工程建设当事人之间，其纠纷主要表现在合同履行上。

在工程建设的过程中，纠纷是普遍存在的，因此在工程建设过程中我们需要通过正确的法律途径和一套完善的程序来规范建设工程市场，及时处理纠纷，以维护当事人的权益，为工程建设的顺利进行和社会良好的经济秩序提供稳固的保障。就工程当事人和有关行政机关间的争议，主要通过行政复议和行政诉讼来解决。就工程当事人间的争议，主要的处理办法有和解、调解、争议评审、仲裁和诉讼。

## 10.1.1　和解

和解，是指当事人在自愿互谅的基础上，就已经发生的争议进行协商并达成协议，自行解决争议的一种方式。

和解达成的协议不具有强制执行的效力。但是可以成为原合同的补充部分。当事人不按照和解达成的协议执行，另一方当事人不可以申请强制执行，但是却可以追究其违约责任。

## 10.1.2　调解

### 1. 调解的概念

调解，是指第三人（即调解人）应纠纷当事人的请求，依法或依合同约定，对双方当事人进行说服教育，居中调停，使其在互相谅解、互相让步的基础上解决其纠纷的一种途径。

### 2. 调解的形式

（1）民间调解，这类调解即在当事人以外的第三人或组织的主持下，通过相互谅解，使纠纷得到解决的方式。民间调解达成的协议不具有强制约束力。

（2）行政调解，这类调解是指在有关行政机关的主持下，依据相关法律、行政法规、规章及政策，处理纠纷的方式。行政调解达成的协议也不具有强制约束力。

（3）法院调解，法院调解是指在人民法院的主持下，在双方当事人自愿的基础上，以制作调解书的形式，从而解决纠纷的方式。调解书经双方当事人签收后，即具有法律效力。

（4）仲裁调解，仲裁庭在作出裁决前进行调解的解决纠纷的方式。当事人自愿调解的，仲裁庭应当调解。仲裁调解达成的协议，仲裁庭应当制作调解书或者根据协议的结果制作裁决书。调解书与裁决书具有同等法律效力，调解书经当事人签收后即发生法律效力。

## 10. 2　仲裁

### 10. 2. 1　仲裁的概念

仲裁，指发生争议的当事人（申请人与被申请人），根据其达成的仲裁协议，自愿将该争议提交中立的第三者（仲裁机构）进行裁判的争议解决的方式。仲裁也是解决民事纠纷的重要途径，由于仲裁本身的特点，在建设工程纠纷的解决过程中更是被广泛选用。仲裁可使得纠纷解决得更及时、快捷、高效，也有利于争议双方继续合作。

在我国，《中华人民共和国仲裁法》（以下简称《仲裁法》）是调整和规范仲裁制度的基本法律，但《仲裁法》的调整范围仅限于民商事仲裁，即"平等主体的公民、法人和其他组织之间发生的合同纠纷和其他财产权纠纷"仲裁，劳动争议仲裁和农业承包合同纠纷仲裁不受《仲裁法》的调整。此外，根据《仲裁法》第三条的规定下列纠纷不能仲裁：

（1）婚姻、收养、监护、抚养、继承纠纷。

（2）依法应当由行政机关处理的行政争议。

## 10.2.2　仲裁的特点

作为一种解决财产权益纠纷的民间性裁判制度，仲裁既不同于解决同类争议的司法、行政途径，也不同于人民调解委员会的调解和当事人的自行和解。具有以下特点：

（1）自愿性。当事人的自愿性是仲裁最突出的特点，仲裁以双方当事人的自愿为前提，即当事人之间的纠纷是否提交仲裁，交与谁仲裁，仲裁庭如何组成，由谁组成，以及仲裁的审理方式、开庭形式等都是在当事人自愿的基础上，由双方当事人协商确定的。因此，仲裁是最能充分体现当事人意思自治原则的争议解决方式。

（2）专业性。民商事纠纷往往涉及特殊的知识领域，会遇到许多复杂的法律、经济贸易和有关的技术性问题，故专家裁判更能体现专业权威性。因此，具有一定专业水平和能力的专家担任仲裁员，对当事人之间的纠纷进行裁决是仲裁公正性的重要保障。专家仲裁是民商事仲裁的重要特点之一。

（3）灵活性。由于仲裁充分体现当事人的意思自治，仲裁中的许多具体程序都是由当事人协商确定和选择的，因此，与诉讼相比，仲裁程序更加灵活更具弹性。

（4）保密性。仲裁以不公开审理为原则。有关的仲裁法律和仲裁规则也同时规定了仲裁员及仲裁秘书人员的保密义务。仲裁的保密性较强。

（5）快捷性。仲裁实行一裁终局制，仲裁裁决一经仲裁庭作出即发生法律效力。这使当事人之间的纠纷能够迅速得以解决。

（6）经济性。时间上的快捷性使得仲裁所需费用相对减少；仲裁无需多审级收费，使得仲裁费往往低于诉讼费；仲裁的自愿性、保密性使当事人之间通常没有激烈的对抗，且商业秘密不必公之于世，对当事人之间今后的商业机会影响较小。

（7）独立性。仲裁机构独立于行政机构，仲裁机构之间也无隶属关系，仲裁庭独立进行仲裁，不受任何机关、社会团体和个人的干涉。显示出最大的独立性。

## 10.2.3　仲裁协议

仲裁协议是仲裁的前提，没有仲裁协议，就不存在有效的仲裁。

### 1. 仲裁协议的概念

仲裁协议，是指当事人自愿将他们之间已经发生或者可能发生的争议提交仲裁解决的协议。

仲裁协议法律效力表现为以下几个方面：

（1）对双方当事人的法律效力。仲裁协议是双方当事人就纠纷解决方式达成的一致意思表示。发生纠纷后，当事人只能通过向仲裁协议中所确定的仲裁机构申请仲裁的方式解决纠纷，而丧失了就该纠纷提起诉讼的权利。如果一方当事人违背仲裁协议就该争议起诉的，另一方当事人有权要求法院停止诉讼，法院也应当驳回当事人的起诉。

（2）对法院的法律效力。有效的仲裁协议可以排除法院对订立了仲裁协议中的争议事项的司法管辖权。这是仲裁协议法律效力的重要体现。

（3）对仲裁机构的效力。仲裁协议是仲裁委员会受理仲裁案件的依据。没有仲裁协议就没有仲裁机构对案件的管辖权。同时，仲裁机构的管辖权又受到仲裁协议的严格限制。仲裁庭只能对当事人在仲裁协议中约定的争议事项进行仲裁，而对仲裁协议约定范围之外的其他争议无权仲裁。

### 2. 仲裁协议的内容

合法有效的仲裁协议应当具备以下法定内容：

（1）请求仲裁的意思表示。

（2）仲裁事项。

（3）选定的仲裁委员会。

### 3. 仲裁程序

仲裁程序，即仲裁委员会对当事人提请仲裁的争议案件进行审理并作出仲裁裁决，以及当事人为解决争议案件进行仲裁活动所遵守的程序规定。

（1）申请与受理。当事人申请仲裁必须符合下列条件：1）存在有效的仲裁协议；2）有具体的仲裁请求、事实和理由；3）属于仲裁委员会的受理范围。

当事人申请仲裁，应当向仲裁委员会递交仲裁协议、仲裁申请书及副本。

仲裁委员会收到仲裁申请书之日起 5 日内经审查认为符合受理条件的，应当受理，并通知当事人；认为不符合受理条件的，应当书面通知当事人不予受理，并说明理由。

（2）组成仲裁庭。仲裁庭是行使仲裁权的主体。在我国，仲裁庭的组成形式有两种，即合议仲裁庭和独任仲裁庭。仲裁庭的组成必须按照法定程序进行。

根据《仲裁法》规定，当事人约定由 3 名仲裁员组成仲裁庭的，应当各自选定或者各自委托仲裁委员会主任指定 1 名仲裁员，第三名仲裁员由当事人共同选定或者共同委托仲裁委员会主任指定。第三名仲裁员是首席仲裁员。

独任仲裁员应当由当事人共同选定或者共同委托仲裁委员会主任指定。当事人没有在规定期限内选定的，由仲裁委员会主任指定。

（3）仲裁审理。仲裁审理的主要任务是审查、核实证据，查明案件事实，分清是非责任，正确适用法律，确认当事人之间的权利义务关系，解决当事人之间的纠纷。

（4）仲裁和解、调解。仲裁和解，是指仲裁当事人通过协商，自行解决已提交仲裁的争议事项的行为。《仲裁法》规定，当事人申请仲裁后，可以自行和解。当事人达成和解协议的，可以请求仲裁庭根据和解协议作出裁决书，也可以撤回仲裁申请。如果当事人撤回仲裁申请后反悔的，则可以仍根据原仲裁协议申请仲裁。

仲裁调解，是指在仲裁庭的主持下，仲裁当事人在自愿协商、互谅互让基础上达成协议从而解决纠纷的一种制度。《仲裁法》规定，在作出裁决前可以先行调解。当事人自愿调解的，仲裁庭应当调解。调解不成的，应当及时作出裁决。

经仲裁庭调解，双方当事人达成协议的，仲裁庭应当制作调解书经双方当事人签收后即发生法律效力。如果在调解书签收前当事人反悔的，仲裁庭应当及时作出裁决。仲裁庭除了可以制作仲裁调解书之外，也可以根据协议的结果制作裁决书。调解书与裁决书具有同等的法律效力。

（5）仲裁裁决。仲裁裁决，是指仲裁庭对当事人之间所争议的事项进行审理后所作出的终局的权威性判定。仲裁裁决的作出，标志着当事人之间的纠纷的最终解决。

仲裁裁决是由仲裁庭作出的。独任仲裁庭审理的案件由独任仲裁员作出仲裁裁决；合议仲裁庭审理的案件由 3 名仲裁员集体作出仲裁裁决。当仲裁庭成员不能形成一致意见时，按多数仲裁员的意见作出仲裁裁决；在仲裁庭无法形成多数意见时，按首席仲裁员的意见作出裁决。

仲裁裁决从裁决书作出之日起发生法律效力。其效力体现在以下几点：

1）当事人不得就已经裁决的事项再行申请仲裁，也不得就此提起诉讼；

2）仲裁机构不得随意变更已经生效的仲裁裁决；

3）其他任何机关或个人均不得变更仲裁裁决；

4）仲裁裁决具有执行力。

（6）仲裁裁决的执行在裁决履行期限内若义务方不履行仲裁裁决，权利方可申请人民法院强制执行。

## 10.3　民事诉讼

### 10.3.1　民事诉讼的概念

民事诉讼，是指人民法院在当事人和其他诉讼参与人的参加下，以审理、裁判、执行等方式解决民事纠纷的活动。民事诉讼是以司法方式解决平等主体之间的纠纷，是由法院代表国家行使审判权解决民事争议的方式。民事诉讼是解决民事纠纷的最终方式，只要没有仲裁协议的民事纠纷最终都是可以通过民事诉讼解决的。

在我国，《中华人民共和国民事诉讼法》（以下简称《民事诉讼法》）是调整和规范法院和诉讼参与人的各种民事诉讼活动的基本法律。

诉讼参与人包括原告、被告、第三人、证人，鉴定人、勘验人等。

### 10.3.2　民事诉讼的基本特点

与调解、仲裁这些非诉讼解决纠纷的方式相比，民事诉讼有如下特征：

（1）公权性。民事诉讼是由法院代表国家行使审判权解决民事争议。它既不同于群众自治组织性质的人民调解委员会以调解方式解决纠纷，也不同于由民间性质的仲裁委员会以仲裁方式解决纠纷。

（2）强制性。民事诉讼的强制性表现在案件的受理上和判决的执行上。调解、仲裁均建立在当事人自愿的基础上，只要有一方不愿意选择上述方式解决争议，调解、仲裁就无从进行。而民事诉讼的特点是，只要原告起诉符合民事诉讼法规定的条件，无论被告是否愿意，诉讼均会发生。同时，若当事人不自动履行生效裁判所确定的义务，法院可以依法强制执行。

（3）程序性。民事诉讼是依照法定程序进行的诉讼活动，无论是法院还是当事人或者其他诉讼参与人，都应按照《民事诉讼法》设定的程序实施诉讼行为，违反诉讼程序常常会引起一定的法律后果。而人民调解没有严格的程序规则，仲裁虽然也需要按预先设定的程序进行，但其程序相当灵活，当事人对程序的选择权也较大。

## 10.3.3 民事诉讼基本制度

（1）公开审判制度。公开审判制度，是指人民法院审理民事案件，除法律规定的情况外，审判过程及结果应当向社会公开的制度。

（2）回避制度。回避制度，是指为了保证案件的公正审判而要求与案件有一定利害关系的审判人员或其他有关人员不得参与本案的审理活动或诉讼活动的审判制度。

（3）合议制度。合议制度，是指由 3 人以上单数人员组成合议庭，对民事案件进行集体审理和评议裁判的制度。合议庭评议案件，实行少数服从多数的原则。在民事诉讼过程中，除适用简易程序由审判员一人独任审判以外，均采用合议制度。

（4）两审终审制度。两审终审制度，是指一个民事案件经过两级法院审理就宣告终结的制度。

## 10.3.4 诉讼参加人

诉讼参加人包括当事人和诉讼代理人。

### 1. 当事人

当事人，是指因民事权利和义务发生争议，以自己的名义进行诉讼，请求人民法院进行裁判的公民、法人或其他组织。民事诉讼当事人主要包括原告和被告。

建设工程纠纷案诉讼主体的选择：

（1）建设单位内部不具备法人条件的职能部门或下属机构签订的建筑承包合同，产生纠纷后，应以该建设单位为诉讼主体，起诉或应诉。

（2）建筑施工企业的分支机构（分公司、工程处、工区、项目经理部、建筑队等）签订的建筑承包合同，产生纠纷后，一般以该分支机构作为诉讼主体，如该分支机构不具有独立的财产，则应追加该建筑企业为共同诉讼人。

（3）借用营业执照、资质证书及他人名义签订的建筑承包合同，涉诉后，由借用人和出借人为共同诉讼人，起诉或应诉。

（4）共同承包或联合承包的建筑工程项目，产生纠纷后，应以共同承包人为共同诉讼人，起诉或应诉；如共同承包人组成联营体，且具备法人资格的，则以该联营体为诉讼主体。两个以上的法人、其他经济组织或个人合作建设工程并对合作建设工程享有共同权益的，其中合作一方因与工程的承包人签订建设工程合同发生纠纷的，其他合作建设方应列为共同原、被告。

（5）实行总分包办法的建筑工程，因分包工程产生纠纷后，总承包人和分包人作为共同诉讼人起诉或应诉；如果分包人起诉总承包人，则以分包合同主体做诉讼主体，是否列建设单位为第三人，视具体案情而定。

（6）涉及个体建筑队或个人合伙建筑队签订的建筑承包合同，产生纠纷后，一般应以个体建筑队或个人合伙建筑队为诉讼主体。

（7）挂靠经营关系的建筑施工企业以自己的名义或以被挂靠单位的名义签订的承包合同，一般应以挂靠经营者和被挂靠单位为共同诉讼人，起诉或应诉。《最高人民法院关于适用〈中华人民共和国民事诉讼法〉若干问题的意见》第四十三条规定，个体工商户、个人合伙或私营企业挂靠集体企业并以集体企业的名义从事生产经营活动的，在诉讼中，该个体、个人合伙或私营企业与其挂靠的集体企业为共同诉讼人。施工人挂靠其他建筑施工企业，并以被挂靠施工企业名义签订建设工程合同，而被挂靠建筑施工企业不愿起诉的，施工人可作为原告起诉，不必将被挂靠建筑施工企业列为共同原告。

（8）因转包产生的合同纠纷，如发包人起诉，应列转包人和被转包人作为共同被告；如因转包合同产生纠纷，以转包人和被转包人为诉讼主体，建设单位列为第三人；多层次转包的，除诉讼当事人外，应将其他列为第三人。

（9）以筹建或临时机构的名义发包工程，涉讼后，如果该单位已经合法批准成立，应由其作为诉讼主体起诉或应诉；如该单位仅是临时的机构，尚未办理正式审批手续的，或该临时机构被撤销的，由成立或开办该单位的组织进行起诉或应诉。

（10）实行承包经营的施工企业，产生纠纷后，如果该企业是法人组织，则由该企业为诉讼主体，起诉或应诉；如果该企业不是法人组织，则列为发包人和承包企业为共同当事人，参加诉讼。

（11）因拖欠工程款引起的纠纷，承包人将承包的建设工程合同转包而实际承包人起诉承包人的，可不将发包人列为案件的当事人；承包人提出将发包人列为第三人，并对其主张权利而发包人对承包人又负有义务的，可将发包人列为第三人，当事人根据不同的法律关系承担相应的法律责任；如转包经发包人同意，即属合同转让，应直接列发包人为被告。

（12）因工程质量引起的纠纷，发包人只起诉承包人，在审查中查明有转包的，应追加实际施工人为被告，实际施工人与承包人对工程质量承担连带责任。

实际施工人以发包人为被告主张权利的，人民法院可以追加转包人或者违法分包人为当事人。发包人只在欠付工程价款范围内对实际施工人承担责任。

**2. 诉讼代理人**

诉讼代理人，是指根据法律规定或当事人的委托，在民事诉讼活动中为维护当事人的合法权益而代为进行诉讼活动的人。民事诉讼代理人可分为法定诉讼代理人与委托诉讼代理人。

## 10.3.5 审判程序

审判程序是民事诉讼法规定的最为重要的内容，它是人民法院审理案件适用的程序，可以分为第一审程序、第二审程序和审判监督程序。

### 1. 第一审程序

第一审程序包括普通程序和简易程序，普通程序，是指人民法院审理第一审民事案件通常适用的程序。普通程序是第一审程序中最基本的程序，具有独立性和广泛性，是整个民事审判程序的基础。普通程序分以下几个阶段。

（1）起诉，是指公民、法人和其他组织在其民事权益受到侵害或者发生争议时，请求人民法院通过审判给予司法保护的诉讼行为。起诉是当事人获得司法保护的手段，也是人民法院对民事案件行使审判权的前提。

起诉的条件如下：

1）原告是与本案有直接利害关系的公民、法人和其他组织。

2）有明确的被告。

3）有具体的诉讼请求、事实和理由。

4）属于人民法院受理民事诉讼的范围和受诉人民法院管辖的范围。

（2）审查与受理人民法院对原告的起诉情况进行审查后，认为符合起诉条件的，即应在 7 日内立案，并通知当事人。认为不符合起诉条件的，应当在 7 日内裁定不予受理，原告对不予受理裁定不服的，可以提起上诉。如果人民法院在立案后发现起诉不符合法定条件的，裁定驳回起诉，当事人对驳回起诉不服的，可以上诉。

（3）审理前的准备，是指人民法院接受原告起诉并决定立案受理后，在开庭审理之前，由承办案件的审判员依法所做的各种准备工作。

（4）开庭审理，是指人民法院在当事人和其他诉讼参与人参加下，对案件进行实体审理的诉讼活动。

人民法院适用普通程序审理的案件，应在立案之日起 6 个月内审结，有特殊情况需延长的，由本院院长批准，可延长 6 个月；还需要延长的，报请上级人民法院批准。

### 2. 第二审程序

第二审程序又叫终审程序，是指民事诉讼当事人不服地方各级人民法院未生效的第一审裁判，在法定期限内向上级人民法院提起上诉，上一级人民法院对案件进行审理所适用的程序。第二审程序并不是每一个民事案件的必经程序，如果当事人在案件第一审过程中达成调解协议或者在上诉期内未提起上诉，第一审法院的裁判就发生法律效力，第二审程序也因无当事人的上诉而无从发生，当事人的上诉是第二审程序发生的前提。

第二审法院经过审理后根据案件的情况分别作出以下处理：

（1）维持原判。即原判认定事实清楚，适用法律正确的，判决驳回上诉，维持原判。

（2）依法改判。如原判决适用法律错误的，依法改判。

（3）发回重审。即原判决违反法定程序，可能影响案件正确判决的，裁定撤销原判决，发回原审人民法院重审。

（4）发回重审或查清事实后改判。原判决认定事实错误或原判决认定事实不清，证据不足，裁定撤销原判，发回原审人民法院重审，或查清事实后改判。

我国实行两审终审制度，第二审法院对上诉案件作出裁判后，该裁判发生如下效力：

（1）当事人不得再行上诉。

（2）不得就同一诉讼标的，以同一事实和理由再行起诉。

（3）对具有给付内容的裁判具有强制执行的效力。

### 3. 审判监督程序

审判监督程序即再审程序，是指由有审判监督权的法定机关和人员提起，或由当事人申请，由人民法院对发生法律效力的判决、裁定、调解书再次审理的程序。

## 10.4 行政复议与行政诉讼

行政复议，是指行政机关根据上级行政机关对下级行政机关的监督权，在当事人的申请和参加下，按照行政复议程序对具体行政行为进行合法性和适当性审查，并作出裁决解决行政侵权争议的活动。行政复议的基本法律依据是《中华人民共和国行政复议法》（以下简称《行政复议法》）。

行政诉讼，是指人民法院应当事人的请求，通过审查行政行为合法性的方式，解决特定范围内行政争议的活动。行政诉讼的基本法律依据是《中华人民共和国行政诉讼法》（以下简称《行政诉讼法》）。行政诉讼和民事诉讼、刑事诉讼构成我国基本诉讼制度。

除法律、法规规定必须先申请行政复议的以外，行政纠纷当事人可以自由选择申请行政复议还是提起行政诉讼。行政纠纷当事人对行政复议决定不服的，除法律规定行政复议决定为最终裁决的以外，可以依照《行政诉讼法》的规定向人民法院提起行政诉讼。

## 10.4.1　行政复议

### 1. 可以申请行政复议的事项

行政复议保护的是公民、法人或其他组织的合法权益。行政争议当事人认为行政机关的行政行为侵犯其合法权益的，有权依法提出行政复议申请。根据《行政复议法》第六条的有关规定，当事人可以申请复议的情形通常包括：

（1）行政处罚，即当事人对行政机关作出的警告罚款、没收违法所得、没收非法财物、责令停产停业、暂扣或者吊销许可证、暂扣或者吊销执照、行政拘留等行政处罚决定不服的。

（2）行政强制措施，即当事人对行政机关作出的限制人身自由或者查封、扣押、冻结财产等行政强制措施决定不服的。

（3）行政许可，包括当事人对行政机关作出的有关许可证、执照、资质证、资格证等证书变更、中止、撤销的决定不服的，以及当事人认为符合法定条件，申请行政机关颁发许可证、执照、资质证、资格证等证书，或者申请行政机关审批、登记等有关事项，行政机关没有依法办理的。

（4）认为行政机关侵犯其合法的经营自主权的。

（5）认为行政机关违法集资、征收财物、摊派费用或者违法要求履行其他义务的。

（6）认为行政机关的其他具体行政行为侵犯其合法权益的。

### 2. 不得申请行政复议的事项

下列事项应按规定的纠纷处理方式解决，而不能提起行政复议：

1）行政机关的行政处分或者其他人事处理决定。当事人不服行政机关作出的行政处分的，应当依照有关法律、行政法规的规定（如《中华人民共和国公务员法》等）提起申诉。

2）行政机关对民事纠纷作出的调解或者其他处理。当事人不服行政机关对民事纠纷作出的调解或者处理，如建设行政管理部门对有关建设工程合同争议进行的调解、劳动部门对劳动争议的调解、公安部门对治安争议的调解等，当事人应当依法申请仲裁，或者向法院提起民事诉讼。

### 3. 行政复议程序

根据《行政复议法》的有关规定，行政复议应当遵守如下程序规则：

（1）行政复议申请当事人认为具体行政行为侵犯其合法权益的，可以自知道该具体行政行为之日起 60 日内提出行政复议申请，但法律规定的申请期限超过 60 日的除外。因不可抗力或者其他正当理由耽误法定申请期限的，申请期限自障碍消除之日起继续计算。申请人对县级以上地方各级人民政府工作部门的具体行政行为不服的，申请人可以向该部门的本级人民政府申请行政复议，也可以向上一级主管部门申请行政复议。

（2）行政复议受理行政复议机关收到复议申请后，应当在法定期限内进行审查。对不符合法律规定的行政复议申请，决定不予受理的，应书面告知申请人。行政复议期间具体行政行为不停止执行。但是，有下列情形之一的，可以停止执行：

1）被申请人认为需要停止执行的。

2）行政复议机关认为需要停止执行的。

3）申请人申请停止执行，行政复议机关认为其要求合理，决定停止执行的。

4）法律规定停止执行的。

（3）行政复议决定具体如下：

1）具体行政行为认定事实清楚，证据确凿，适用法律正确，程序合法，内容适当的，决定维持。

2）被申请人不履行法定职责的，决定其在一定期限内履行。

3）具体行政行为有下列情形之一的，决定撤销、变更或者确认该具体行政行为违法，可以责令被申请人在一定期限内重新作出具体行政行为：①主要事实不清、证据不足的；②适用依据错误的；③违反法定程序的；④超越或者滥用职权的；⑤具体行政行为明显不当的。

4）被申请人不按照法律规定提出书面答复，不提交当初作出具体行政行为的证据、依据和其他材料的，视为该具体行政行为没有证据、依据，决定撤销该具体行政行为。《行政复议法》还规定，申请人在申请行政复议时，可以一并提出行政赔偿请求。行政复议机关对于符合法律规定的赔偿要求，在作出行政复议决定时，应当同时决定被申请人依法给予赔偿。

除非法律另有规定，行政复议机关一般应当自受理申请之日起 60 目内作出行政复议决定。行政复议决定书一经送达，即发生法律效力。申请人不服行政复议决定的，除法律规定为最终裁决的行政复议决定外，可以根据《行政诉讼法》的规定，在法定期间内提起行政诉讼。

## 10.4.2　行政诉讼

行政诉讼，是国家审判机关为解决行政争议，运用司法程序而依法实施的整个诉讼行为及其过程。它包括第一审程序、第二审程序和审判监督程序。

在行政诉讼的双方当事人中，行政诉讼的被告只能是行政管理中的管理方，即作为行政主体的行政机关和法律、法规授权的组织。行政诉讼的原告只能是行政管理中的相对方，即公民、法人或者其他组织。他们在行政管理活动中处于被管理者的地位。两者之间的关系是管理者与被管理者之间从属性行政管理关系，但是，双方发生行政争议依法进入行政诉讼程序后，他们之间就由原来的从属性行政管理关系，转变为平等性的行政诉讼关系，成为行政诉讼的双方当事人，在整个诉讼过程中，原告与被告的诉讼法律地位是平等的。

### 1. 第一审程序

（1）起诉。提起行政诉讼应符合以下条件：

1）原告是认为具体行政行为侵犯其合法权益的公民、法人或者其他组织。

2）有明确的被告。

3）有具体的诉讼请求和事实根据。

4）属于人民法院受案范围和受诉人民法院管辖。

申请人不服行政复议决定的，可以在收到行政复议决定书之日起 15 日内向人民法院提起诉讼。复议机关逾期不作决定的，申请人可以在复议期满之日起 15 日内起诉，法律另有规定的从其规定。公民、法人或者其他组织直接向人民法院提起公诉的，应当在知道作出具体行政行为之日起 3 个月内提出，法律另有规定的除外。起诉应以书面形式进行。

（2）受理。人民法院接到起诉状后应当在 7 日内审查立案或者裁定不予受理。原告对裁定不服的可以提起上诉。

（3）开庭审理。开庭审理分为审理开始阶段、法庭调查阶段、法庭辩论阶段、合议庭评议阶段、判决裁定阶段。

（4）第一审判决。人民法院作出第一审判决可分为以下四种形式：

1）维持原判。具体行政行为证据确凿，适用法律正确，符合法定程序的，判决维持。

2）撤销判决。即撤销或者部分撤销并责令重新作出具体行政行为。撤销判决的条件是：主要证据不足的；适用法律、法规错误的；违反法定程序的；超越职权、滥用职权的；有上述情况之一的，可作出撤销判决。

3）履行判决。即责令被告限期履行法定职责的判决。

4）变更判决。即变更显失公平的行政处罚的判决。当事人对第一审判决不服的，有权在判决书送达之日起 15 日内向上一级人民法院提起上诉，逾期不上诉的，第一审判决即发生法律效力。

**2. 第二审程序**

第二审程序是人民法院对下级人民法院第一审案件所作出的判决、裁定在发生法律效力之前，基于当事人的上诉，依据事实和法律，对案件进行审理的程序。第二审法院审理上诉案件，除《行政诉讼法》有特别规定外，均适用第一审程序的规定。

**3. 执行**

当事人必须履行人民法院发生法律效力的判决、裁定。原告拒绝履行判决、裁定的，被告行政机关可以向第一审法院申请强制执行，或者依法强制执行。被告行政机关拒绝履行判决、裁定的，第一审法院可以采取以下措施：

（1）对应当归还的罚款或者应当给付的赔偿金，通知银行从该行政机关的账户内划拨。

（2）在规定期限内不履行的，从期满之日起，对该行政机关按日处以罚款。

（3）向该行政机关的上一级行政机关或者监察、人事机关提出司法建议。接受司法建议的机关，根据有关规定进行处理，并将处理情况告知人民法院。

（4）拒不履行判决、裁定，情节严重构成犯罪的，依法追究主管人员和直接责任人员的刑事责任。

## 10.5　建设工程纠纷的解决方式及法律责任案例

【例 10-1】某工程项目承包人和发包人于某年 3 月签订了施工合同，合同约定：市政管网、中庭广场施工图内全部工程，合同价暂定为 15 万元（合同约定按实结算），合同工期 120 天。申请人于某年 3 月开工，于某年 10 月竣工验收。承包人（申请人）于 2006 年以发包人（被申请人）一直未办理结算为由，向仲裁委员会申请仲裁。

仲裁委员会委托鉴定机构对该工程造价进行鉴定。送鉴定资料包括委托书、施工合同、仲裁申请书、仲裁答辩书、施工图、设计变更、现场签证、竣工验收证书与被申请人核对的结算工程量清单等资料。

双方计价争议焦点：管沟开挖的土方工程量产生争议；大理石的粘贴方式产生争议；售楼处等零星拆除工程的计价产生争议。

鉴定说明：

（1）工程量计算。依据施工合同，申请人与被申请人核对的结算工程量清单、施工图设计变更、签证、现场勘察记录等资料计算。送鉴资料中没有管沟开挖的地面标高证据资料，鉴定人根据场地平整后的地面平整后地面标高（施工图标高）计算管沟开挖土方工程。售楼处零星项目拆除，因属承包范围外施工项目，双方应办理现场签证确认，送鉴资料中没有相应项目的证据资料，不予计算。

（2）计价。依据合同约定的工程计价方式计价大理石按施工图说明的水泥砂浆粘贴套价。

【问题】此案如何处理？

【分析】申请人没有提供管沟土方开挖的地面标高证据材料；申请人没有提供大理石按干粉型粘贴的证据材料；申请人没有提供售楼处等零星拆除

工程的签证或施工指令等证据材料。施工合同纠纷案件造价鉴定的依据是证据材料，证据不足会导致工程造价不予计算。因此，各方应加强施工及文档资料的管理；没有设计变更，承包方应按合同约定的施工图施工；施工合同承包范围外的零星工程施工，应有现场工程师的指令等证据。

【例 10-2】某年 4 月，某市第一中学与某建筑公司签订了一份建筑工程承包合同。该合同约定由建筑公司为第一中学建一幢教学楼。合同规定：第一中学提供建筑材料指标，教学楼的主体工程内同外承重墙一律使用国家标准红机砖，每层用水泥圈梁加固，竣工交付验收合格后交付第一中学使用。合同还约定，若验收后 6 个月内发生较大质量问题，由建筑公司修复。第 2 年 5 月，教学楼竣工，双方进行验收，第一中学发现该楼的第三层承重墙墙体裂缝较多，要求修复。建筑公司认为此问题不存在安全隐患，以不影响使用为由拒绝修复双方协商不成未进行验收。2 个月后，第一中学发现裂缝越来越多，并认为此工程质量低劣，系危险用房不能使用，要求建筑公司拆掉第三层承重墙重建。建筑公司提出出现裂缝属于砖的质量问题，与施工技术无关。因双方分歧较大，第一中学以建筑工程质量不符合合同规定为由，向法院提起诉讼，要求将教学楼三、四层拆除重建，并赔偿相应的损失。

【问题】法院应如何判决?

【分析】本案例中，施工人建筑公司对工程质量问题承担责任是毫无疑义的。第一中学有充分的法律依据要求该公司拆除所建教学楼有质量问题的第三层和第四层，并进行重建。《中华人民共和国民法典》第八百零一条规定，因施工人的原因致使建筑工程质量不符合约定的，发包人有权要求施工人在合理期限内无偿修理或者返工、改建。经过修理或者返工、改建后，造成逾期交付的，施工人应当承担违约责任。根据本条规定，因建设工程质量不符合约定而承担违约责任的前提必须是因施工人自己的原因造成质量不符合约定。因为建设工程质量不符合约定的原因可能是多方面的，既可能是施工人的责任，也可能是不可抗力，也可能是发包人的责任。只有当工程质量不符合约定是由于施工人自己的原因造成的，施工人才承担相应的违约责任。

　　此外，建筑公司返工重建后逾期交付的，还应承担违约责任。在因施工人自己的原因造成工程质量不符合约定时，发包人有权请求施工人在合理期限内修理或者返工、改建。所谓"合理期限"，是指根据工程质量不符合约定的具体情形，以及根据国家相关规定确定的工期和相关合同文件约定的内容，施工人进行无偿修理或者返工、改建所需要的时间。至于这种违约责任的内容，要根据当事人的具体约定。如果当事人之间约定了逾期违约金，则施工人应当支付违约金。同时依据《中华人民共和国建筑法》第七十四条规定，建筑施工企业在施工中偷工减料的，使用不合格的建筑材料、建筑构配件和设备的，或者有其他不按照工程设计图纸或者施工技术标准施工的行为的，责令改正，处以罚款；情节严重的，责令停业整顿，降低资质等级或者吊销资质证书，承包人还要承担相应的行政责任。

## 单元总结

　　本单元学习了建设工程纠纷的解决方式；仲裁；民事诉讼；行政复议与行政诉讼四个知识点。

　　1. 掌握建设工程纠纷的解决方式等。

　　2. 熟悉仲裁的特点。

　　3. 掌握民事诉讼的基本特点及制度等。

　　4. 掌握行政复议与行政诉的内容等。

## 思考及练习

**一、单项选择题**

1. 民事法律责任的承担方式中不包括（　　　）。

A. 恢复原状　　　　　　　　　B. 消除危险

C. 赔礼道歉　　　　　　　　　D. 没收财产

33. 教学单元10
思考及练习题
讲解

2. 甲、乙两个公司欲签订一个仲裁协议，仲裁协议的内容可以不包括（　　　）。

A. 选定的仲裁委员会　　　　　B. 仲裁事项

C. 双方不到法院起诉的承诺　　D. 请求仲裁的意思表达

3. 建设单位在施工合同履行中未能按约定付款，由此可能承担的法律责任是（　　　）。

A. 警告　　　　　B. 支付违约金　　C. 罚款　　　　　D. 赔礼道歉

4. 关于仲裁庭的组成，以下说法中错误的是（　　　）。

A. 仲裁庭可以由三名仲裁员组成，仲裁员可以由当事人选定

B. 当事人可以约定由一名仲裁员组成仲裁庭

C. 由一名仲裁员组成仲裁庭的，仲裁员不能由当事人选定

D. 仲裁庭由三名仲裁员组成的，设首席仲裁员

5. 以下关于我国仲裁基本制度的表述错误的是（　　　）。

A. 仲裁实行一裁终局的制度

B. 当事人没有仲裁协议而申请仲裁的，仲裁委员会应当受理

C. 当事人达成有效仲裁协议，一方向人民法院起诉的，人民法院不予受理

D. 有效的仲裁协议可以排除法院对案件的司法管辖权

**二、多项选择题**

1. 对市建设行政主管部门作出的具体行政行为，当事人不服，可以向（　　　）申请行政复议。

A. 市建设行政主管部门　　　　B. 市人民政府

C. 省级建设行政主管部门　　　D. 省级人民政府

E. 国务院建设行政主管部门

2. 建设单位因监理单位未按监理合同履行义务而受到损失，欲提起诉讼，则必须满族的条件有（　　　）。

A. 有具体的诉讼请求　　　　　B. 有事实和理由

C. 有充分的证据　　　　　　　D. 没有超过诉讼时效期间

E. 属于受诉法院管辖

34. 教学单元10
思考及练习题
答案

**三、简答题**

1. 简述建设工程纠纷的解决方式。

2. 简述仲裁的特点。

# 参 考 文 献

[1]  全国一级建造师执业资格考试用书编写委员会 . 建设工程法规及相关知识 . 北京：中国建筑工业出版社，2019.

[2]  安德锋，陈立峰 . 建筑法规 . 哈尔滨：哈尔滨工业大学出版社，2015.

[3]  胡成建 . 建设工程法规教程 . 北京：中国建筑工业出版社，2008.

[4]  全国一级建造师职业资格考试用书编委会 . 建设工程法规及相关知识 . 北京：中国建筑工业出版社，2016.

[5]  吴富民，田恒久 . 建筑企业经营管理 ［M］. 北京：高等教育出版社，2011.

[6]  马凤玲，王翠敏 . 工程建设法规概论 ［M］. 北京：中国建筑工业出版社，2015.

[7]  刘黎虹，韩丽红 . 工程建设法规与案例 ［M］. 北京：机械工业出版社，2015.

[8]  中国建设教育协会继续教育委员会 . 建设工程安全生产法规标准知识 . 中国建筑工业出版社，2018.

[9]  中国建设教育协会继续教育委员会 . 建设工程安全生产管理知识（建筑施工企业土建类专职安全生产管理人员）. 中国建筑工业出版社，2018.